国家级职业教育规划教材
全国高等职业院校会计专业教材

会计Excel应用

曾奇娜　主编

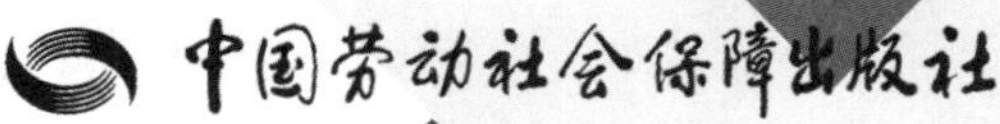

简　介

本书介绍了 Excel 在会计工作中的应用，内容包括 Excel 数据计算基础、会计凭证的 Excel 应用、会计账簿的 Excel 应用、常用财务表单的 Excel 应用、员工工资管理的 Excel 应用、应收账款管理的 Excel 应用、进销存管理的 Excel 应用、固定资产管理的 Excel 应用、会计报表的 Excel 应用、合同台账管理的 Excel 应用、财务分析的 Excel 应用、发票管理与费用管理的 Excel 应用、货币时间价值计算的 Excel 应用、资本成本计算的 Excel 应用、项目投资评价基本指标计算的 Excel 应用。本书深浅得当，难易适中，图文并茂，操作性强，贴近高等职业院校会计专业教学实际。本书可作为高等职业院校会计专业教材，也可作为职业技能培训参考用书。

本书由曾奇娜任主编，黄顺康、叶瑞燕任副主编，杨梅、张志山、李冬芸、幸艳霞参与编写，刘海涛任主审。

图书在版编目（CIP）数据

会计 Excel 应用/曾奇娜主编. --北京：中国劳动社会保障出版社，2022
全国高等职业院校会计专业教材
ISBN 978-7-5167-5441-2

Ⅰ. ①会…　Ⅱ. ①曾…　Ⅲ. ①表处理软件-应用-财务会计-高等职业教育-教材
Ⅳ. ①F234.4-39

中国版本图书馆 CIP 数据核字（2022）第 198968 号

中国劳动社会保障出版社出版发行
（北京市惠新东街 1 号　邮政编码：100029）
*
北京市白帆印务有限公司印刷装订　　新华书店经销
787 毫米×1092 毫米　16 开本　16 印张　294 千字
2022 年 12 月第 1 版　　2022 年 12 月第 1 次印刷
定价：39.00 元

营销中心电话：400-606-6496
出版社网址：http://www.class.com.cn
http://jg.class.com.cn

前言

近年来，随着我国经济和社会发展，会计准则及相关法规发生了一定的调整和变化，社会对会计人员的知识水平和职业能力水平提出了更高的要求。为适应这些变化，培养更加符合市场需求的会计人才，我们组织了一批教学经验丰富、实践能力强的一线教师和行业、企业专家，基于会计、出纳、审计等工作岗位的要求，在充分调研的基础上，编写了这套全国高等职业院校会计专业教材。

本套教材主要有以下几个特点：

第一，理实结合，先进实用。教材本着学以致用的原则，紧贴会计专业最新的培养目标和教学实际，并参考会计、审计等相关职业资格的要求安排教材的结构和内容，将理论知识与操作技能有机融合，突出对学生实际操作能力的培养，使教材具有较强的实用性、针对性和先进性。部分教材采取了任务驱动的编写思路，按照以能力培养为主线、相关知识为支撑的模式安排教学内容，做到“理论学习有载体，技能训练有实体”。

第二，表现力丰富。本套教材设置了“案例解析”“知识窗”等栏目，增加教材的趣味性和可读性，激发学生的学习兴趣。同时，尽可能多地以图表代替冗长的文字叙述，使教材更加生动直观，易于学习。在版式设计上，本套教材采用双色排版，使教材中的单据、凭证与会计工作实务保持一致，便于开展教学。

第三，配套资源完善。本套教材同步开发了配套的电子课件及习题册，电子课件及习题册答案可登录技工教育网（http://jg.class.com.cn）搜索下载。部分教材针对教学重点和难点制作了演示视频等多媒体素材，学生扫描二维码即可在线观看或收听相应内容。

本套教材的编写得到了有关省市人力资源社会保障部门及一批高等职业院校的大力支持，教材的编审人员做了大量的工作，在此，我们表示衷心的感谢！同时，恳切希望广大读者对教材提出宝贵的意见和建议。

人力资源社会保障部教材办公室

目录

项目一
Excel 数据计算基础

学习目标

知识目标

1. 理解 Excel 公式的概念，掌握 Excel 公式运算所用的运算符。
2. 掌握 Excel 函数的分类，以及常见 Excel 函数的用法。

能力目标

1. 能够运用 Excel 公式进行计算。
2. 能够运用 Excel 函数进行计算。

【项目导学】

Excel 具有强大的数据处理功能，它在企业的日常会计核算和管理工作中具有重要的辅助作用。熟练使用 Excel，特别是熟练使用 Excel 公式和函数尤为重要。

本项目主要介绍了 Excel 公式的用法及会计工作中常用的 Excel 函数。

思维导图

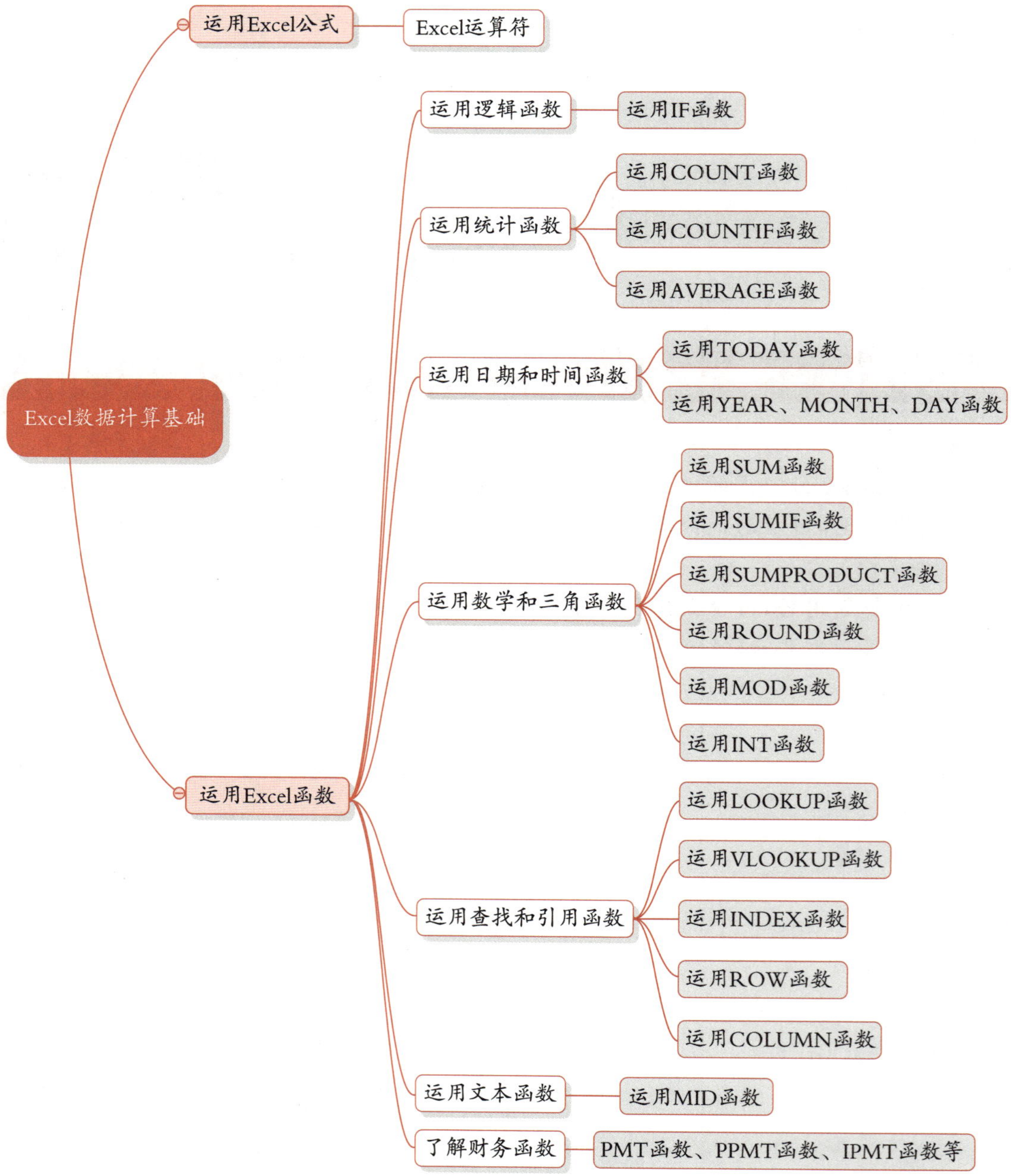

任务一　运用 Excel 公式

【任务导入】

2021 年 7 月，曾晓到鸿丰有限责任公司（以下简称鸿丰公司）财务部进行岗位实习。财务主管告诉曾晓，在会计岗位的日常工作中，需要用 Excel 处理大量数据计算工作，其中最基础也是最常用的，就是利用公式进行加、减、乘、除等基本运算。表 1-1-1 是鸿丰公司某月的部分销售数据，财务主管要求曾晓用 Excel（2016 版）快速算出各种商品的销售金额。

表 1-1-1　鸿丰公司某月的部分销售数据

商品名称	销售单价（元）	销售数量（个）
商品 A	35	3
商品 B	40	5
商品 C	25	7
商品 D	60	9
商品 E	24	12
商品 F	28	3

【相关知识】

Excel 公式是 Excel 工作表中进行数值计算的等式或进行字符处理的计算式，公式输入是以“=”开始的。Excel 公式运算需要用到专门的运算符，这些运算符根据功能不同分为算术运算符、比较运算符、文本连接运算符和引用运算符四类，见表 1-1-2。

表 1-1-2　Excel 运算符

运算符类型	运算符	含义	示例
算术运算符	+（加号）	加法运算	8+6
	-（减号）	减法运算	10-8 或 B2-C2
	*（星号）	乘法运算	6*8 或 B2*C2
算术运算符	/（正斜杠）	除法运算	36/6
	%（百分号）	百分比	60%
	^（脱字号）	乘方运算	6^8

续表

运算符类型	运算符	含义	示例
比较运算符	=（等号）	等于	B2=C2
	>（大于号）	大于	B2>C2
	<（小于号）	小于	B2<C2
	>=（大于或等于号）	大于或等于	B2>=C2
	<=（小于或等于号）	小于或等于	B2<=C2
	<>（不等于号）	不等于	B2<>C2
文本连接运算符	&（“与”号）	将两个值连接（串联）起来产生一个连续的文本值	“中国”&“广东”
引用运算符	:（冒号）	区域引用	B2:C2
	,（逗号）	联合多个区域引用	SUMIF(B2:G2,B3:G3)
	（空格）	交集引用	B2:D2 C6:D8

知识窗

绝对引用

在行号和列标前加一个“$”符号表示绝对引用，即无论将该公式复制到哪个单元格，公式中所引用的单元格位置及数据始终不会改变。

【任务实施】

如图 1-1-1 所示，曾晓在 Excel 工作表中录入表 1-1-1 中的销售数据，已知销售单价和销售数量，在单元格 D2 中输入公式“=B2 * C2”，就可以算出商品 A 的销售金额。

D2　fx　=B2*C2

	A	B	C	D
1	商品名称	销售单价	销售数量	销售金额
2	商品A	35	3	105
3	商品B	40	5	200
4	商品C	25	7	175
5	商品D	60	9	540
6	商品E	24	12	288
7	商品F	28	3	84

图 1-1-1　录入销售数据并计算销售金额

在 Excel 中，通过拖动鼠标可以将某一单元格的公式复制到其他单元格，实现批量运算。例如，将鼠标移动到单元格 D2 右下角，当出现黑色“+”符号时，按住鼠标左键向下拖动，即可将该公式复制到目标单元格。松开鼠标左键后，即可显示复制公式后的运算结果，如图 1-1-2 所示。

D2　　fx　=B2*C2

	A	B	C	D	E
1	商品名称	销售单价	销售数量	销售金额	
2	商品A	35	3	105	
3	商品B	40	5	200	
4	商品C	25	7	175	
5	商品D	60	9	540	
6	商品E	24	12	288	
7	商品F	28	3	84	
8					
9					

图 1-1-2　复制公式计算结果

任务二　运用 Excel 函数

【任务导入】

鸿丰公司财务主管告诉曾晓，在会计工作中还会经常运用一些 Excel 函数进行计算，利用 Excel 函数提高数据的统计分析效率对以后的工作非常重要。

财务主管交给曾晓一批表格，包括销售业绩考核表等。财务主管要求曾晓学习利用 Excel 快速计算和分析这些表格中的数据，并借此熟悉和掌握 Excel 中常用函数的操作方法。

【相关知识】

在日常会计工作中，遇到一些较复杂的、特定的计算时，手工计算工作量大且容易出错，运用 Excel 函数可以在简化计算的同时提高准确率和工作效率。

常用的 Excel 函数包括逻辑函数、统计函数、日期和时间函数、数学和三角函数、查找和引用函数、文本函数、财务函数等几类。会计工作中常用的 Excel 函数主要包括：

逻辑函数：IF 函数。

统计函数：COUNT 函数、COUNTIF 函数、AVERAGE 函数。

日期和时间函数：TODAY 函数、YEAR 函数、MONTH 函数、DAY 函数。

数学和三角函数：SUM 函数、SUMIF 函数、SUMPRODUCT 函数、ROUND 函数、MOD 函数、INT 函数。

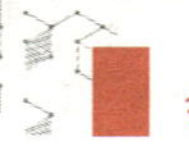

查找和引用函数：LOOKUP 函数、VLOOKUP 函数、INDEX 函数、ROW 函数、COLOMN 函数。

文本函数：MID 函数。

财务函数：PMT 函数、PPMT 函数、IPMT 函数、FV 函数、PV 函数、SLN 函数、DDB 函数、SYD 函数。

使用 Excel 函数时，可运用一些参数，按特定的顺序或结构执行计算。

例如，可以使用 IF 函数、AVERAGE 函数、COUNT 函数、COUNTIF 函数等考核部门和员工的业绩。

可以使用 SUMIF 函数、SUMPRODUCT 函数、ROUND 函数、LOOKUP 函数、VLOOKUP 函数等统计分析产品销售情况。

可以使用 TODAY 函数、YEAR 函数、MONTH 函数、DAY 函数、SUM 函数、INDEX 函数、MID 函数等计算员工入职时间、年假天数、离退休时间和社保缴纳时间。

【任务实施】

一、运用逻辑函数

在 Excel 的逻辑函数中，最常用的是 IF 函数，它属于条件判断函数。如果指定条件的计算结果为 TRUE，将返回某个值；如果计算结果为 FALSE，则返回另一个值。

> 函数语法：IF(logical_test,value_if_true,[value_if_false])
>
> 说明：logical_test 表示计算结果为 TRUE 或 FALSE 的任意值或表达式，value_if_true 表示 logical_test 为 TRUE 时返回的值，value_if_false 表示 logical_test 为 FALSE 时返回的值。
>
> 在多条件情况下，可以多层次套用 IF 函数，如 IF(条件 1,条件 1 为真的结果,IF(条件 2,条件 2 为真的结果,条件 2 为假的结果))。注意，左括号的数量要和右括号的数量一致，否则无法计算。

如图 1-2-1 所示，鸿丰公司要对几位人员 1 月份的业绩进行考核，评定每个人的业绩是否合格。

在单元格 C2 中输入公式“=IF(B2>=80,"合格","不合格")”。这表示：如果单元格 B2 中的数值大于或等于 80，则单元格 C2 显示“合格”字样；反之，则显示“不合格”字样。C 列其他相关单元格的计算结果可通过复制该公式得出。

C2　=IF(B2>=80,"合格","不合格")

	A	B	C	D	E	F
1	姓名	1月	业绩考核			
2	曾小小	60	不合格			
3	黄力	88	合格			
4	叶红	81	合格			
5	杨阳	87	合格			
6	方文	88	合格			
7	李艳	89	合格			
8	刘丹	90	合格			
9	蔡晓芳	78	不合格			

图 1-2-1　IF 函数的运用

二、运用统计函数

1. 运用 COUNT 函数

COUNT 函数的作用是计算区域中包含数字的单元格的个数。

> 函数语法：COUNT(value1,[value2],…)
>
> 说明：value1 和 value2 等参数最多为 255 个，可以包含或引用各种不同类型的数据，但只对数字型数据进行计数。

如图 1-2-2 所示，鸿丰公司要对几位人员 1 月份的业绩进行考核，统计参与业绩考核的人数。

在单元格 B10 中输入公式“=COUNT(B2:B9)”，计算结果为 8，表示从单元格 B2 至 B9 区域包含数字的数据共有 8 个，也即 1 月参与业绩考核的共有 8 人。

B10　=COUNT(B2:B9)

	A	B	C	D
1	姓名	1月		
2	曾小小	60		
3	黄力	88		
4	叶红	81		
5	杨阳	87		
6	方文	88		
7	李艳	89		
8	刘丹	90		
9	蔡晓芳	78		
10		8		

图 1-2-2　COUNT 函数的运用

2. 运用 COUNTIF 函数

COUNTIF 函数的作用是计算某个区域中满足给定条件的单元格数目。

函数语法：COUNTIF(range,criteria)

说明：range 表示要计数的区域（区域中的空白和文本值将被忽略），criteria 表示以数字、表达式或文本形式定义的条件。

如图 1-2-3 所示，鸿丰公司要对几位人员 1 月份的业绩进行考核，统计业绩考核合格（80 分及以上）的人数。

在单元格 B10 中输入公式“=COUNTIF(B2:B9,">=80")”，即可统计出从单元格 B2 至 B9 区域中数值大于或等于 80 的单元格数目。计算结果显示 1 月份业绩考核合格的共有 6 人。

B10　fx　=COUNTIF(B2:B9,">=80")

	A	B	C	D	E
1	姓名	1月			
2	曾小小	60			
3	黄力	88			
4	叶红	81			
5	杨阳	87			
6	方文	88			
7	李艳	89			
8	刘丹	90			
9	蔡晓芳	78			
10		6			

图 1-2-3　COUNTIF 函数的运用

3. 运用 AVERAGE 函数

AVERAGE 函数的作用是返回参数的算术平均值，其参数可以是数值或包含数值的名称、数组或引用。

函数语法：AVERAGE(number1,[number2],…)

说明：number1 和 number2 等是用于计算平均值的数值参数，最多为 255 个。

如图 1-2-4 所示，鸿丰公司要统计几位人员各月人均业绩。

B10　fx　=AVERAGE(B2:B9)

	A	B	C	D	E
1	姓名	1月	2月	3月	4月
2	曾小小	60	80	60	80
3	黄力	88	55	56	60
4	叶红	81	98	78	85
5	杨阳	87	90	80	75
6	方文	88	77	89	97
7	李艳	89	75	71	78
8	刘丹	90	80	98	78
9	蔡晓芳	78	87	74	79
10		82.625	80.25	75.75	79

图 1-2-4　AVERAGE 函数的运用

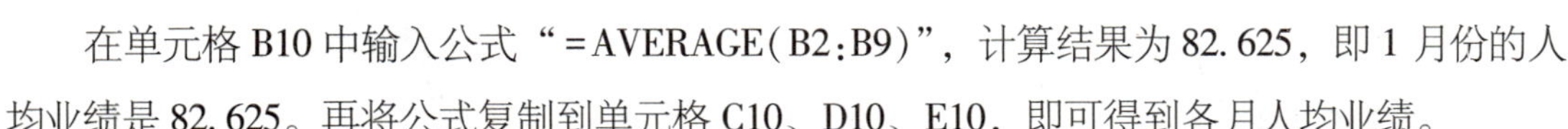

在单元格 B10 中输入公式“=AVERAGE(B2:B9)”，计算结果为 82.625，即 1 月份的人均业绩是 82.625。再将公式复制到单元格 C10、D10、E10，即可得到各月人均业绩。

三、运用日期和时间函数

1. 运用 TODAY 函数

TODAY 函数的作用是返回当前日期，在使用时不需要任何参数。

例如，鸿丰公司员工年假表如图 1-2-5 所示。在单元格 F2 中输入公式“=TODAY()”，即返回当前日期。

F2 fx =TODAY()

	A	B	C	D	E	F
1	鸿丰公司员工年假表					
2					日期	2020/12/1
3	工号	姓名	部门	入职时间	工龄	年假天数
4	101	黄易	办公室	2011.05.16	9	21
5	102	叶莉	办公室	2012.05.17	8	20
6	103	李林	市场部	2012.05.18	8	20
7	104	王方	市场部	2016.05.08	8	20
8	105	胡琳	总务部	2017.03.01	3	10
9	106	叶锐	总务部	2005.05.10	15	27
10	107	杨玫	财务部	2013.10.10	7	18
11	108	黄红	财务部	2012.12.01	8	20

图 1-2-5 TODAY 函数的运用

2. 运用 YEAR、MONTH 及 DAY 函数

YEAR 函数的作用是返回指定日期的年份值，结果是一个 1 900~9 999 之间的数字。

MONTH 函数的作用是返回指定日期的月份值，结果是一个 1~12 之间的数字。

DAY 函数的作用是返回指定日期在当月中的天数，结果是一个 1~31 之间的数字。

如图 1-2-6 所示，在单元格 B2 中输入公式“=YEAR(A2)”，即返回单元格 A2 中日期的年份值。如图 1-2-7 所示，在 C2 单元格中输入公式“=MONTH(A2)”，即返回单元格 A2 中日期的月份值。如图 1-2-8 所示，在单元格 D2 中输入公式“=DAY(A2)”，即返回单元格 A2 中日期在当月中的天数。

B2 fx =YEAR(A2)

	A	B	C	D
1	日期	年	月	日
2	2016/8/10	2016	8	10
3	2018/12/1	2018	12	1
4	2005年1月1日	2005	1	1
5	2018/6/18	2018	6	18

图 1-2-6 YEAR 函数的运用

C2 fx =MONTH(A2)

	A	B	C	D	E
1	日期	年	月	日	
2	2016/8/10	2016	8	10	
3	2018/12/1	2018	12	1	
4	2005年1月1日	2005	1	1	
5	2018/6/18	2018	6	18	

图 1-2-7 MONTH 函数的运用

D2 fx =DAY(A2)

	A	B	C	D
1	日期	年	月	日
2	2016/8/10	2016	8	10
3	2018/12/1	2018	12	1
4	2005年1月1日	2005	1	1
5	2018/6/18	2018	6	18

图 1-2-8 DAY 函数的运用

四、运用数学和三角函数

1. 运用 SUM 函数

SUM 函数的作用是计算区域中所有数值的和。

> 函数语法：SUM(number1,[number2],…)
>
> 说明：number1 和 number2 等参数是 1~255 个待求和的数字。如果引用的单元格中含有非数字值，该函数将予以忽略，只给出数字值的求和结果。

如图 1-2-9 所示，鸿丰公司要统计几位员工的年假总天数。

在单元格 F12 中输入公式“=SUM(F4:F11)”，即可得出表中几位员工的年假总天数为 156 天。

F12　fx　=SUM(F4:F11)

	A	B	C	D	E	F
1			鸿丰公司员工年假表			
2					日期	2020/12/1
3	工号	姓名	部门	入职时间	工龄	年假天数
4	101	黄易	办公室	2011.05.16	9	21
5	102	叶莉	办公室	2012.05.17	8	20
6	103	李林	市场部	2012.05.18	8	20
7	104	王方	市场部	2016.05.08	8	20
8	105	胡琳	总务部	2017.03.01	3	10
9	106	叶锐	总务部	2005.05.10	15	27
10	107	杨玫	财务部	2013.10.10	7	18
11	108	黄红	财务部	2012.12.01	8	20
12						156

图 1-2-9　SUM 函数的运用

2. 运用 SUMIF 函数

SUMIF 函数的作用是对指定范围中符合指定条件的值求和。

> 函数语法：SUMIF(range,criteria,[sum_range])
>
> 说明：range 表示要进行计算的单元格区域，criteria 表示以数字、表达式或文本等形式定义的条件，sum_range 表示用于求和计算的实际单元格（如果省略，将使用前面待计算区域中的单元格）。

如图 1-2-10 所示，鸿丰公司要统计当月电热水器的销售总量。

在单元格 G3 中输入公式“=SUMIF(B3:B11,F3,C3:C11)”，即可得出当月电热水器的销售总量为 220。将该公式复制到单元格 G4、G5，即可得出对应商品的当月销售总量。

G3　=SUMIF(B3:B11,F3,C3:C11)

	A	B	C	D	E	F	G
1		鸿丰公司小家电月销售情况					
2		商品名称	销售数量	销售单价（元）		商品名称	销售总量
3		电热水器	50	220		电热水器	220
4		电饭煲	80	680		电饭煲	235
5		电风扇	60	180		电风扇	189
6		电热水器	100	220			
7		电饭煲	105	680			
8		电风扇	99	180			
9		电热水器	70	220			
10		电饭煲	50	680			
11		电风扇	30	180			

图 1-2-10　SUMIF 函数的运用

3. 运用 SUMPRODUCT 函数

SUMPRODUCT 函数的作用是返回相应的数组或区域乘积的和。

函数语法：SUMPRODUCT(array1,[array2],…)

说明：array1 和 array2 为数组等参数，最多 255 个。所有数组的维数必须一样。

如图 1-2-11 所示，鸿丰公司要统计 12 月产品销售总金额。

在单元格 C12 中输入公式“=SUMPRODUCT(B3:B11,C3:C11)”，即可得出 12 月产品销售总金额为 242 220 元。

C12　=SUMPRODUCT(B3:B11,C3:C11)

	A	B	C	D	E
1	鸿丰公司12月产品销售汇总1				
2	商品名称	销售数量	销售单价（元）		
3	电热水器	50	220		
4	电饭煲	80	680		
5	电风扇	60	180		
6	电热水器	100	220		
7	电饭煲	105	680		
8	电风扇	99	180		
9	电热水器	70	220		
10	电饭煲	50	680		
11	电风扇	30	180		
12	销售总金额		242220		

图 1-2-11　SUMPRODUCT 函数的运用

4. 运用 ROUND 函数

ROUND 函数的作用是按指定的位数对数值进行四舍五入。

函数语法：ROUND(number,num_digits)

说明：number 表示要四舍五入的数值，num_digits 表示四舍五入时保留的小数位数。

如图 1-2-12 所示，要对 A 列的数值进行四舍五入。

在单元格 B2 中输入公式“=ROUND(A2,2)”，即可返回 A2 单元格数值取 2 位小数的结果。如需取 4 位小数，可将公式更改为“=ROUND(A2,4)”。

B2 =ROUND(A2,2)

	A	B	C
1	数值	结果	
2	566.124500	566.12	
3	1215564.454564	1215564.45	
4	12121.454640	12121.45	
5	121245.456460	121245.46	
6	4546.456400	4546.46	
7	7879.124600	7879.12	
8	14654.456000	14654.46	
9	12156.498712	12156.5	

图 1-2-12　ROUND 函数的运用

5. 运用 MOD 函数

MOD 函数的作用是计算两数相除的余数。

> 函数语法：MOD(number,divisor)
>
> 说明：number 表示被除数，divisor 表示除数。

6. 运用 INT 函数

INT 函数的作用是将数字向下舍入到最接近的整数。

> 函数语法：INT(number)
>
> number 表示需要进行向下舍入取整的实数。

五、运用查找和引用函数

1. 运用 LOOKUP 函数

LOOKUP 函数的作用是从单行、单列或数组中查找一个值。

> 函数语法：LOOKUP(lookup_value, lookup_vector,[result_vector])
>
> 或 LOOKUP(lookup_value, array)
>
> 说明：前者适于在单行或单列中查找值，后者适于在数组中查找值。
>
> lookup_value 表示要查找的值，可以是数字、文本、逻辑值、名称或对值的引用。lookup_vector 表示要查找的区域，只包含一行或一列。result_vector 表示返回结果的区域，必须与 lookup_vector 参数大小相同。array 表示包含要与 lookup_value 进行比较的数据的单元格区域（数组）。
>
> 注意：lookup_vector 和 array 中的数据必须按升序排列，否则不能返回正确的结果。

如图 1-2-13 所示，鸿丰公司要查询曾小文当月的销售数量。

在单元格 G3 中输入公式“=LOOKUP(F3,A3:A10,C3:C10)”，即可查到曾小文当月的销售数量为 50。

G3　=LOOKUP(F3,A3:A10,C3:C10)

	A	B	C	D	E	F	G
1	鸿丰公司小家电月销售情况						
2	姓名	商品名称	销售数量	销售单价（元）		姓名	销售数量
3	蔡小芳	电饭煲	50	680		曾小文	50
4	曾小文	电热水器	50	220		黄丹	80
5	方艳	电饭煲	105	680		叶红	60
6	黄丹	电饭煲	80	680			
7	李文	电风扇	99	180			
8	刘力	电热水器	70	220			
9	杨阳	电热水器	100	220			
10	叶红	电风扇	60	180			
11							
12							

图 1-2-13　LOOKUP 函数的运用

2. 运用 VLOOKUP 函数

VLOOKUP 函数的作用是在区域的首列查找指定的值，并由此返回当前行中指定列处的值。

> 函数语法：VLOOKUP(lookup_value,table_array,col_index_num,[range_lookup])
>
> 说明：lookup_value 表示需要在数据表首列进行搜索的值，它可以是数值、引用或文本字符串；table_array 表示需要在其中搜索数据的区域；col_index_num 表示满足条件的单元格在 table_array 区域中的列序号，首序号为 1；range_lookup 表示指定在查找时是要求精确匹配还是近似匹配（如果为 FALSE 表示精确匹配，如果为 TRUE 或省略表示近似匹配）。

如图 1-2-14 所示，鸿丰公司要查询曾小小 4 月份的工作量。

H3　=VLOOKUP(H2,A2:F10,5,FALSE)

	A	B	C	D	E	F	G	H
1	鸿丰公司人员工作量统计分析							
2	姓名	1月	2月	3月	4月	总数	需要考核业绩的员工姓名	曾小小
3	曾小小	60	80	60	80	280	4月份工作量	80
4	黄力	88	55	56	60	259		
5	叶红	81	98	78	85	342		
6	杨阳	87	90	80	75	332		
7	方文	88	77	89	97	351		
8	李艳	89	75	71	78	313		
9	刘丹	90	80	98	78	346		
10	蔡晓芳	78	87	74	79	318		

图 1-2-14　VLOOKUP 函数的运用

在单元格 H3 中输入公式“=VLOOKUP(H2,A2:F10,5,FALSE)”，即可查到曾小小 4 月份的工作量为 80。该公式的含义是，在从单元格 A2 至 F10 的区域的第 1 列中搜索与单元格 H2 数据（即“曾小小”）相匹配的数据，搜索到单元格 A3 与之匹配后，返回搜索区域中该行第 5 列的数据。

3. 运用 INDEX 函数

INDEX 函数的作用是返回由行号和列号索引选中的表或数组中元素的值。

函数语法：INDEX(array,row_num,[column_num])

说明：array 表示单元格区域或数组常量。如果数组只包含一行或一列，则相应的 row_num 或 column_num 参数是可选的。如果数组具有多行和多列，并且仅使用 row_num 或 column_num，则该函数返回数组中整个行或列的数组。

row_num 表示选择数组中的某行，该函数从该行返回值。如果省略 row_num，则需要 column_num。column_num 表示选择数组中的某列，该函数从该列返回值。如果省略 column_num，则需要 row_num。

如果同时使用 row_num 和 column_num 参数，该函数将返回 row_num 和 column_num 交叉处的单元格中的值。row_num 和 column_num 必须指向数组中的一个单元格。

如图 1-2-15 所示，在单元格 G3 中输入公式“=INDEX(A3:D10,2,4)”，即可得到员工黄力的入职时间即 2012 年 5 月 17 日。

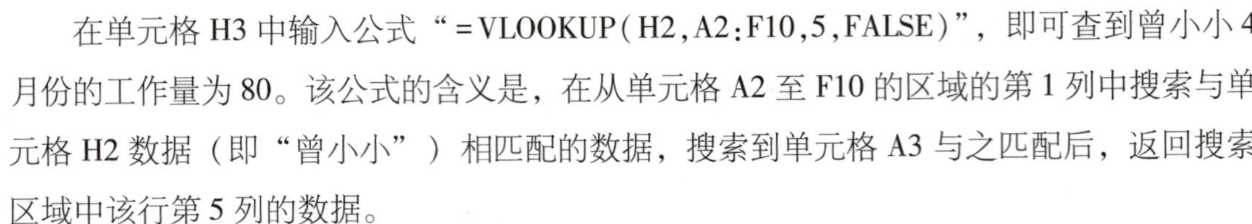

G3 =INDEX(A3:D10,2,4)

	A	B	C	D	E	F	G
1	鸿丰公司员工入职时间表						
2	工号	姓名	部门	入职时间		姓名	入职时间
3	101	曾小小	办公室	2011.05.16		黄力	2012.05.17
4	102	黄力	办公室	2012.05.17		方文	2017.03.01
5	103	叶红	市场部	2012.05.18		蔡晓芳	2012.12.01
6	104	杨阳	市场部	2016.05.08			
7	105	方文	总务部	2017.03.01			
8	106	李艳	总务部	2005.05.10			
9	107	刘丹	财务部	2013.10.10			
10	108	蔡晓芳	财务部	2012.12.01			

图 1-2-15　INDEX 函数的运用

4. 运用 ROW 函数

ROW 函数的作用是返回引用的行号。

函数语法：ROW([reference])

说明：reference 表示需要得到其行号的单元格或单元格区域。如果省略 reference，则假定是对 ROW 函数所在单元格的引用。

5. 运用 COLUMN 函数

COLUMN 函数的作用是返回引用的列号。

函数语法：COLUMN([reference])

说明：reference 表示需要得到其列号的单元格或单元格区域。如果省略 reference，则假定是对 COLUMN 函数所在单元格的引用。

六、运用文本函数

Excel 中的文本函数主要用于对指定的文本字符或字符串进行提取、比较等操作。会计工作中常用的文本函数是 MID 函数，它的作用是从文本字符串中指定的起始位置起返回指定长度的字符。

函数语法：MID(text,start_num,num_chars)

说明：text 表示要提取字符的文本字符串，start_num 表示要提取的第 1 个字符的位置，num_chars 表示所要提取的字符的个数。

如图 1-2-16 所示，鸿丰公司要在员工劳动合同台账记录表中根据输入的员工身份证号码自动得出该员工的出生年月。

在单元格 H4 中输入公式“=MID(G4,7,6)”，即可返回该员工的出生年月为“199208”。

H4　=MID(G4,7,6)

	A	B	C	D	E	F	G	H	I	J	K
1										员工劳动合同台账记录表	
2	编制单位：鸿丰公司										
3	序号	合同编号	姓名	性别	所属部门	职位	身份证号码	出生年月	年龄	联系电话	进公司时间
4							44148119920809	199208			

图 1-2-16　MID 函数的运用

七、了解财务函数

Excel 专门设有一类财务函数，主要用于一些较复杂的金融和财会业务的计算。

其中，在贷款或投资业务中常用到 PMT 函数、PPMT 函数、IPMT 函数、FV 函数、PV 函数等，以确定贷款的偿还额、利息额以及投资的未来值或净现值等。在固定资产管理业务中常用到 SLN 函数、DDB 函数、SYD 函数等，以计算固定资产折旧。这些函数的用法将在后面的项目八和项目十四等项目中结合具体任务详细讲解。

项目小结

本项目介绍了 Excel 数据计算基础知识，包括运用 Excel 公式和函数进行计算。

思考与练习

鸿丰公司计划根据员工的职位和工龄调整工资，如下图所示。要求将职位是“测试员”且工龄大于或等于 4 年的员工基本工资增加 500 元。请用 Excel 完成这项工作。

	A	B	C	D	E
1	姓名	职位	工龄	基本工资	调薪后
2	张小如	设计员	2	5000	
3	何才勇	测试员	3	4500	
4	陈明亮	会计	4	4000	
5	夏小俊	研发员	5	7000	
6	林青霞	测试员	6	4500	
7	赵晓薇	测试员	7	4500	
8	吴小芳	研发员	8	7000	
9	刘志钢	设计员	9	5000	
10	黄国鸿	测试员	10	4500	

项目二

会计凭证的 Excel 应用

学习目标

知识目标

1. 了解与会计凭证有关的基本概念。
2. 掌握 Excel 调整单元格格式的方法。

能力目标

1. 能够利用 Excel 建立会计科目表和会计凭证表。
2. 能够在会计科目表和会计凭证表中进行基本的格式设置。

【项目导学】

会计工作中，通常采用会计凭证表记录记账凭证信息。记账凭证是登记账簿的依据，设置及填制会计凭证表是日常账务处理的主要工作。会计凭证表中应具有记账凭证的所有信息，应设定凭证日期、凭证编号、摘要、科目代码、科目名称、借贷方金额等字段。此外，在输入时要设置一定的数据校验功能，校验科目代码和科目名称等数据的有效性。输入科目代码后，系统自动生成总账科目和明细科目名称。

本项目用到的操作技能包括设置单元格格式和边框，合并后居中，冻结窗格，设置数据有效性，使用 VLOOKUP 函数、SUM 函数及 IF 函数等进行计算。

思维导图

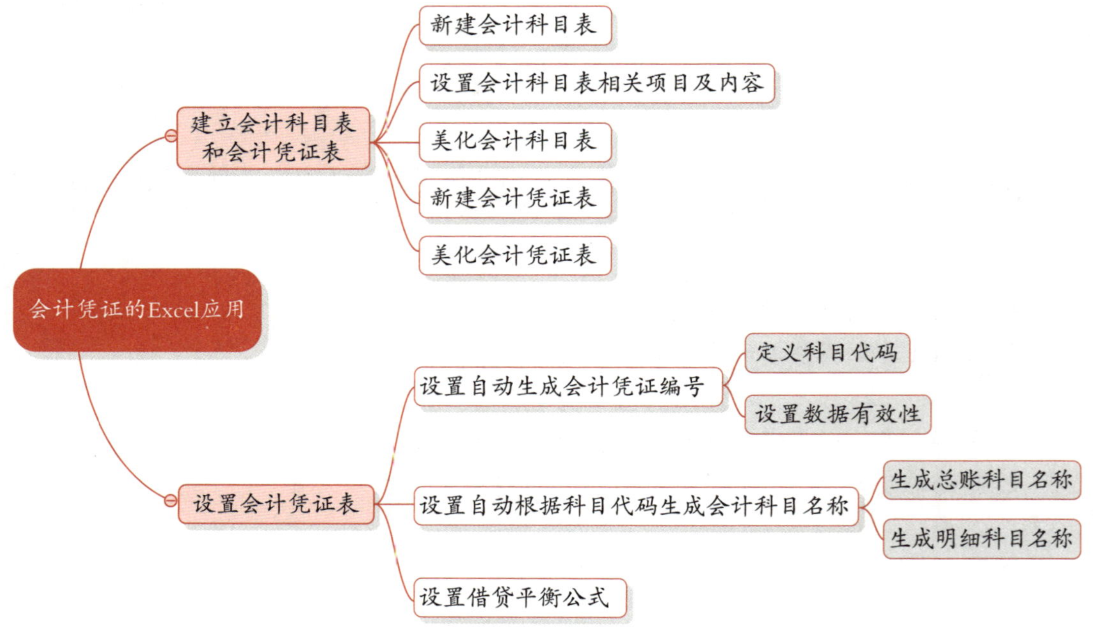

任务一　建立会计科目表和会计凭证表

【任务导入】

鸿丰公司的会计科目表见表 2-1-1。财务主管将这张打印好的表交给曾晓，要求他利用 Excel 软件建立对应的表格，并做到快速、准确。主管告诉曾晓，使用 Excel 进行账务处理时，通常采用会计凭证表记录记账凭证信息。

在会计工作中，一般会先建立会计科目表和会计凭证表。有了会计科目表以后，在填制会计凭证表时，只需要输入科目代码，Excel 便可自动生成相对应的会计科目名称，从而简化输入工作。

表 2-1-1　鸿丰公司会计科目表

科目代码	总账科目	明细科目	科目代码	总账科目	明细科目
1001	库存现金		140301	原材料	甲材料
1002	银行存款		140302	原材料	A 型电热水壶
100201	银行存款	工行	140303	原材料	B 型电热水壶
1012	其他货币资金		140304	原材料	C 型电热水壶
1101	交易性金融资产		140305	原材料	车间一般耗用
1121	应收票据		1404	材料成本差异	
112101	应收票据	A 厂	1405	库存商品	
1122	应收账款		140501	库存商品	A 型电热水壶
112201	应收账款	B 厂	140502	库存商品	B 型电热水壶
112202	应收账款	北成贸易有限公司	140503	库存商品	C 型电热水壶
1123	预付账款		1406	发出商品	
112301	预付账款	报刊费	1407	商品进销差价	
1131	应收股利		1408	委托加工物资	
1132	应收利息		1471	存货跌价准备	
1221	其他应收款		1511	长期股权投资	
122101	其他应收款	刘丹	1512	长期股权投资减值准备	
1231	坏账准备		1521	投资性房地产	
1401	材料采购		1531	长期应收款	
1402	在途物资		1601	固定资产	
1403	原材料		1602	累计折旧	

续表

科目代码	总账科目	明细科目	科目代码	总账科目	明细科目
1603	固定资产减值准备		222102	应交税费	未交增值税
1604	在建工程		222103	应交税费	应交所得税
1605	工程物资		222110	应交税费	应交教育费附加
1606	固定资产清理		2231	应付利息	
1701	无形资产		2232	应付股利	
1702	累计摊销		2241	其他应付款	
1703	无形资产减值准备		2501	长期借款	
1711	商誉		2502	应付债券	
1901	待处理财产损溢		2701	长期应付款	
2001	短期借款		2801	预计负债	
2201	应付票据		2901	递延所得税负债	
220101	应付票据	南京中诚机械制造公司	4001	实收资本	
220102	应付票据	广告费	4002	资本公积	
2202	应付账款		4101	盈余公积	
220201	应付账款	北成贸易有限公司	4103	本年利润	
2203	预收账款		4104	利润分配	
220301	预收账款	佛山雅物贸易有限公司	410401	利润分配	未分配利润
2211	应付职工薪酬		5001	生产成本	
221101	应付职工薪酬	应付工资	500101	生产成本	A 型电热水壶
221102	应付职工薪酬	职工福利费	500102	生产成本	B 型电热水壶
221103	应付职工薪酬	职工养老保险	500103	生产成本	C 型电热水壶
221104	应付职工薪酬	住房公积金	5101	制造费用	
2221	应交税费		510101	制造费用	材料费
222101	应交税费	应交增值税	510102	制造费用	折旧费
22210101	应交税费	应交增值税（进项税额）	510103	制造费用	水电费
22210102	应交税费	应交增值税（销项税额）	510104	制造费用	工资
22210103	应交税费	应交增值税（转出未交增值税）	5201	劳务成本	

续表

科目代码	总账科目	明细科目	科目代码	总账科目	明细科目
5301	研发支出		660104	销售费用	折旧费
6001	主营业务收入		660105	销售费用	水电费
600101	主营业务收入	A 型电热水壶	6602	管理费用	
600102	主营业务收入	B 型电热水壶	660201	管理费用	差旅费
600103	主营业务收入	C 型电热水壶	660202	管理费用	办公用品费
6051	其他业务收入		660203	管理费用	业务招待费
6101	公允价值变动损益		660204	管理费用	工资
6111	投资收益		660205	管理费用	福利费
6301	营业外收入		660206	管理费用	折旧费
6401	主营业务成本		660207	管理费用	水电费
640101	主营业务成本	A 型电热水壶	660208	管理费用	税金
640102	主营业务成本	B 型电热水壶	660209	管理费用	厂部
640103	主营业务成本	C 型电热水壶	660210	管理费用	设备维修费
6402	其他业务成本		6603	财务费用	
6403	税金及附加		660301	财务费用	利息费用
6601	销售费用		660302	财务费用	手续费
660101	销售费用	广告费	6701	资产减值损失	
660102	销售费用	工资	6711	营业外支出	
660103	销售费用	福利费	6801	所得税费用	

【相关知识】

会计科目一般分为总账科目、明细科目。其中，总账科目是财政部统一规定的，企业可以根据它制定自身所需要的明细科目。在账务处理中，为了避免在记账和整理账目时发生混乱，通常以科目代码取代科目名称，作为输入会计科目的依据。

会计工作中会使用大量 Excel 表格，为了实现美观的效果，或者实现特定的计算功能，经常要对表格的格式进行设置。

Excel 表格的格式主要分为两类。一类是外观格式，如字体、字号、颜色、边框等；另一类是数据的显示和计算格式，如数字格式、日期格式、货币格式等。设置 Excel 表格的格式，主要有三种方法。

一是选中单元格后单击（如非特别说明，一般指单击鼠标左键，下同）主菜单中的“开始”，在“字体”“对齐方式”“数字”等各组选项卡中单击相应的按钮，设置相应的格式。

二是选中单元格后单击鼠标右键，在弹出的菜单中选择“设置单元格格式”，再进行具体设置。

三是选中单元格后按“Ctrl+1”组合键，打开“设置单元格格式”对话框进行设置。

【任务实施】

一、新建会计科目表

新建一个 Excel 工作簿，将其命名为“鸿丰公司会计凭证项目”（以下简称“项目”工作簿），再将其中的工作表“Sheet1”重命名为“会计科目表”。

二、设置会计科目表相关项目及内容

1. 设置会计科目表项目

选中从单元格 A1 到 C1 的区域，单击主菜单中的“开始”，单击“对齐方式”选项组中的“合并后居中”按钮。选中单元格 A1，输入文本“鸿丰公司会计科目表”，将其格式设为宋体、10 号字、加粗，如图 2-1-1 所示。在表中对应单元格分别输入“科目代码”“总账科目”“明细科目”，单击主菜单中的“开始”，在“字体”“对齐方式”选项组中将这些文字设为宋体、5 号字、加粗、垂直居中，如图 2-1-2 所示。

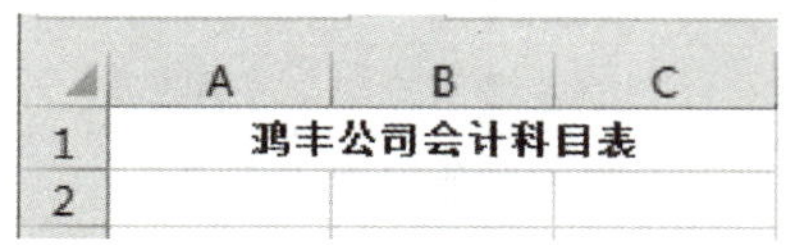

图 2-1-1 输入会计科目表名称

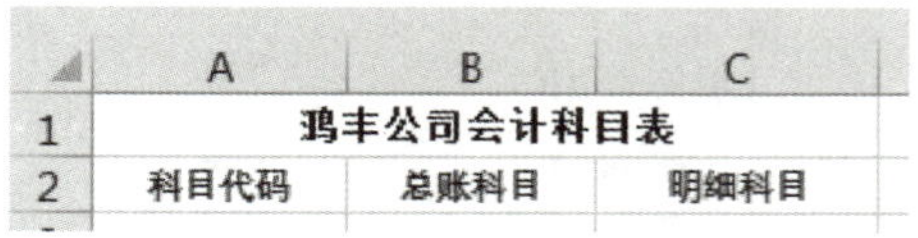

图 2-1-2 输入会计科目表项目

2. 设置相关内容

选中“科目代码”列，将其设置成文本格式，如图 2-1-3 所示。根据鸿丰公司会计科目表，在工作表中输入“科目代码”“总账科目”“明细科目”项的有关内容。选中需要加边框的单元格，单击鼠标右键，在弹出的菜单中选中“设置单元格格式”，然后在弹出的窗口中单击“边框”进行设置，设置结果如图 2-1-4 所示。

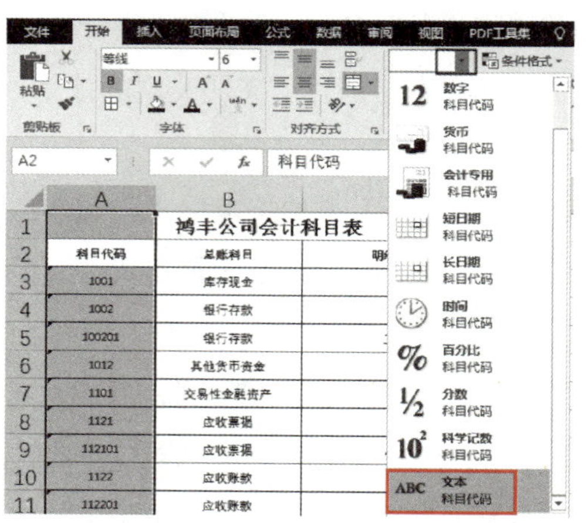

图 2-1-3 将“科目代码”列设为文本格式

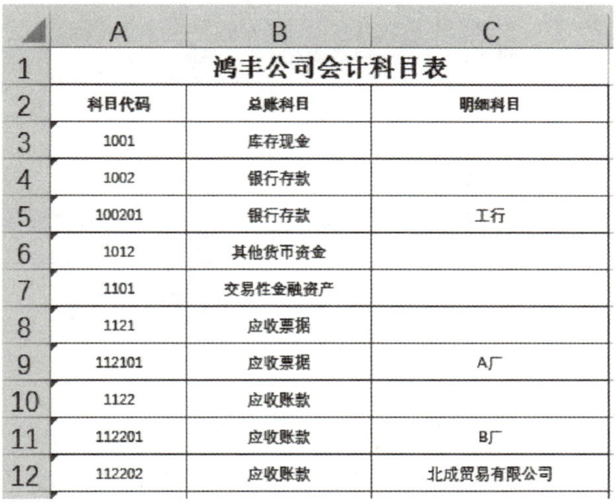

	A	B	C
1	鸿丰公司会计科目表		
2	科目代码	总账科目	明细科目
3	1001	库存现金	
4	1002	银行存款	
5	100201	银行存款	工行
6	1012	其他货币资金	
7	1101	交易性金融资产	
8	1121	应收票据	
9	112101	应收票据	A厂
10	1122	应收账款	
11	112201	应收账款	B厂
12	112202	应收账款	北成贸易有限公司

图 2-1-4　设置边框

三、美化会计科目表

鼠标右键单击“会计科目表”工作表的标签，单击“工作表标签颜色”，选择黄色，即可看到“会计科目表”标签变为相应的黄色，如图 2-1-5 所示。

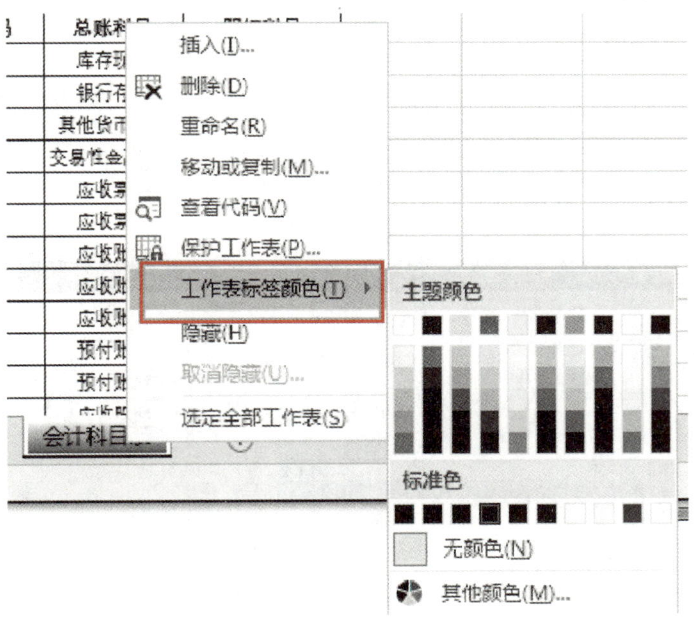

图 2-1-5　更改工作表标签颜色

四、新建会计凭证表

打开“项目”工作簿，将其中的“Sheet2”工作表重命名为“会计凭证表”，并将工作表标签设为紫色。选中该表从单元格 A1 至 J1 的区域，单击主菜单中的“开始”，在“对齐方式”选项组中单击“合并后居中”按钮。单击单元格 A1，输入“鸿丰公司会计凭证表”，操作结果如图 2-1-6 所示。

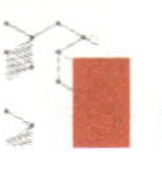

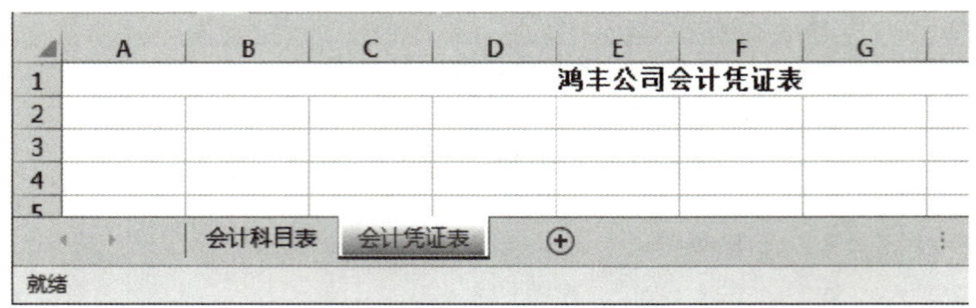

图 2-1-6　新建会计凭证表

五、美化会计凭证表

1. 录入信息

根据任务中的描述录入有关信息，录入完成后适当调整行高、列宽，如图 2-1-7 所示。

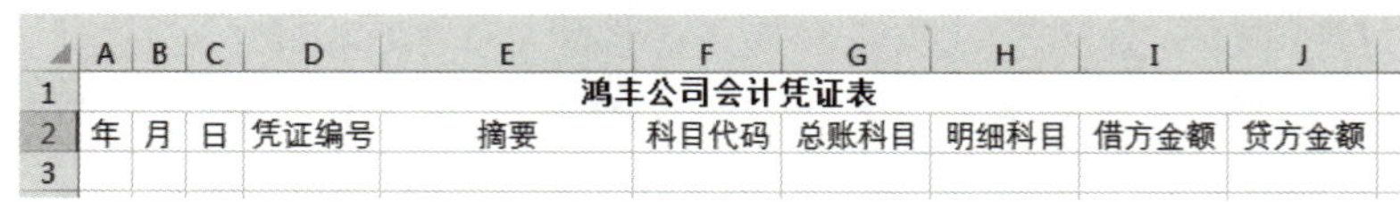

A	B	C	D	E	F	G	H	I	J
鸿丰公司会计凭证表									
年	月	日	凭证编号	摘要	科目代码	总账科目	明细科目	借方金额	贷方金额

图 2-1-7　录入信息

2. 冻结第一行和第二行

选中从单元格 A1 至 J2 的区域，单击主菜单中的“视图”，在“窗口”选项组中单击“冻结窗格”按钮，在下拉列表中单击“冻结拆分窗格”，这样上下滚动表格时首行及第二行依然可见，如图 2-1-8 所示。

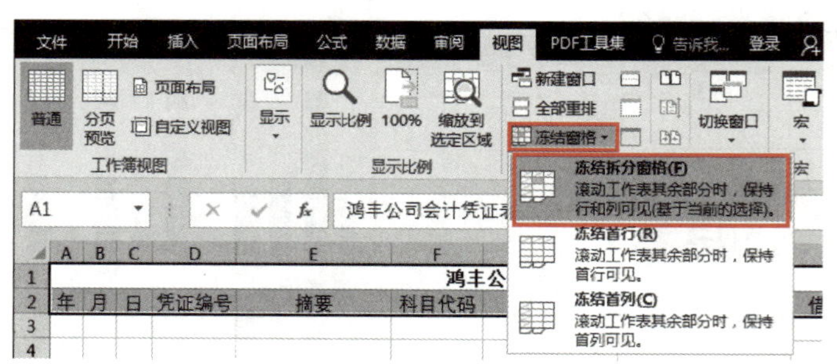

图 2-1-8　冻结窗格

3. 调整格式

选中从单元格 A2 到 J2 的区域，单击主菜单中的“开始”，在“字体”选项组中单击“填充颜色”按钮，选择橙色，如图 2-1-9 所示。

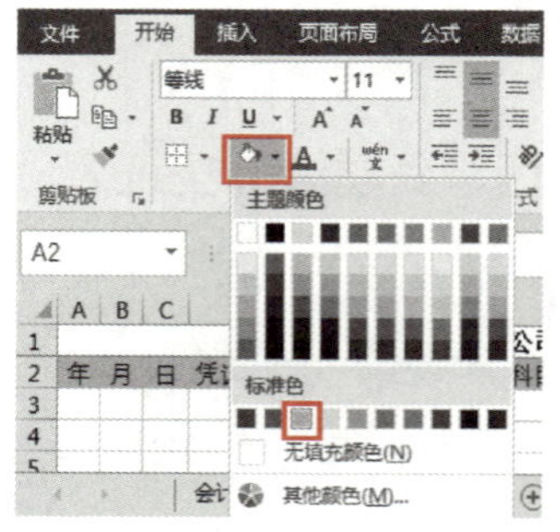

图 2-1-9　填充颜色

选中表格的 A、B、C、D、F 列，单击鼠标右键，在弹出的菜单中选择“设置单元格格式”，然后在弹出的对话框中单击“数字”选项卡，选择“文本”，将以上 5 列设置为文本格

式，如图 2-1-10 所示。

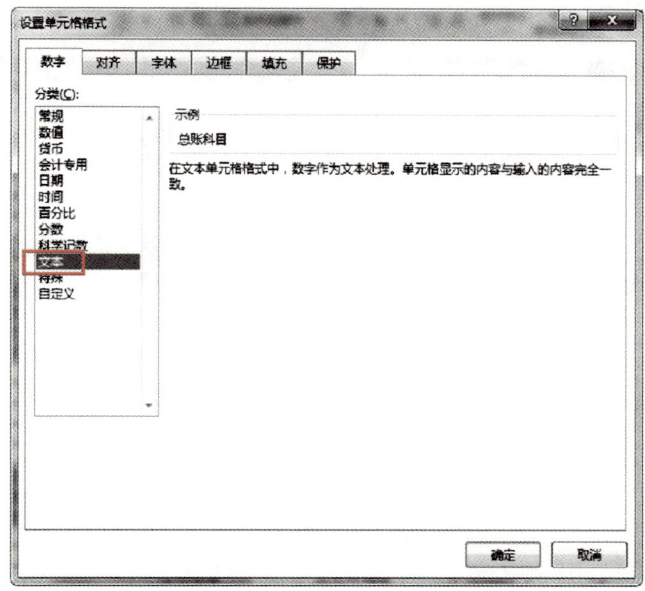

图 2-1-10　设置文本格式

选中表格的 I 列和 J 列，单击鼠标右键，在弹出的菜单中选择“设置单元格格式”，然后在弹出的对话框中单击“数字”选项卡，选择“会计专用”，将小数位数设为 2，将货币符号设为“无”，如图 2-1-11 所示。

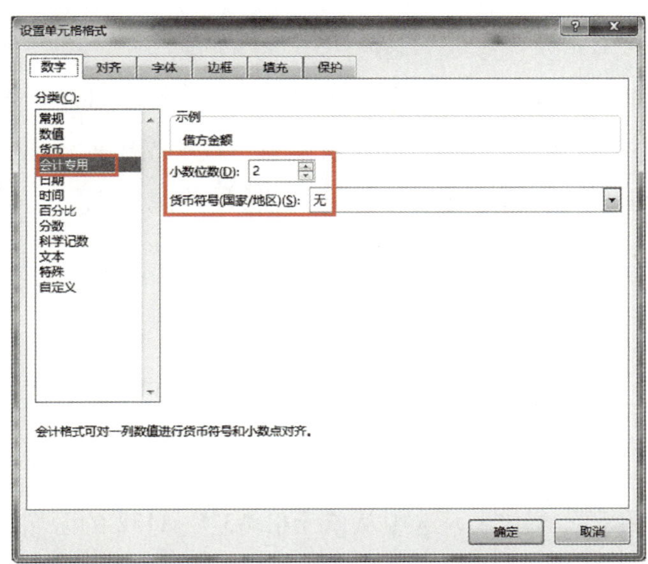

图 2-1-11　设置会计专用格式

4. 加入批注

选中单元格 K1，单击鼠标右键，在弹出的菜单中选择“插入批注”，批注内容为：在每一笔完成的经济业务最后一行标记“ * ”号。也可以单击主菜单中的“审阅”，在

“批注”选项组中单击“新建批注”按钮，如图 2-1-12 所示。在弹出的文本框中输入要标记的内容，然后单击其他位置即可，如图 2-1-13 所示。

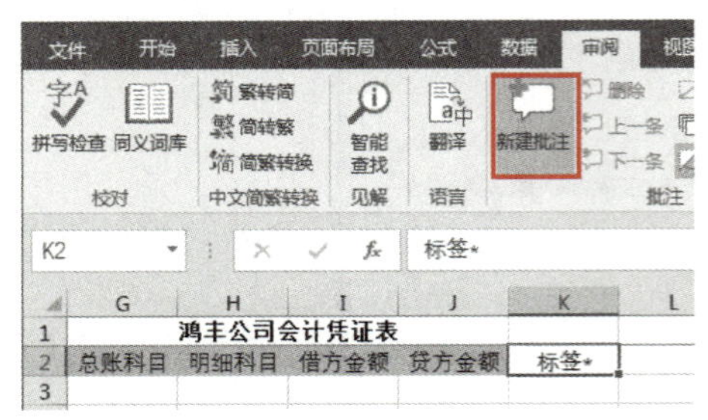

图 2-1-12　新建批注

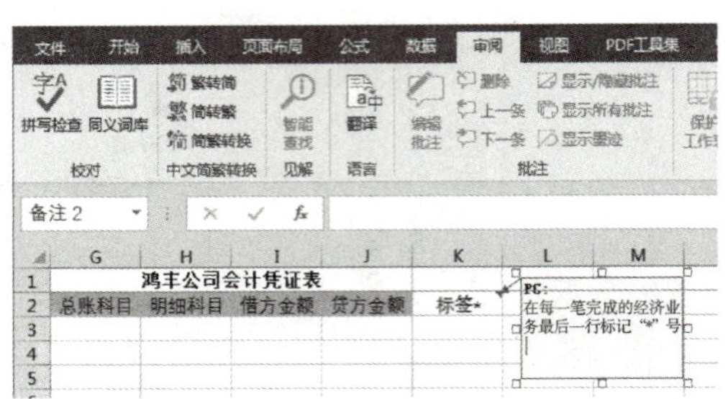

图 2-1-13　输入批注内容

任务二　设置会计凭证表

【任务导入】

建立好会计科目表和会计凭证表后，财务主管告诉曾晓，还需要对会计凭证表进行设置，做到输入科目代码后，Excel 便可自动生成相对应的会计科目名称，从而简化输入工作。

【相关知识】

会计凭证按编制程序和用途不同分为原始凭证和记账凭证。原始凭证是经济业务最初发生之时填制的原始书面证明，如销货发票、款项收据等。记账凭证是以原始凭证为依据编制的会计凭证，是登记会计账簿的依据，如收款凭证、付款凭证、转账凭证等。

【任务实施】

一、设置自动生成会计凭证编号

1. 定义科目代码

打开“会计科目表”工作表，选中从单元格 A3 至 A132 的区域，单击主菜单中的“公式”，在“定义的名称”选项组中单击“定义名称”按钮，如图 2-2-1 所示。然后在弹出对话框中的“名称”栏输入“kmdm”，如图 2-2-2 所示。

2. 设置数据有效性

选中“会计凭证表”工作表中的“科目代码”列，单击主菜单中的“数据”，在“数据工具”选项组中单击“数据验证”按钮，如图 2-2-3 所示。

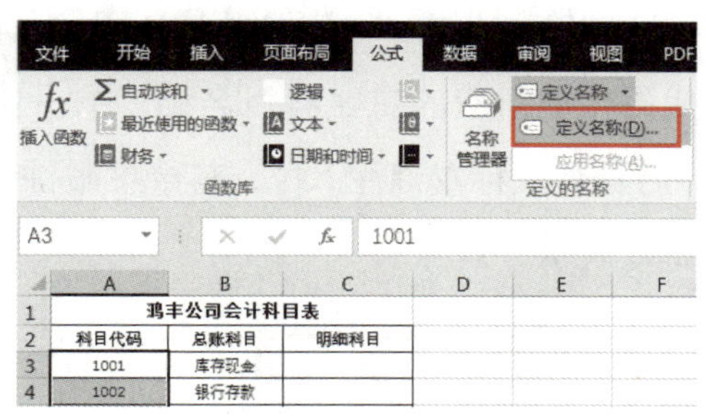

图 2-2-1 定义名称

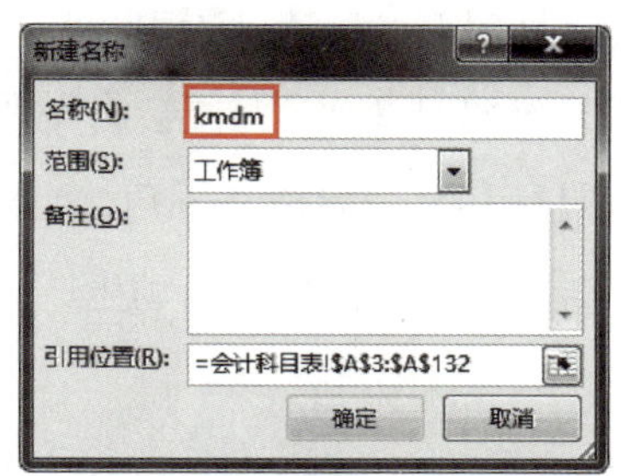

图 2-2-2 定义科目代码

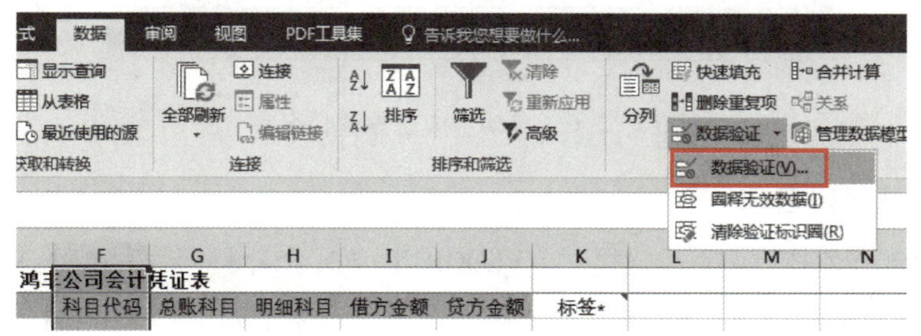

图 2-2-3 设置数据验证

在弹出的“数据验证”对话框中，单击“设置”选项卡，在“允许”下拉列表中选择“序列”，在“来源”框中填入“=kmdm”，即定义序列数据来源为前面定义的“会计科目表”工作表中从单元格 A2 至 A132 的区域，其他保持默认状态，如图 2-2-4 所示。

完成上述设置后，在“会计凭证表”工作表中单击“科目代码”列中的任意单元格，在单元格右侧会出现一个下拉按钮，单击下拉按钮就会显示下拉列表，内容即为“会计科目表”工作表中的科目代码数据，如图 2-2-5 所示。

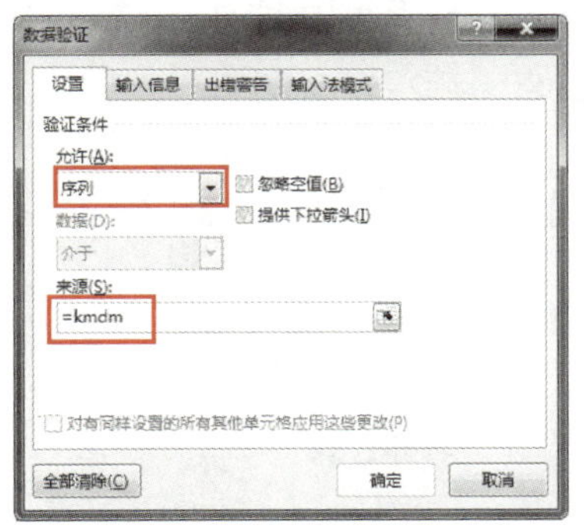

图 2-2-4 设置验证条件

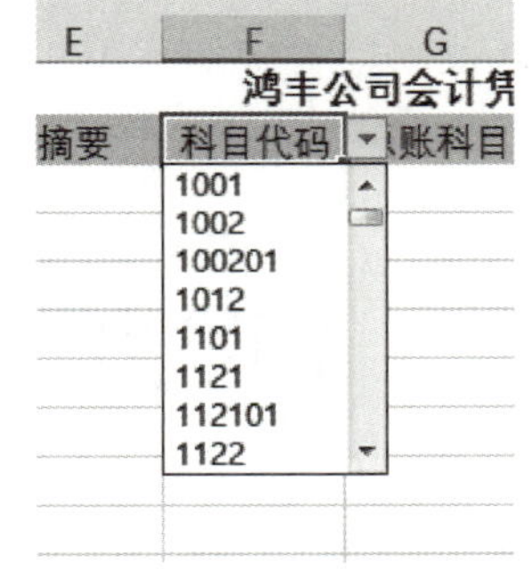

图 2-2-5 科目代码下拉列表

二、设置自动根据科目代码生成会计科目名称

1. 生成总账科目名称

将已知的各项经济业务信息填入相应单元格中（限于篇幅，本任务只列出部分经济

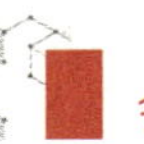

业务信息及相关会计凭证表内容），在单元格 G3 中输入公式“=VLOOKUP(F3,会计科目表!$A$3:$C$132,2,0)”，便会自动根据科目代码生成对应的总账科目名称。单击单元格 G3，将鼠标移至单元格右下角，当出现“+”时按住鼠标左键往下拉，其余总账科目名称也会根据所填的科目代码自动生成，如图 2-2-6 所示。

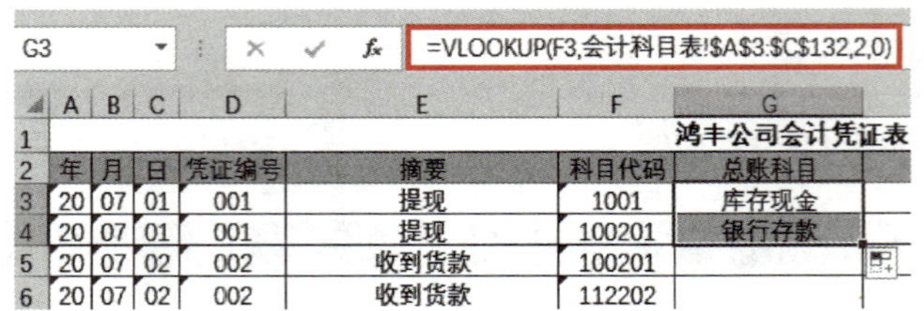

G3　=VLOOKUP(F3,会计科目表!$A$3:$C$132,2,0)

年	月	日	凭证编号	摘要	科目代码	总账科目
20	07	01	001	提现	1001	库存现金
20	07	01	001	提现	100201	银行存款
20	07	02	002	收到货款	100201	
20	07	02	002	收到货款	112202	

图 2-2-6　自动生成总账科目名称

2. 生成明细科目名称

同理，在单元格 H3 中输入公式“=VLOOKUP(F3,会计科目表!$A$3:$C$132,3,0)”，明细科目名称会自动生成。将单元格 H3 的公式向下复制到其他单元格，即可自动生成其余明细科目名称，如图 2-2-7 所示。

H3　=VLOOKUP(F3,会计科目表!$A$3:$C$132,3,0)

年	月	日	凭证编号	摘要	科目代码	总账科目	明细科目	借方金额
20	07	01	001	提现	1001	库存现金		5,000.00
20	07	01	001	提现	100201	银行存款	工行	
20	07	02	002	收到货款	100201	银行存款	工行	200,000.00
20	07	02	002	收到货款	112202	应收账款	北成贸易有限公司	

图 2-2-7　自动生成明细科目名称

三、设置借贷平衡公式

在单元格 L2 和 M2 中分别输入“借方合计”和“贷方合计”，然后在单元格 L3 和 M3 中运用 SUM 函数输入求和公式，如图 2-2-8、图 2-2-9 所示。

L3　=SUM(I3:I91)

年	月	日	凭证编号	借方金额	贷方金额	标签	借方合计
20	07	01	001	5,000.00			2996750.00
20	07	01	001		5,000.00		

图 2-2-8　“借方合计”求和公式

M3　=SUM(J3:J91)

年	月	日	凭证编号	借方金额	贷方金额	标签	借方合计	贷方合计
20	07	01	001	5,000.00			2996750.00	2996750.00
20	07	01	001		5,000.00			

图 2-2-9　“贷方合计”求和公式

选中单元格 L4 和 M4，将其合并居中，运用 IF 函数输入逻辑判断公式，便可自动判

断借贷是否平衡，如图 2-2-10 所示。

L4　=IF(L3=M3,"平衡","不平衡")

	I	J	K	L	M
1					
2	借方金额	贷方金额	标签*	借方合计	贷方合计
3	5,000.00			2996750.00	2996750.00
4		5,000.00		平衡	
5	200,000.00				

图 2-2-10　判断借贷是否平衡

项目小结

本项目利用 Excel 编制只需要输入科目代码就可自动生成会计科目名称的会计凭证表，主要运用了 VLOOKUP 函数和 IF 函数。本项应用可以避免手工记账时容易发生的方向错误、金额错误、漏写等情况，同时缩短会计人员编制记账凭证表的时间，可极大地提高会计工作的效率。

思考与练习

利用 Excel 设计一个会计凭证表，会计凭证表要包含“年”“月”“日”“科目代码”“总账科目”“明细科目”“借方金额”和“贷方金额”字段。然后，根据以下业务（2020 年经济业务）填写会计凭证表，并在会计凭证表中自动显示借贷是否平衡。

8 月 1 日，企业从银行提取现金 4 000 元。

8 月 1 日，采购员王强从财务部预借差旅费 2 000 元，现金付讫。

8 月 6 日，王强到财务部报销差旅费 1 800 元，余款 200 元退回。

项目三
会计账簿的 Excel 应用

学习目标

知识目标

1. 掌握会计凭证处理方法。
2. 熟悉会计账簿的编制过程。

能力目标

1. 能够利用 Excel 编制日记账、分类账。
2. 能够自动更新 Excel 数据透视表的数据。
3. 能够利用 Excel 编制科目汇总表、科目余额表。

【项目导学】

会计账簿是以会计凭证表为数据来源，对全部经济业务进行全面、系统、连续、分类记录和核算的簿籍，它分为日记账、分类账等。本项目要求根据会计凭证表的数据和有关期初数据进行会计凭证的处理和会计账簿的编制。

通过对本项目的学习，学生能够熟悉会计账簿的编制流程并独立完成会计账簿的编制工作，运用 Excel 数据透视表的更新功能实现会计账簿数据的及时刷新，对会计凭证表数据进行汇总并结出余额，独立完成科目汇总表和科目余额表的编制工作。

思维导图

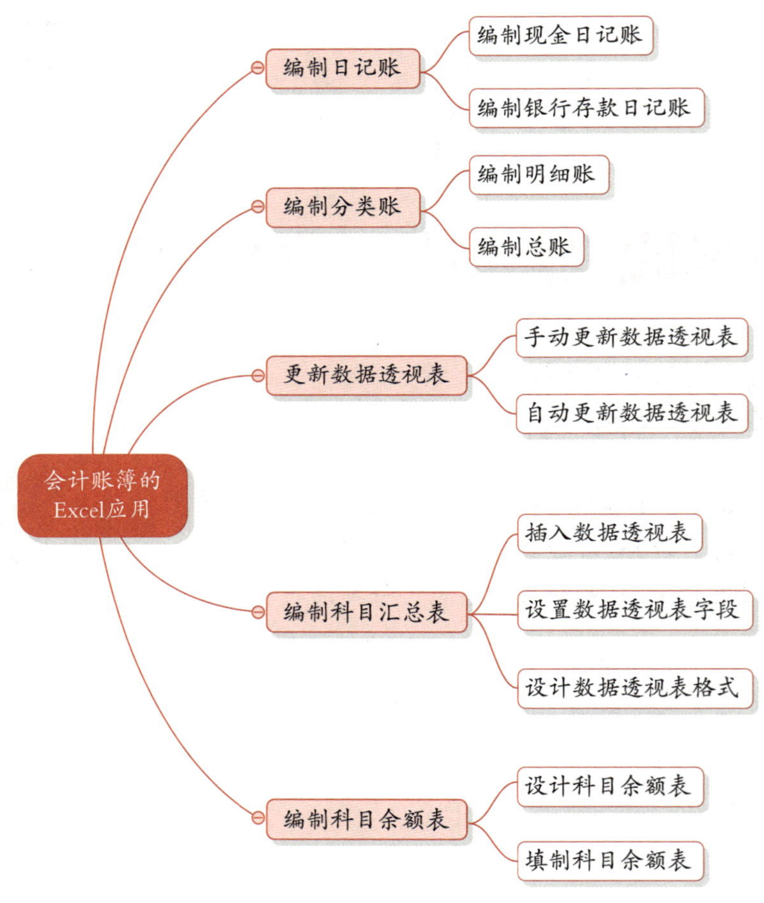

任务一　编制日记账

【任务导入】

鸿丰公司 2020 年 7 月的会计凭证表已编制完成，公司 2020 年 7 月账户期初余额见表 3-1-1。

表 3-1-1　鸿丰公司 2020 年 7 月账户期初余额

科目代码	总账科目	明细科目	期初余额	科目代码	总账科目	明细科目	期初余额
1001	库存现金		2 900. 00	2001	短期借款		20 000. 00
1002	银行存款		300 000. 00	2221	应交税费		237 500. 00
100201	银行存款	工行	300 000. 00	222102	应交税费	未交增值税	105 000. 00
1122	应收账款		260 000. 00	222103	应交税费	应交所得税	120 000. 00
112202	应收账款	北成贸易有限公司	260 000. 00	222110	应交税费	应交教育费附加	12 500. 00
1403	原材料		110 000. 00	2231	应付利息		400. 00
140302	原材料	A 型电热水壶	60 000. 00				
140303	原材料	B 型电热水壶	30 000. 00				
140304	原材料	C 型电热水壶	10 000. 00				
140305	原材料	车间一般耗用	10 000. 00				
1405	库存商品		120 000. 00	4001	实收资本		400 000. 00
140501	库存商品	A 型电热水壶	40 000. 00	4002	资本公积		15 000. 00
140502	库存商品	B 型电热水壶	70 000. 00	4101	盈余公积		20 000. 00
140503	库存商品	C 型电热水壶	10 000. 00	4103	本年利润		100 000. 00
1601	固定资产		100 000. 00	4104	利润分配		90 000. 00
1602	累计折旧		10 000. 00	410401	利润分配	未分配利润	90 000. 00

该公司出纳需要根据上述资料编制现金日记账和银行存款日记账，并保证数据的准确性。

【相关知识】

日记账又称序时账，是按经济业务发生和完成时间的先后顺序进行登记的账簿，它分为普通日记账和特种日记账。在日常的账簿登记工作中，财务人员需要花费大量的时间和精力，且查阅不便，利用 Excel 可解决这些问题。

【任务实施】

根据企业实际情况，本任务利用 Excel 在日记账中设置“借方金额”“贷方金额”和“余额”三个基本的金额栏目，并编制现金日记账、银行存款日记账等账簿。

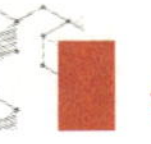

一、编制现金日记账

1. 建立现金日记账

打开“项目”工作簿，单击“会计凭证表”工作表右边的“⊕”按钮，新建一个工作表，并将其重命名为“现金日记账”。

2. 设计现金日记账

在工作表中输入现金日记账的名称和项目，如图 3-1-1 所示。

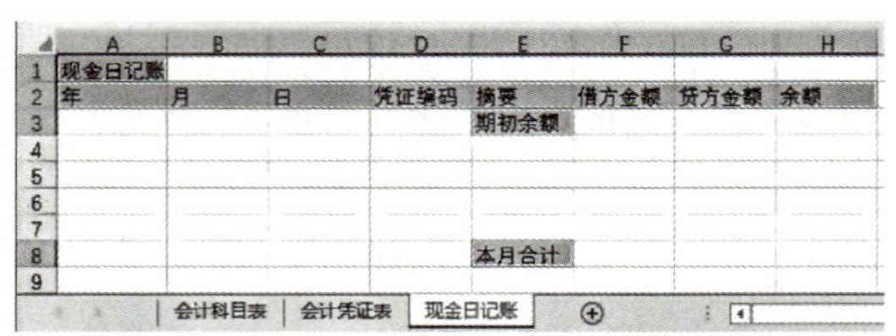

	A	B	C	D	E	F	G	H
1	现金日记账							
2	年	月	日	凭证编码	摘要	借方金额	贷方金额	余额
3					期初余额			
4								
5								
6								
7								
8					本月合计			
9								

会计科目表 | 会计凭证表 | 现金日记账

图 3-1-1　输入现金日记账的名称和项目

选中从单元格 A1 至 H1 的区域，将水平对齐方式设为“跨列居中”。选中从单元格 A2 至 H2 的区域，将水平对齐方式和垂直对齐方式均设为“居中”。自行调整行高、列宽。

分别选中从单元格 A1 至 H2 的区域、从单元格 E3 至 E8 的区域，将其文字加粗。

选中从单元格 A1 至 H8 的区域，设置内外框线为单实线。

将“年”“月”“日”和“凭证编码”项目所在列的单元格设置为文本格式。将“借方金额”“贷方金额”和“余额”项目所在列的单元格设置为会计专用格式，将货币符号设为“无”。

3. 输入数据并计算

（1）输入期初余额

在单元格 H3 中输入数据“2 900.00”，如图 3-1-2 所示。

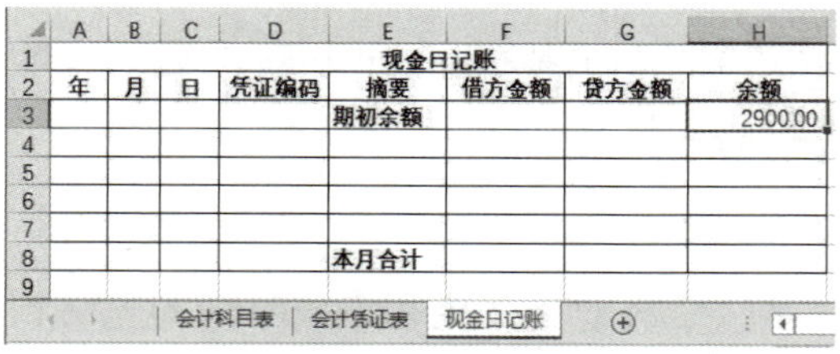

	A	B	C	D	E	F	G	H
1					现金日记账			
2	年	月	日	凭证编码	摘要	借方金额	贷方金额	余额
3					期初余额			2900.00
4								
5								
6								
7								
8					本月合计			
9								

会计科目表 | 会计凭证表 | 现金日记账

图 3-1-2　输入期初余额

（2）输入本月发生额

单击“会计凭证表”工作表，选中第二行，单击主菜单中的“数据”，在“排序和筛选”选项组中单击“筛选”按钮，然后单击“总账科目”单元格的箭头，从下拉列表中依次选择“文本筛选”“等于”，在相应的对话框中输入“库存现金”，即可显示筛选后的信息。将筛选出来的信息复制到“现金日记账”工作表的对应区域中，如图 3-1-3 所示。

现金日记账							
年	月	日	凭证编码	摘要	借方金额	贷方金额	余额
				期初余额			2900.00
20	07	01	001	提现	5,000.00		
20	07	02	003	购买办公用品		600.00	
20	07	14	016	预付报刊费		690.00	
20	07	20	017	预借差旅费		3,200.00	
				本月合计			

图 3-1-3　输入本月发生额

（3）计算各项业务余额

在单元格 H4 中输入公式“=H3+F4-G4”，然后将单元格 H4 的公式向下复制至单元格 H7，即可得出各项业务余额，如图 3-1-4 所示。

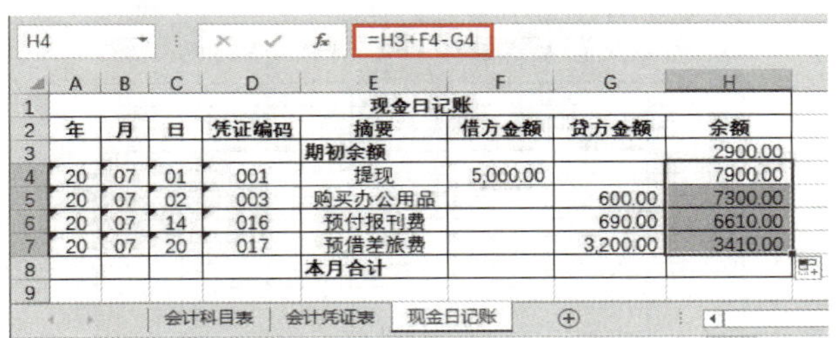

H4　=H3+F4-G4

现金日记账							
年	月	日	凭证编码	摘要	借方金额	贷方金额	余额
				期初余额			2900.00
20	07	01	001	提现	5,000.00		7900.00
20	07	02	003	购买办公用品		600.00	7300.00
20	07	14	016	预付报刊费		690.00	6610.00
20	07	20	017	预借差旅费		3,200.00	3410.00
				本月合计			

图 3-1-4　计算各项业务余额

（4）汇总本月发生额

在单元格 F8 中输入公式“=SUM(F4:F7)”，并将单元格 F8 的公式向右复制至单元格 G8 中，即可得出本月借方和贷方发生额，如图 3-1-5 所示。

（5）计算本月余额

在单元格 H8 中输入公式“=H3+F8-G8”，即可得出本月余额，如图 3-1-6 所示。

F8　=SUM(F4:F7)

现金日记账							
年	月	日	凭证编码	摘要	借方金额	贷方金额	余额
				期初余额			2900.00
20	07	01	001	提现	5,000.00		7900.00
20	07	02	003	购买办公用品		600.00	7300.00
20	07	14	016	预付报刊费		690.00	6610.00
20	07	20	017	预借差旅费		3,200.00	3410.00
				本月合计	5000.00	4490.00	

图 3-1-5　汇总本月发生额

H8　=H3+F8-G8

现金日记账							
年	月	日	凭证编码	摘要	借方金额	贷方金额	余额
				期初余额			2900.00
20	07	01	001	提现	5,000.00		7900.00
20	07	02	003	购买办公用品		600.00	7300.00
20	07	14	016	预付报刊费		690.00	6610.00
20	07	20	017	预借差旅费		3,200.00	3410.00
				本月合计	5000.00	4490.00	3410.00

图 3-1-6　计算本月余额

二、编制银行存款日记账

1. 建立银行存款日记账

打开“项目”工作簿，单击“现金日记账”工作表右边的“⊕”按钮，新建一个工作表，并将其重命名为“银行存款日记账”。

2. 设计银行存款日记账

复制“现金日记账”工作表的名称和各项目名称，粘贴到“银行存款日记账”工作表里，将第一行中的文字“现金日记账”改为“银行存款日记账”，并根据实际需要插入若干行，如图 3-1-7 所示。

	A	B	C	D	E	F	G	H
1	银行存款日记账							
2	年	月	日	凭证编码	摘要	借方金额	贷方金额	余额
3					期初余额			
4								
5								
6								
7								
8								
9								
10								
11								
12								
13								
14								
15					本月合计			
16								

… 会计凭证表 现金日记账 银行存款日记账 ⊕

图 3-1-7 设计银行存款日记账

3. 输入数据并计算

（1）输入期初余额

在单元格 H3 中输入数据“300 000. 00”，如图 3-1-8 所示。

（2）输入本月发生额

单击“会计凭证表”工作表，选中第二行，单击主菜单中的“数据”，在“排序和筛选”选项组中单击“筛选”按钮，然后单击“总账科目”单元格的箭头，从下拉列表中依次选择“文本筛选”“等于”，在相应的对话框中输入“银行存款”，即可显示筛选后的信息。将筛选出来的信息复制到“银行存款日记账”工作表的对应区域中，如图 3-1-9 所示。

	A	B	C	D	E	F	G	H
1	银行存款日记账							
2	年	月	日	凭证编码	摘要	借方金额	贷方金额	余额
3					期初余额			300,000.00
4								
5								
6								
7								
8								
9								
10								
11								
12								
13								
14								
15					本月合计			
16								

… 会计凭证表 现金日记账 银行存款日记账 ⊕

图 3-1-8 输入期初余额

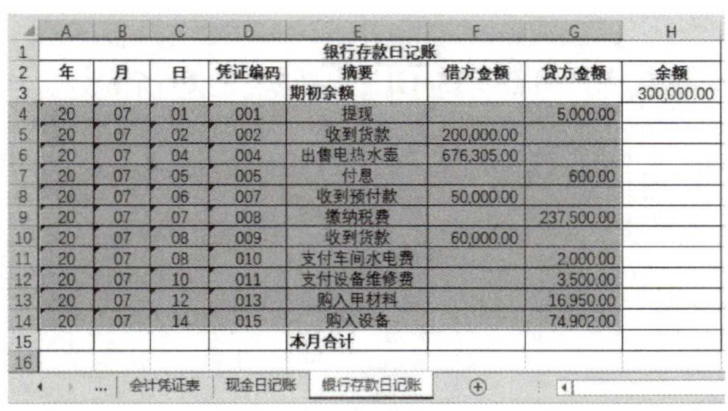

	A	B	C	D	E	F	G	H
1					银行存款日记账			
2	年	月	日	凭证编码	摘要	借方金额	贷方金额	余额
3					期初余额			300,000.00
4	20	07	01	001	提现		5,000.00	
5	20	07	02	002	收到货款	200,000.00		
6	20	07	04	004	出售电热水壶	676,305.00		
7	20	07	05	005	付息		600.00	
8	20	07	06	007	收到预付款	50,000.00		
9	20	07	07	008	缴纳税费		237,500.00	
10	20	07	08	009	收到货款	60,000.00		
11	20	07	08	010	支付车间水电费		2,000.00	
12	20	07	10	011	支付设备维修费		3,500.00	
13	20	07	12	013	购入甲材料		16,950.00	
14	20	07	14	015	购入设备		74,902.00	
15					本月合计			
16								

会计凭证表　现金日记账　银行存款日记账

图 3-1-9　输入本月发生额

（3）计算各项业务余额

在单元格 H4 中输入公式“=H3+F4-G4”，并将单元格 H4 的公式向下复制至单元格 H14，即可得出各项业务余额，如图 3-1-10 所示。

（4）汇总本月发生额

在单元格 F15 中输入公式“=SUM(F4:F14)”，并将单元格 F15 的公式向右复制至单元格 G15 中，即可得出本月借方和贷方发生额，如图 3-1-11 所示。

H4　=H3+F4-G4

	A	B	C	D	E	F	G	H
1					银行存款日记账			
2	年	月	日	凭证编码	摘要	借方金额	贷方金额	余额
3					期初余额			300,000.00
4	20	07	01	001	提现		5,000.00	295,000.00
5	20	07	02	002	收到货款	200,000.00		495,000.00
6	20	07	04	004	出售电热水壶	676,305.00		1,171,305.00
7	20	07	05	005	付息		600.00	1,170,705.00
8	20	07	06	007	收到预付款	50,000.00		1,220,705.00
9	20	07	07	008	缴纳税费		237,500.00	983,205.00
10	20	07	08	009	收到货款	60,000.00		1,043,205.00
11	20	07	08	010	支付车间水电费		2,000.00	1,041,205.00
12	20	07	10	011	支付设备维修费		3,500.00	1,037,705.00
13	20	07	12	013	购入甲材料		16,950.00	1,020,755.00
14	20	07	14	015	购入设备		74,902.00	945,853.00
15					本月合计			
16								

会计凭证表　现金日记账　银行存款日记账

图 3-1-10　计算各项业务余额

F15　=SUM(F4:F14)

	A	B	C	D	E	F	G	H
1					银行存款日记账			
2	年	月	日	凭证编码	摘要	借方金额	贷方金额	余额
3					期初余额			300,000.00
4	20	07	01	001	提现		5,000.00	295,000.00
5	20	07	02	002	收到货款	200,000.00		495,000.00
6	20	07	04	004	出售电热水壶	676,305.00		1,171,305.00
7	20	07	05	005	付息		600.00	1,170,705.00
8	20	07	06	007	收到预付款	50,000.00		1,220,705.00
9	20	07	07	008	缴纳税费		237,500.00	983,205.00
10	20	07	08	009	收到货款	60,000.00		1,043,205.00
11	20	07	08	010	支付车间水电费		2,000.00	1,041,205.00
12	20	07	10	011	支付设备维修费		3,500.00	1,037,705.00
13	20	07	12	013	购入甲材料		16,950.00	1,020,755.00
14	20	07	14	015	购入设备		74,902.00	945,853.00
15					本月合计	986,305.00	340,452.00	
16								

会计凭证表　现金日记账　银行存款日记账

图 3-1-11　汇总本月发生额

（5）计算本月余额

在单元格 H15 中输入公式“=H3+F15-G15”，即得出本月余额，如图 3-1-12 所示。

H15 =H3+F15-G15

	A	B	C	D	E	F	G	H
1	银行存款日记账							
2	年	月	日	凭证编码	摘要	借方金额	贷方金额	余额
3					期初余额			300,000.00
4	20	07	01	001	提现		5,000.00	295,000.00
5	20	07	02	002	收到货款	200,000.00		495,000.00
6	20	07	04	004	出售电热水壶	676,305.00		1,171,305.00
7	20	07	05	005	付息		600.00	1,170,705.00
8	20	07	06	007	收到预付款	50,000.00		1,220,705.00
9	20	07	07	008	缴纳税费		237,500.00	983,205.00
10	20	07	08	009	收到货款	60,000.00		1,043,205.00
11	20	07	08	010	支付车间水电费		2,000.00	1,041,205.00
12	20	07	10	011	支付设备维修费		3,500.00	1,037,705.00
13	20	07	12	013	购入甲材料		16,950.00	1,020,755.00
14	20	07	14	015	购入设备		74,902.00	945,853.00
15					本月合计	986,305.00	340,452.00	945,853.00
16								

会计凭证表 现金日记账 银行存款日记账

图 3-1-12　计算本月余额

任务二　编制分类账

【任务导入】

鸿丰公司 2020 年 7 月的会计凭证表已编制完成，财务人员需要根据会计凭证表中的数据编制分类账（包括总分类账和明细分类账）。财务人员打算利用 Excel 数据透视表建立分类账，便于会计账户数据的汇总。

【相关知识】

Excel 的数据透视表字段设置区域主要包括两部分。上半部分显示数据源中可供选择添加到报表的字段；下半部分是可将字段拖动进行布局的区域，可对数据源字段进行定位，包括“筛选器”“行”“列”“值”4 个区域。将字段添加到“筛选器”区域中可以对数据进行灵活筛选；“行”区域可设置来源于源数据，被指定为行方向的字段；“列”区域可设置来源于源数据，被指定为列方向的字段。将字段拖到“值”区域，可对该字段对应的值进行计算。

【任务实施】

一、编制明细账

1. 插入数据透视表

打开“会计凭证表”工作表，选中从单元格 A2 至 J192 的区域（即数据透视表的数

据源)，单击主菜单中的“插入”，在“表格”选项组中单击“数据透视表”按钮，弹出创建数据透视表对话框，单击“确定”按钮，如图 3-2-1 所示。将插入的数据透视表重命名为“明细账”，如图 3-2-2 所示。

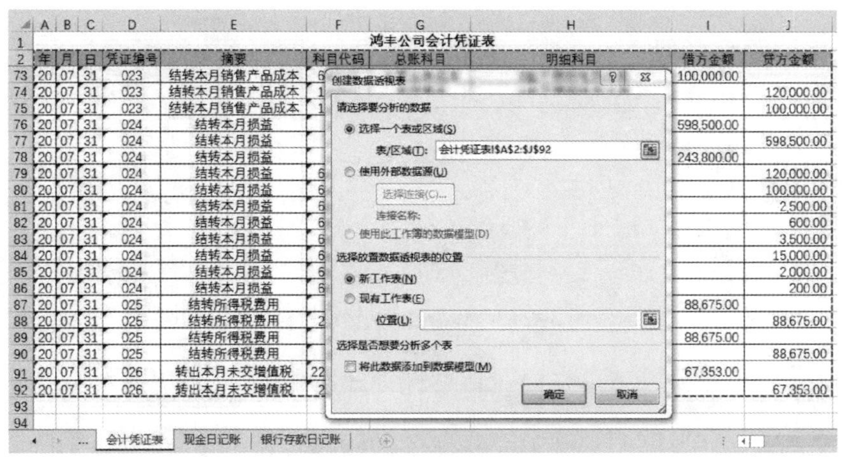

图 3-2-1　插入数据透视表

图 3-2-2　重命名工作表

2. 设置数据透视表字段

打开“明细账”工作表，将字段“年”和“月”依次拖到“筛选器”区域，将字段“科目代码”“明细科目”“日”“凭证编号”和“摘要”依次拖到“行”区域，将字段“借方金额”和“贷方金额”依次拖到“值”区域，如图 3-2-3 所示。

单击“值”区域中的“借方金额”和“贷方金额”右侧箭头，在下拉列表中选择“值字段设置”，在弹出的“值字段设置”对话框中将“计算类型”设为“求和”，单击其中的“数字格式”按钮，在弹出的“设置单元格格式”对话框中选择“会计专用”，将小数位数设为 2，将货币符号设为“无”，设置结果如图 3-2-4 所示。

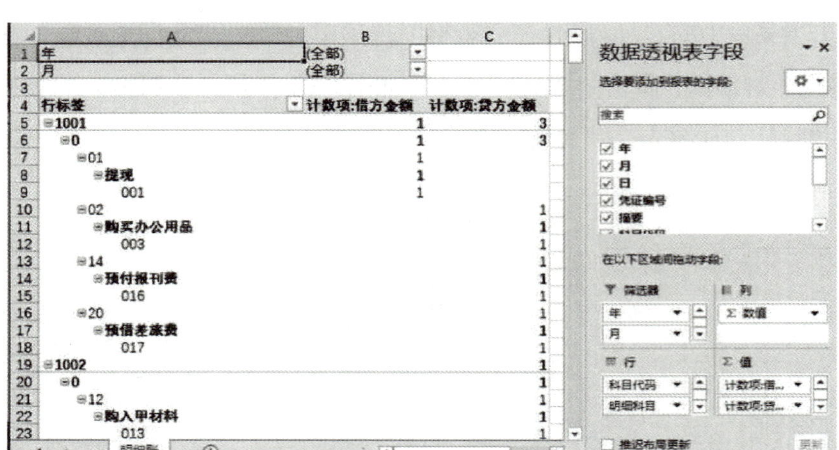

图 3-2-3 设置数据透视表字段

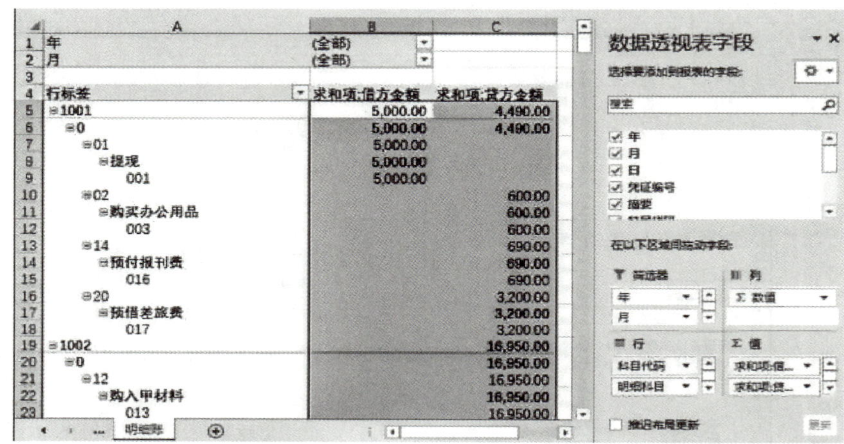

图 3-2-4 数据透视表字段设置结果

3. 设计数据透视表格式

单击数据透视表数据区域任意单元格，主菜单中会出现“数据透视表分析”，单击“显示”选项组中的“+/-按钮”，将“+/-按钮”隐藏起来。

单击主菜单中的“设计”，在“布局”选项组中单击“报表布局”按钮，在弹出的下拉列表中选择“以表格形式显示”。在“布局”选项组中单击“分类汇总”按钮，在弹出的下拉列表中选择“不显示分类汇总”。

单击单元格 B1 中的箭头，选择“20”即年份；单击单元格 B2 中的箭头，选择“07”即月份。适当调整行高、列宽，冻结前四行。设计结果如图 3-2-5 所示。

二、编制总账

1. 插入数据透视表

选择“会计凭证表”工作表，选择从单元格 A2 至 J192 的区域，单击主菜单中的“插入”，在“表格”选项组中单击“数据透视表”按钮，弹出创建数据透视表窗口，单击

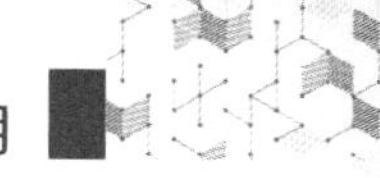

年	20					
月	07					
科目代码	明细科目	日	摘要	凭证编号	求和项:借方金额	求和项:贷方金额
			结转本月销售产品成本	023	120,000.00	
640102	B型不锈钢电热水	31	结转本月损益	024		100,000.00
			结转本月销售产品成本	023	100,000.00	
660101	广告费	11	支付广告费	012	2,500.00	
		31	结转本月损益	024		2,500.00
660202	办公用品费	02	购买办公用品	003	600.00	
		31	结转本月损益	024		600.00
660204	工资	28	分配应支付的职工工资	019	15,000.00	
		31	结转本月损益	024		15,000.00
660206	折旧费	29	计提折旧	020	2,000.00	
		31	结转本月损益	024		2,000.00
660210	设备维修费	10	支付设备维修费	011	3,500.00	
		31	结转本月损益	024		3,500.00
660301	利息费用	05	付息	005	200.00	
		31	结转本月损益	024		200.00
6801	0	31	结转所得税费用	025	88,675.00	88,675.00
总计					2,996,750.00	2,996,750.00

图 3-2-5　设计数据透视表格式

“确定”按钮，如图 3-2-6 所示。将插入的数据透视表重命名为“总账”，如图 3-2-7 所示。

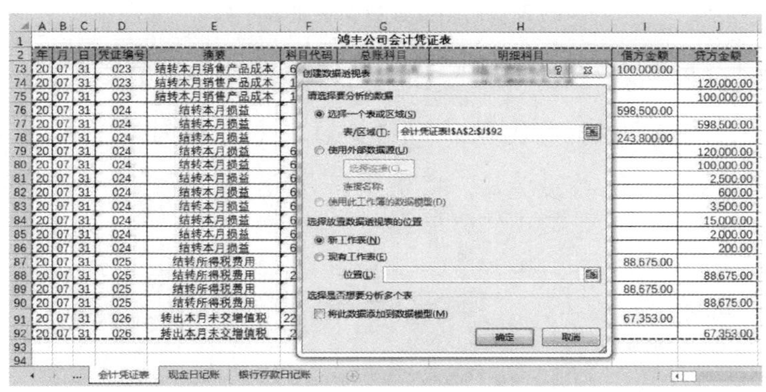

图 3-2-6　插入数据透视表

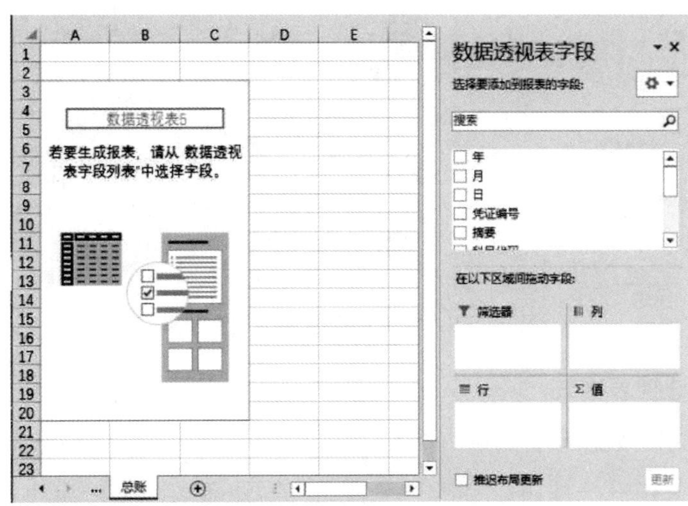

图 3-2-7　重命名工作表

2. 设置数据透视表字段

打开“总账”工作表，设置数据透视表的字段。将字段“年”和“月”依次拖到

“筛选器”区域，将字段“总账科目”“日”“凭证编号”和“摘要”依次拖到“行”区域，将字段“借方金额”和“贷方金额”依次拖到“值”区域，如图 3-2-8 所示。

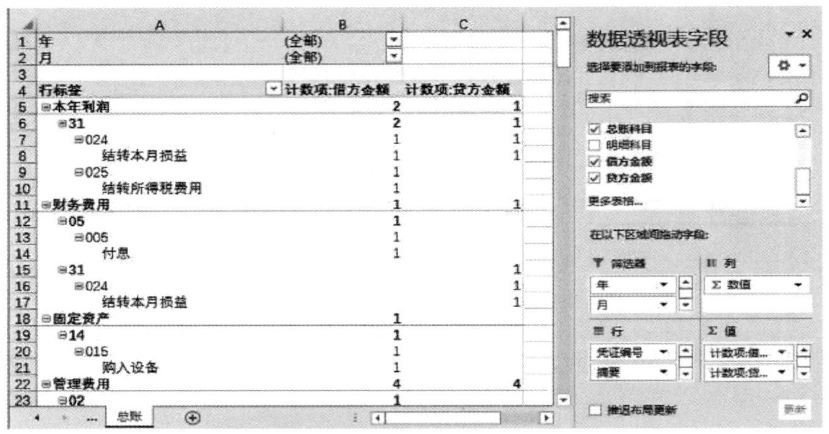

	A	B	C
1	年	(全部)	
2	月	(全部)	
3			
4	行标签	计数项:借方金额	计数项:贷方金额
5	⊟本年利润	2	1
6	⊟31	2	1
7	⊟024	1	1
8	结转本月损益	1	1
9	⊟025	1	
10	结转所得税费用	1	
11	⊟财务费用	1	1
12	⊟05	1	
13	⊟005	1	
14	付息	1	
15	⊟31		1
16	⊟024		1
17	结转本月损益		1
18	⊟固定资产	1	
19	⊟14	1	
20	⊟015	1	
21	购入设备	1	
22	⊟管理费用	4	4
23	⊟02	1	

图 3-2-8 设置数据透视表字段

单击“值”区域中的“借方金额”和“贷方金额”右侧箭头，在下拉列表中选择“值字段设置”，参照前面的操作方法，将“计算类型”设为“求和”，将数字格式设为“会计专用”，将小数位数设为 2，将货币符号设为“无”，设置结果如图 3-2-9 所示。

	A	B	C
1	年	(全部)	
2	月	(全部)	
3			
4	行标签	求和项:借方金额	求和项:贷方金额
5	⊟本年利润	332,475.00	598,500.00
6	⊟31	332,475.00	598,500.00
7	⊟024	243,800.00	598,500.00
8	结转本月损益	243,800.00	598,500.00
9	⊟025	88,675.00	
10	结转所得税费用	88,675.00	
11	⊟财务费用	200.00	200.00
12	⊟05	200.00	
13	⊟005	200.00	
14	付息	200.00	
15	⊟31		200.00
16	⊟024		200.00
17	结转本月损益		200.00
18	⊟固定资产	66,400.00	
19	⊟14	66,400.00	
20	⊟015	66,400.00	
21	购入设备	66,400.00	
22	⊟管理费用	21,100.00	21,100.00
23	⊟02	600.00	

数据透视表字段
选择要添加到报表的字段:
搜索
总账科目
明细科目
借方金额
贷方金额
更多表格...
在以下区域间拖动字段:
筛选器
列
年
月
Σ 数值
行
值
凭证编号
摘要
求和项:借...
求和项:贷...
推迟布局更新
更新
总账

图 3-2-9 数据透视表字段设置结果

3. 设计数据透视表格式

单击数据透视表数据区域任意单元格，主菜单中会出现“数据透视表分析”，单击“显示”选项组中的“+/-按钮”，将“+/-按钮”隐藏起来。

单击主菜单中的“设计”，在“布局”选项组中单击“报表布局”按钮，在弹出的下拉列表中选择“以表格形式显示”。在“布局”选项组中单击“分类汇总”按钮，在弹出的下拉列表中选择“不显示分类汇总”。

单击单元格 B1 中的箭头，选择“20”即年份；单击单元格 B2 中的箭头，选择“07”即月份。适当调整行高、列宽，冻结前四行。设计结果如图 3-2-10 所示。

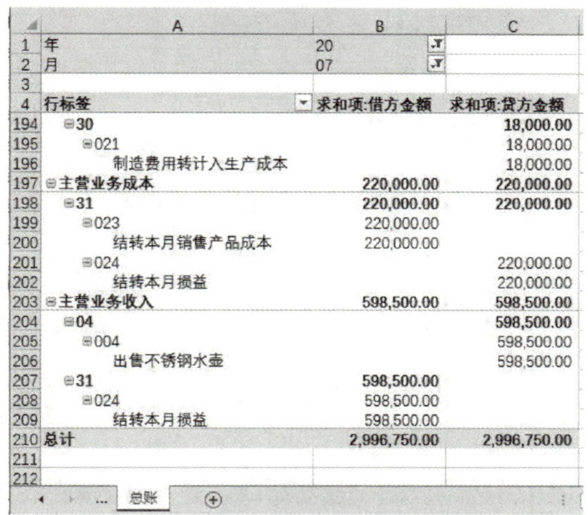

	A	B	C
1	年	20	
2	月	07	
3			
4	行标签	求和项:借方金额	求和项:贷方金额
194	⊟30		18,000.00
195	⊟021		18,000.00
196	制造费用转计入生产成本		18,000.00
197	⊟主营业务成本	220,000.00	220,000.00
198	⊟31	220,000.00	220,000.00
199	⊟023	220,000.00	
200	结转本月销售产品成本	220,000.00	
201	⊟024		220,000.00
202	结转本月损益		220,000.00
203	⊟主营业务收入	598,500.00	598,500.00
204	⊟04		598,500.00
205	⊟004		598,500.00
206	出售不锈钢水壶		598,500.00
207	⊟31	598,500.00	
208	⊟024	598,500.00	
209	结转本月损益	598,500.00	
210	总计	2,996,750.00	2,996,750.00
211			
212			

总账

图 3-2-10　设计数据透视表格式

任务三　更新数据透视表

【任务导入】

鸿丰公司 2020 年 7 月的分类账已利用 Excel 数据透视表功能编制完成，财务人员需要对分类账进行设置，使其能够根据“会计凭证表”中数据的变动自动更新。

【相关知识】

数据透视表的数据源区域若发生变化，则该数据透视表也应该随着数据源的变化而变动，从而保证会计数据的及时性和准确性。实际操作中，既可以进行手动更新，也可以利用 Excel 的有关功能实现数据的自动更新。

【任务实施】

完成该任务可采用手动更新或自动更新两种方式，以下分别进行介绍。

一、手动更新数据透视表

1. 数据源区域不变化的情况

（1）修改数据源内容

打开“项目”工作簿，选择“会计凭证表”工作表，将凭证编号为“026”的会计凭证的借方金额和贷方金额都改为“67 000”，如图 3-3-1 所示。

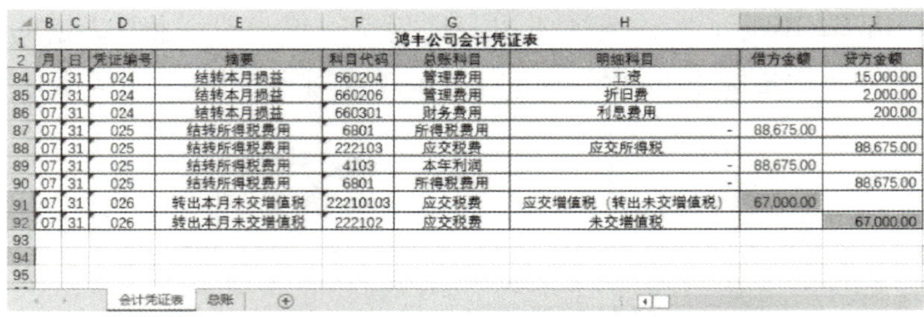

月	日	凭证编号	摘要	科目代码	总账科目	明细科目	借方金额	贷方金额
鸿丰公司会计凭证表								
07	31	024	结转本月损益	660204	管理费用	工资		15,000.00
07	31	024	结转本月损益	660206	管理费用	折旧费		2,000.00
07	31	024	结转本月损益	660301	财务费用	利息费用		200.00
07	31	025	结转所得税费用	6801	所得税费用	-	88,675.00	
07	31	025	结转所得税费用	222103	应交税费	应交所得税		88,675.00
07	31	025	结转所得税费用	4103	本年利润	-	88,675.00	
07	31	025	结转所得税费用	6801	所得税费用	-		88,675.00
07	31	026	转出本月未交增值税	22210103	应交税费	应交增值税（转出未交增值税）	67,000.00	
07	31	026	转出本月未交增值税	222102	应交税费	未交增值税		67,000.00

图 3-3-1　修改会计凭证表内容

（2）手动更新

切换到“总账”工作表，数据透视表中的数据没有因数据源变化而更新。将鼠标置于数据透视表数据区域任意单元格，单击鼠标右键，在弹出的菜单中选择“刷新”，数据透视表中的数据便会更新，如图 3-3-2 所示。

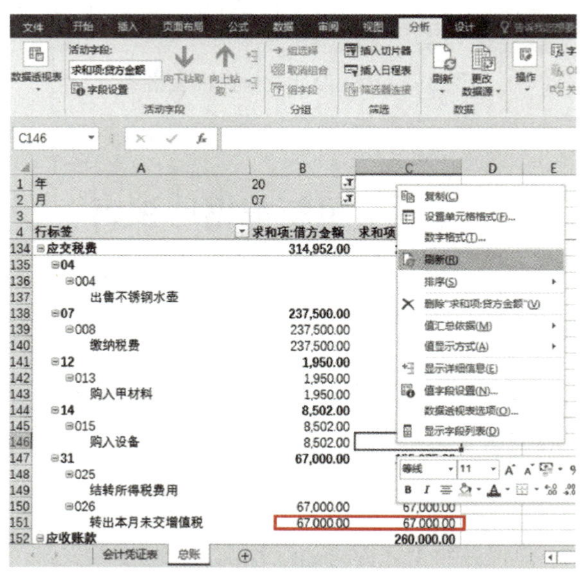

图 3-3-2　手动更新数据透视表

2. 数据源区域发生变化的情况

（1）新增数据

打开“项目”工作簿，选择“会计凭证表”工作表，新增凭证编号为“027”的会计凭证数据，如图 3-3-3 所示。

月	日	凭证编号	摘要	科目代码	总账科目	明细科目	借方金额	贷方金额
鸿丰公司会计凭证表								
07	31	025	结转所得税费用	6801	所得税费用	-	88,675.00	
07	31	025	结转所得税费用	222103	应交税费	应交所得税		88,675.00
07	31	025	结转所得税费用	4103	本年利润	-	88,675.00	
07	31	025	结转所得税费用	6801	所得税费用	-		88,675.00
07	31	026	转出本月未交增值税	22210103	应交税费	应交增值税（转出未交增值税）	67,000.00	
07	31	026	转出本月未交增值税	222102	应交税费	未交增值税		67,000.00
07	31	027	提现	1001	库存现金	-	1,000.00	
07	31	027	提现	100201	银行存款	工行		1,000.00

图 3-3-3　新增会计凭证数据

（2）更改数据源

切换到“总账”工作表，将鼠标置于数据透视表数据区域任意单元格，主菜单中会出现“分析”，单击“数据”选项组中的“更改数据源”按钮，如图 3-3-4 所示。在弹出的对话框中选择数据源区域为“会计凭证表!$A$2:$J$94”，然后单击“确定”按钮，如图 3-3-5 所示。

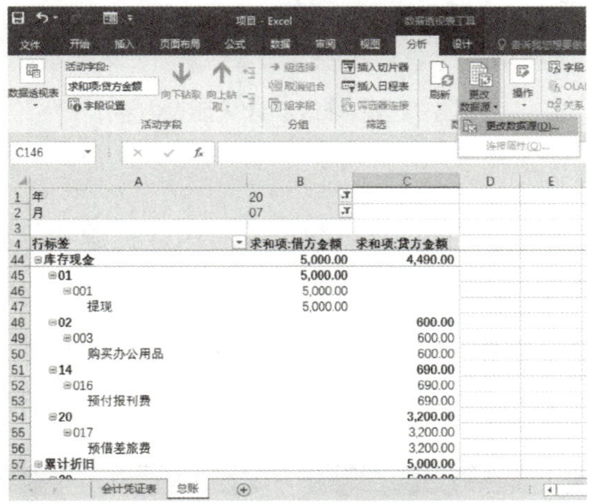

图 3-3-4　更改数据源

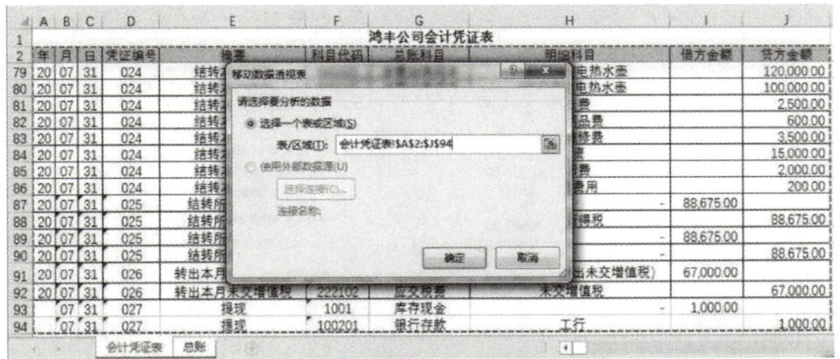

图 3-3-5　重新选择数据源区域

（3）手动更新

切换到“总账”工作表，数据透视表中的数据没有因数据源变化而更新。将鼠标置于数据透视表数值区域任意单元格，单击鼠标右键，在弹出的菜单中选择“刷新”，数据透视表数据便会更新，如图 3-3-6 所示。

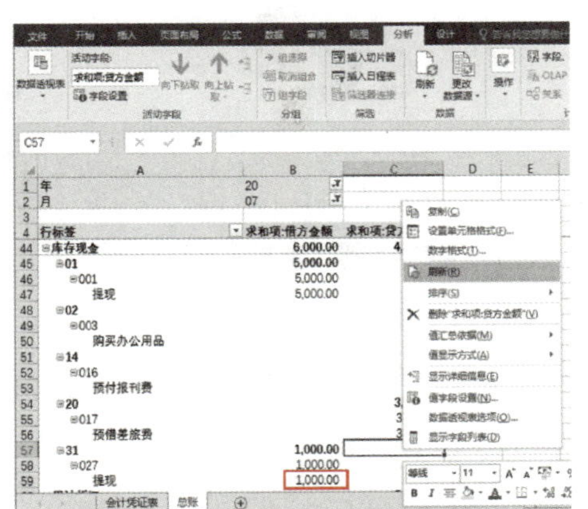

图 3-3-6　手动更新数据透视表

二、自动更新数据透视表

1. 数据源区域不变化的情况

（1）修改数据源内容

打开“项目”工作簿，选择“会计凭证表”工作表，将凭证编号为“026”的会计凭证的借方金额和贷方金额都改为“67 353. 00”，如图 3-3-7 所示。

年	月	日	凭证编号	摘要	科目代码	总账科目	明细科目	借方金额	贷方金额
鸿丰公司会计凭证表									
20	07	31	024	结转本月损益	660204	管理费用	工资		15,000.00
20	07	31	024	结转本月损益	660206	管理费用	折旧费		2,000.00
20	07	31	024	结转本月损益	660301	财务费用	利息费用		200.00
20	07	31	025	结转所得税费用	6801	所得税费用	-	88,675.00	
20	07	31	025	结转所得税费用	222103	应交税费	应交所得税		88,675.00
20	07	31	025	结转所得税费用	4103	本年利润	-	88,675.00	
20	07	31	025	结转所得税费用	6801	所得税费用	-		88,675.00
20	07	31	026	转出本月未交增值税	22210103	应交税费	应交增值税（转出未交增值税）	67,353.00	
20	07	31	026	转出本月未交增值税	222102	应交税费	未交增值税		67,353.00
20	07	31	027	提现	1001	库存现金	-	1,000.00	
20	07	31	027	提现	100201	银行存款	工行		1,000.00

图 3-3-7　修改会计凭证表内容

（2）自动更新

切换到“总账”工作表，数据透视表数据没有因数据源变化而自动更新。将鼠标置于数据透视表数据区域任意单元格，单击鼠标右键，在弹出的菜单中选择“数据透视表选项”，然后在弹出的对话框中单击“数据”选项卡，在其中勾选“打开文件时刷新数据”，最后单击“确定”按钮，如图 3-3-8 所示。

图 3-3-8　设置自动更新数据透视表

2. 数据源区域发生变化的情况

（1）修改数据源内容

打开“会计凭证表”工作表，删除凭证编号为“027”的会计凭证信息，删除结果如图 3-3-9 所示。

（2）自动更新

切换到“总账”工作表，将鼠标置于数据透视表数据区域任意单元格，主菜单中会出现“数据透视表分析”，单击“数据”选项组中的“更改数据源”按钮，在弹出的对

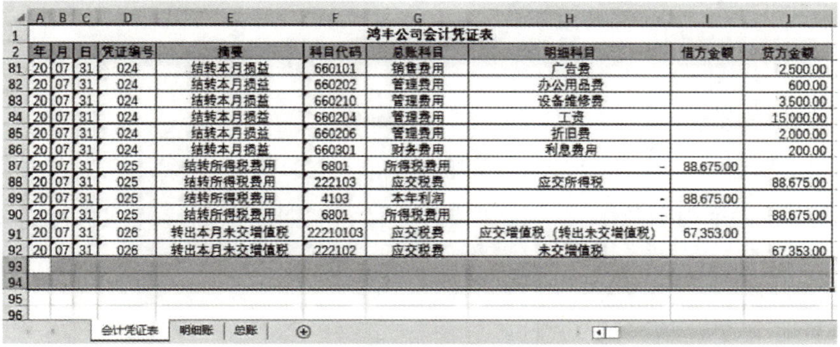

鸿丰公司会计凭证表									
年	月	日	凭证编号	摘要	科目代码	总账科目	明细科目	借方金额	贷方金额
20	07	31	024	结转本月损益	660101	销售费用	广告费		2,500.00
20	07	31	024	结转本月损益	660202	管理费用	办公用品费		600.00
20	07	31	024	结转本月损益	660210	管理费用	设备维修费		3,500.00
20	07	31	024	结转本月损益	660204	管理费用	工资		15,000.00
20	07	31	024	结转本月损益	660206	管理费用	折旧费		2,000.00
20	07	31	024	结转本月损益	660301	财务费用	利息费用		200.00
20	07	31	025	结转所得税费用	6801	所得税费用	-	88,675.00	
20	07	31	025	结转所得税费用	222103	应交税费	应交所得税		88,675.00
20	07	31	025	结转所得税费用	4103	本年利润	-	88,675.00	
20	07	31	025	结转所得税费用	6801	所得税费用	-		88,675.00
20	07	31	026	转出本月未交增值税	22210103	应交税费	应交增值税（转出未交增值税）	67,353.00	
20	07	31	026	转出本月未交增值税	222102	应交税费	未交增值税		67,353.00

图 3-3-9　删除会计凭证信息

话框中选择数据源区域为“会计凭证表!$A$2:$J$92”（为防止经常调整数据源区域，可以考虑将数据源区域向下扩大到会计凭证表中更多的空白区域，这样就不用频繁更改数据源区域），然后单击“确定”按钮。

重新打开该文件后，数据透视表便会自动更新，如图 3-3-10 所示。

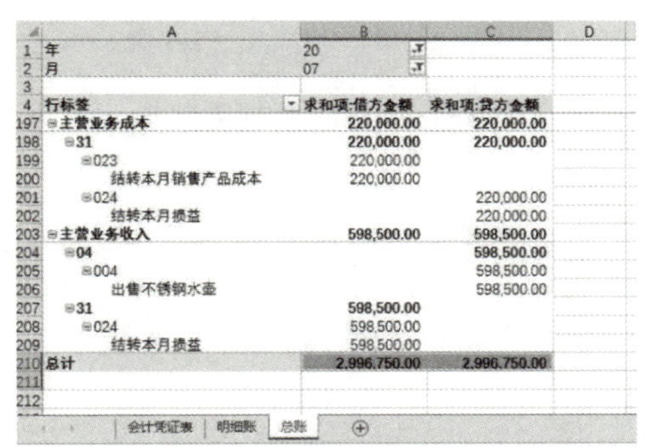

年	20	
月	07	
行标签	求和项:借方金额	求和项:贷方金额
⊟主营业务成本	220,000.00	220,000.00
⊟31	220,000.00	220,000.00
⊟023	220,000.00	
结转本月销售产品成本	220,000.00	
⊟024		220,000.00
结转本月损益		220,000.00
⊟主营业务收入	598,500.00	598,500.00
⊟04		598,500.00
⊟004		598,500.00
出售不锈钢水壶		598,500.00
⊟31	598,500.00	
⊟024	598,500.00	
结转本月损益	598,500.00	
总计	2,996,750.00	2,996,750.00

图 3-3-10　自动更新数据透视表

任务四　编制科目汇总表

【任务导入】

鸿丰公司 2020 年 7 月的会计凭证表已编制完成，财务人员需要根据会计凭证表编制科目汇总表。

【相关知识】

科目汇总表账务处理程序是根据记账凭证定期编制科目汇总表，再根据科目汇总表登记总账的一种账务处理程序。应用 Excel 数据透视表的功能编制科目汇总表，是一种简单、快捷、准确的方法。

【任务实施】

一、插入数据透视表

打开“会计凭证表”工作表，选中从单元格 A2 至 J192 的区域，单击主菜单中的“插入”，在“表格”选项组中单击“数据透视表”按钮，即显示创建数据透视表窗口。单击“确定”按钮，然后将插入的数据透视表重命名为“科目汇总表”，如图 3-4-1 所示。

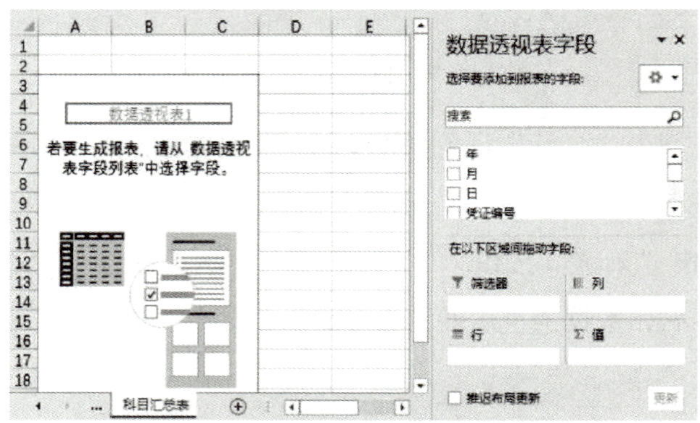

图 3-4-1　插入数据透视表

二、设置数据透视表字段

打开“科目汇总表”工作表，将字段“年”和“月”依次拖到“筛选器”区域，将字段“总账科目”拖到“行”区域，将字段“借方金额”和“贷方金额”依次拖到“值”区域，如图 3-4-2 所示。

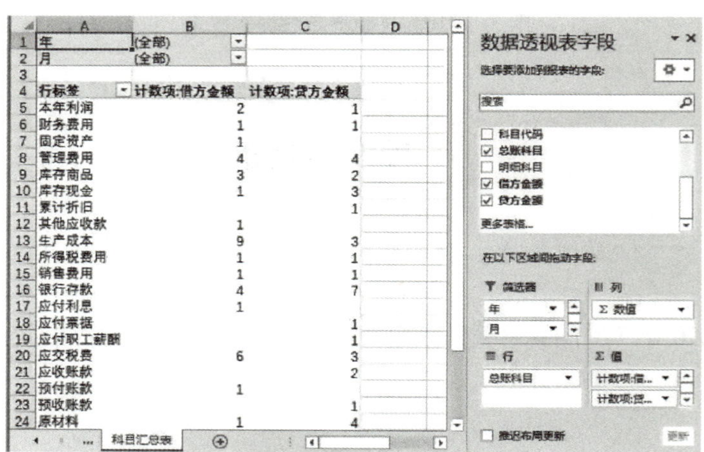

图 3-4-2　设置数据透视表字段

单击“值”区域中的“借方金额”和“贷方金额”右侧箭头，在下拉列表中选择“值字段设置”，参照前面的操作方法将“计算类型”设为“求和”，将数字格式设为“会计专用”，将小数位数设为 2，将货币符号设为“无”，设置结果如图 3-4-3 所示。

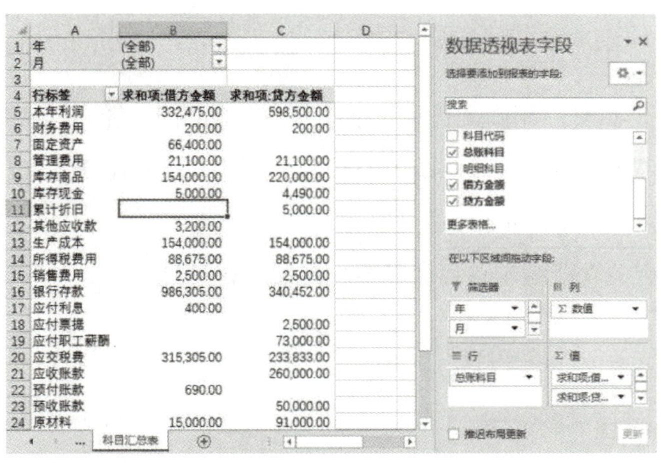

	A	B	C
1	年	(全部)	
2	月	(全部)	
3			
4	行标签	求和项:借方金额	求和项:贷方金额
5	本年利润	332,475.00	598,500.00
6	财务费用	200.00	200.00
7	固定资产	66,400.00	
8	管理费用	21,100.00	21,100.00
9	库存商品	154,000.00	220,000.00
10	库存现金	5,000.00	4,490.00
11	累计折旧		5,000.00
12	其他应收款	3,200.00	
13	生产成本	154,000.00	154,000.00
14	所得税费用	88,675.00	88,675.00
15	销售费用	2,500.00	2,500.00
16	银行存款	986,305.00	340,452.00
17	应付利息	400.00	
18	应付票据		2,500.00
19	应付职工薪酬		73,000.00
20	应交税费	315,305.00	233,833.00
21	应收账款		260,000.00
22	预付账款	690.00	
23	预收账款		50,000.00
24	原材料	15,000.00	91,000.00

图 3-4-3　数据透视表字段设置结果

三、设计数据透视表格式

单击数据透视表数据区域任意单元格，主菜单中会出现“设计”，在“布局”选项组中单击“报表布局”按钮，在弹出的下拉列表中选择“以表格形式显示”。单击单元格 B1 中的箭头，选择“20”即年份；单击单元格 B2 中的箭头，选择“07”即月份。适当调整行高、列宽，冻结前四行。设计结果如图 3-4-4 所示。

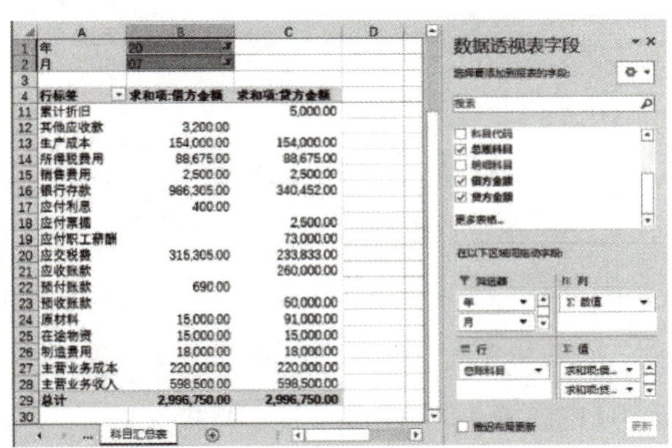

	A	B	C
1	年	20	
2	月	07	
3			
4	行标签	求和项:借方金额	求和项:贷方金额
11	累计折旧		5,000.00
12	其他应收款	3,200.00	
13	生产成本	154,000.00	154,000.00
14	所得税费用	88,675.00	88,675.00
15	销售费用	2,500.00	2,500.00
16	银行存款	986,305.00	340,452.00
17	应付利息	400.00	
18	应付票据		2,500.00
19	应付职工薪酬		73,000.00
20	应交税费	315,305.00	233,833.00
21	应收账款		260,000.00
22	预付账款	690.00	
23	预收账款		50,000.00
24	原材料	15,000.00	91,000.00
25	在途物资	15,000.00	15,000.00
26	制造费用	18,000.00	18,000.00
27	主营业务成本	220,000.00	220,000.00
28	主营业务收入	598,500.00	598,500.00
29	总计	2,996,750.00	2,996,750.00

图 3-4-4　设计数据透视表格式

任务五　编制科目余额表

【任务导入】

鸿丰公司 2020 年 7 月的会计凭证表已编制完成，财务人员需要根据会计凭证表和会计账户的期初数据编制科目余额表，汇总各科目的期初余额、发生额和期末余额。

鸿丰公司 2020 年 7 月账户期初余额数据见本项目任务一中的表 3-1-1。

【相关知识】

科目余额表是汇总某一期间会计科目余额及发生额的表，也是编制会计报表的依据。科目余额表以会计凭证表的发生额和各会计科目的期初余额为依据，对各会计科目金额的变动数及余额进行汇总后编制而成。

利用 Excel 的有关功能编制科目余额表，方便、省时且准确。

【任务实施】

一、设计科目余额表

1. 新建科目余额表

打开“项目”工作簿，单击“科目汇总表”工作表右边的“⊕”按钮，新增一个工作表，然后将其重命名为“科目余额表”。

2. 设置科目余额表项目与格式

根据图 3-5-1 所示内容，输入科目余额表名称和项目。

	A	B	C	D	E	F	G	H	I
1	科目余额表								
2	编制单位			年		月		单位：元	
3	科目代码	会计科目	期初余额		本期发生额		期末余额		
4			借方	贷方	借方	贷方	借方	贷方	
74									
75									
76									
77	合计								
78									

会计科目表 | 会计凭证表 | 科目汇总表 | 科目余额表 | ⊕

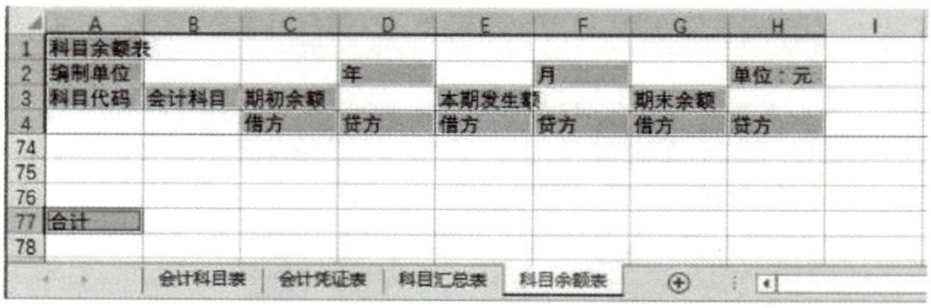

图 3-5-1 输入科目余额表名称和项目

选中从单元格 A1 至 H1 的区域，将水平对齐方式设为“跨列居中”。选中从单元格 A3 至 H4 的区域，将水平对齐方式和垂直对齐方式均设为“居中”。分别将从单元格 A3 至 A4 的区域、从单元格 B3 至 B4 的区域、从单元格 C3 至 D3 的区域、从单元格 E3 至 F3 的区域、从单元格 G3 至 H3 的区域、从单元格 A77 至 B77 的区域合并，适当调整行高、列宽。

将从单元格 A1 至 H4 区域的文字、单元格 A77 的文字加粗。

选中从单元格 A1 至 H4 的区域，将内外框线设为单实线。

将“科目编码”列的单元格设为文本格式。将“期初余额”“本期发生额”和“期末余额”列的数据均设为会计专用格式，将货币符号设为“无”。将工作表前四行冻结。

二、填制科目余额表

1. 输入“科目编码”和“会计科目”项数据

（1）筛选总账科目代码及科目名称

切换至“会计科目表”工作表，选中从单元格 A2 至 C2 的区域，单击主菜单中的

“数据”，在“排序和筛选”选项组中单击“筛选”按钮，然后单击单元格 A2 右侧的箭头，在下拉列表中依次选择“文本筛选”“等于”，弹出对话框，在其中的“等于”栏右侧框中输入“????”（须为英文半角符号），单击“确定”按钮，如图 3-5-2 所示。

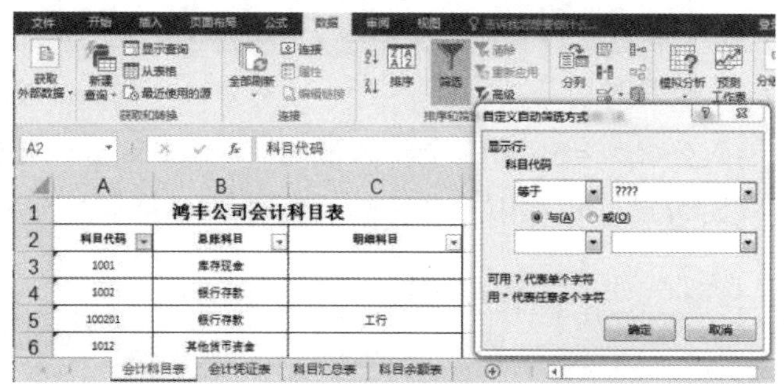

图 3-5-2　筛选总账科目代码及科目名称

（2）复制数据

选择“会计科目表”工作表，选中从单元格 A3 至 B135 的区域，将数据复制到“科目余额表”工作表的“科目代码”和“会计科目”列相应区域，将“科目余额表”工作表中从单元格 A5 至 B76 区域的数据字号调为 11 号，自行调整列宽，如图 3-5-3 所示。

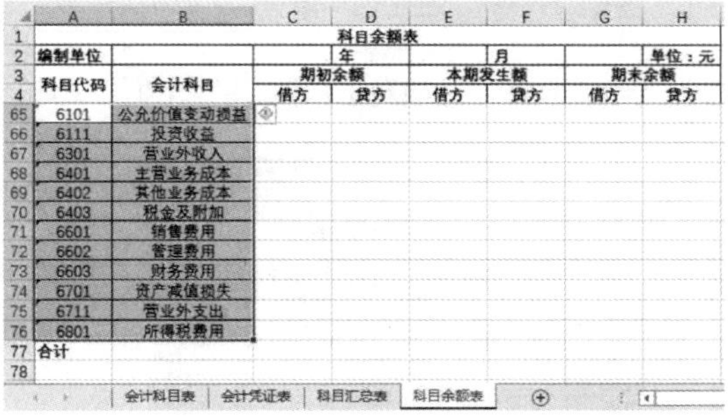

	A	B	C	D	E	F	G	H
1	科目余额表							
2	编制单位			年		月		单位：元
3	科目代码	会计科目	期初余额		本期发生额		期末余额	
4			借方	贷方	借方	贷方	借方	贷方
65	6101	公允价值变动损益						
66	6111	投资收益						
67	6301	营业外收入						
68	6401	主营业务成本						
69	6402	其他业务成本						
70	6403	税金及附加						
71	6601	销售费用						
72	6602	管理费用						
73	6603	财务费用						
74	6701	资产减值损失						
75	6711	营业外支出						
76	6801	所得税费用						
77	合计							
78								

会计科目表 | 会计凭证表 | 科目汇总表 | 科目余额表

图 3-5-3　复制数据

2. 填写“期初余额”项数据

根据表 3-1-1 中的数据，直接将各总账科目的期初余额填入“期初余额”项，如图 3-5-4 所示。

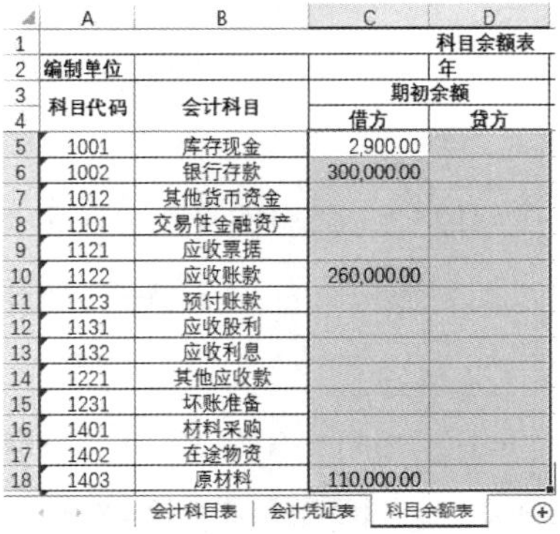

	A	B	C	D
1				科目余额表
2	编制单位			年
3	科目代码	会计科目	期初余额	
4			借方	贷方
5	1001	库存现金	2,900.00	
6	1002	银行存款	300,000.00	
7	1012	其他货币资金		
8	1101	交易性金融资产		
9	1121	应收票据		
10	1122	应收账款	260,000.00	
11	1123	预付账款		
12	1131	应收股利		
13	1132	应收利息		
14	1221	其他应收款		
15	1231	坏账准备		
16	1401	材料采购		
17	1402	在途物资		
18	1403	原材料	110,000.00	

会计科目表 | 会计凭证表 | 科目余额表

图 3-5-4　填入数据

3. 输入“本期发生额”项数据

(1) 输入“借方”项数据

在单元格 E5 中输入公式“=SUMIF(会计凭证表!G:G,B5,会计凭证表!I:I)”，并将公式向下复制到单元格 E76，即可得出相关数据，如图 3-5-5 所示。

(2) 输入“贷方”项数据

在单元格 F5 中输入公式“=SUMIF(会计凭证表!G:G,B5,会计凭证表!J:J)”，并将公式向下复制到单元格 F76，即可得出相关数据，如图 3-5-6 所示。

E5 =SUMIF(会计凭证表!G:G,B5,会计凭证表!I:I)

科目余额表							
编制单位			年		月		单位：元
科目代码	会计科目	期初余额		本期发生额		期末余额	
		借方	贷方	借方	贷方	借方	贷方
1001	库存现金	2,900.00		5,000.00			
1002	银行存款	300,000.00		986,305.00			
1012	其他货币资金			-			
1101	交易性金融资产			-			
1121	应收票据			-			
1122	应收账款	260,000.00		-			
1123	预付账款			690.00			
1131	应收股利			-			
1132	应收利息			-			
1221	其他应收款			3,200.00			
1231	坏账准备			-			
1401	材料采购			-			
1402	在途物资			15,000.00			
1403	原材料	110,000.00		15,000.00			

会计科目表 | 会计凭证表 | 科目余额表

图 3-5-5 输入“本期发生额”的“借方”项数据

F5 =SUMIF(会计凭证表!G:G,B5,会计凭证表!J:J)

科目余额表							
编制单位			年		月		单位：元
科目代码	会计科目	期初余额		本期发生额		期末余额	
		借方	贷方	借方	贷方	借方	贷方
1001	库存现金	2,900.00		5,000.00	4,490.00		
1002	银行存款	300,000.00		986,305.00	340,452.00		
1012	其他货币资金			-	-		
1101	交易性金融资产			-	-		
1121	应收票据			-	-		
1122	应收账款	260,000.00		-	260,000.00		
1123	预付账款			690.00	-		
1131	应收股利			-	-		
1132	应收利息			-	-		
1221	其他应收款			3,200.00	-		
1231	坏账准备			-	-		
1401	材料采购			-	-		
1402	在途物资			15,000.00	15,000.00		
1403	原材料	110,000.00		15,000.00	91,000.00		

会计科目表 | 会计凭证表 | 科目余额表

图 3-5-6 输入“本期发生额”的“贷方”项数据

4. 输入“余额”项数据

(1) 输入“借方”项数据

在单元格 G5 中输入公式“=IF(C5+E5-D5-F5>0,C5+E5-D5-F5,0)”，并将公式向下复制到单元格 G76，即可得到相关数据，如图 3-5-7 所示。

(2) 输入“贷方”项数据

在单元格 H5 中输入公式“=IF(D5+F5-C5-E5>0,D5+F5-C5-E5,0)”，并将公式向下复制到单元格 H76，即可得到相关数据，如图 3-5-8 所示。

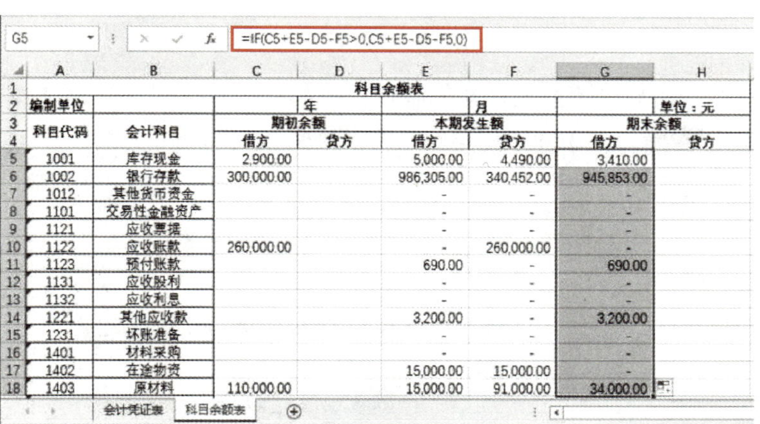

G5　=IF(C5+E5-D5-F5>0,C5+E5-D5-F5,0)

科目余额表							
编制单位		年		月			单位：元
科目代码	会计科目	期初余额		本期发生额		期末余额	
		借方	贷方	借方	贷方	借方	贷方
1001	库存现金	2,900.00		5,000.00	4,490.00	3,410.00	
1002	银行存款	300,000.00		986,305.00	340,452.00	945,853.00	
1012	其他货币资金			-	-	-	
1101	交易性金融资产			-	-	-	
1121	应收票据			-	-	-	
1122	应收账款	260,000.00		-	260,000.00	-	
1123	预付账款			690.00	-	690.00	
1131	应收股利			-	-	-	
1132	应收利息			-	-	-	
1221	其他应收款			3,200.00	-	3,200.00	
1231	坏账准备			-	-	-	
1401	材料采购			-	-	-	
1402	在途物资			15,000.00	15,000.00	-	
1403	原材料	110,000.00		15,000.00	91,000.00	34,000.00	

图 3-5-7　输入“期末余额”的“借方”项数据

H5　=IF(D5+F5-C5-E5>0,D5+F5-C5-E5,0)

科目余额表							
编制单位		年		月			单位：元
科目代码	会计科目	期初余额		本期发生额		期末余额	
		借方	贷方	借方	贷方	借方	贷方
1001	库存现金	2,900.00		5,000.00	4,490.00	3,410.00	-
1002	银行存款	300,000.00		986,305.00	340,452.00	945,853.00	-
1012	其他货币资金			-	-	-	-
1101	交易性金融资产			-	-	-	-
1121	应收票据			-	-	-	-
1122	应收账款	260,000.00		-	260,000.00	-	-
1123	预付账款			690.00	-	690.00	-
1131	应收股利			-	-	-	-
1132	应收利息			-	-	-	-
1221	其他应收款			3,200.00	-	3,200.00	-
1231	坏账准备			-	-	-	-
1401	材料采购			-	-	-	-
1402	在途物资			15,000.00	15,000.00	-	-
1403	原材料	110,000.00		15,000.00	91,000.00	34,000.00	-

图 3-5-8　输入“期末余额”的“贷方”项数据

5. 计算“合计”项数据

在单元格 G77 中输入公式“=SUM(C5:C76)”，并将公式向右复制到单元格 H77，即可得到相关数据，如图 3-5-9 所示。

C77　=SUM(C5:C76)

科目余额表							
编制单位		年		月			单位：元
科目代码	会计科目	期初余额		本期发生额		期末余额	
		借方	贷方	借方	贷方	借方	贷方
6401	主营业务成本			220,000.00	220,000.00	-	-
6402	其他业务成本			-	-	-	-
6403	税金及附加			-	-	-	-
6601	销售费用			2,500.00	2,500.00	-	-
6602	管理费用			21,100.00	21,100.00	-	-
6603	财务费用			200.00	200.00	-	-
6701	资产减值损失			-	-	-	-
6711	营业外支出			-	-	-	-
6801	所得税费用			88,675.00	88,675.00	-	-
	合计	892,900.00	892,900.00	2,996,750.00	2,996,750.00	1,207,553.00	1,207,553.00

图 3-5-9　计算“合计”项数据

项目小结

本项目使用 Excel 数据透视表功能编制日记账和分类账，自动更新数据透视表，编制科目汇总表和科目余额表，实现了会计凭证的处理和会计账簿的编制，实现了证账一体。

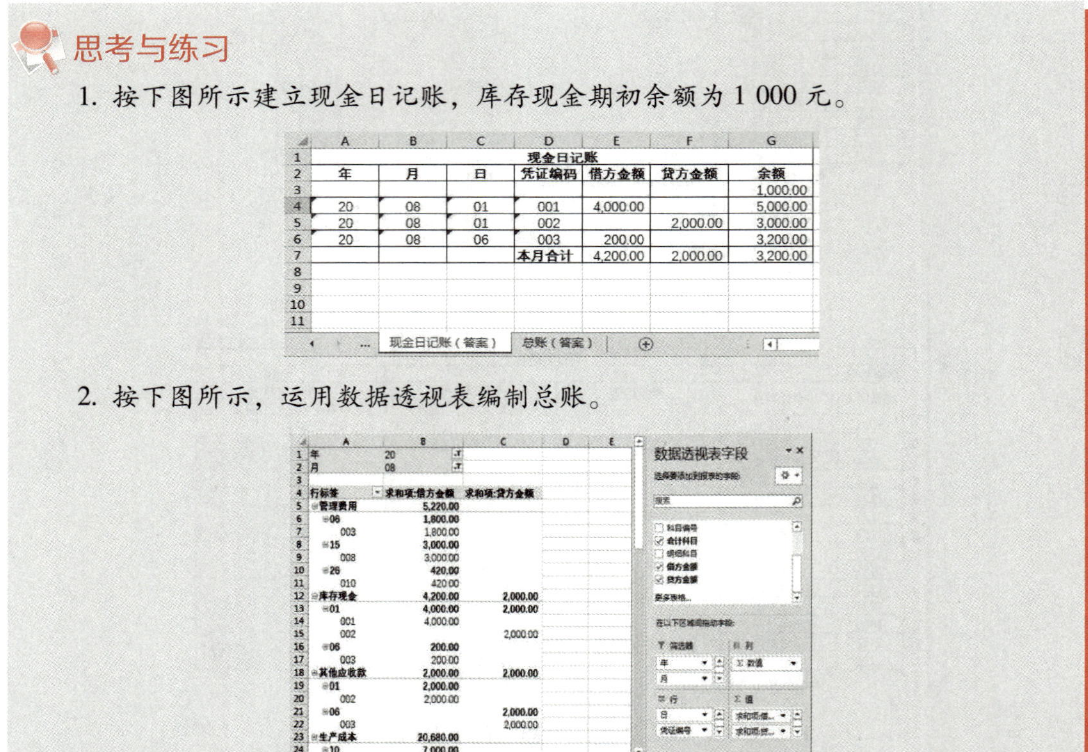

思考与练习

1. 按下图所示建立现金日记账，库存现金期初余额为 1 000 元。

	A	B	C	D	E	F	G
1	现金日记账						
2	年	月	日	凭证编码	借方金额	贷方金额	余额
3							1,000.00
4	20	08	01	001	4,000.00		5,000.00
5	20	08	01	002		2,000.00	3,000.00
6	20	08	06	003	200.00		3,200.00
7				本月合计	4,200.00	2,000.00	3,200.00
8							
9							
10							
11							

现金日记账（答案） 总账（答案）

2. 按下图所示，运用数据透视表编制总账。

	A	B	C
1	年	20	
2	月	08	
3			
4	行标签	求和项:借方金额	求和项:贷方金额
5	管理费用	5,220.00	
6	06	1,800.00	
7	003	1,800.00	
8	15	3,000.00	
9	008	3,000.00	
10	26	420.00	
11	010	420.00	
12	库存现金	4,200.00	2,000.00
13	01	4,000.00	2,000.00
14	001	4,000.00	
15	002		2,000.00
16	06	200.00	
17	003	200.00	
18	其他应收款	2,000.00	2,000.00
19	01	2,000.00	
20	002	2,000.00	
21	06		2,000.00
22	003		2,000.00
23	生产成本	20,680.00	
24	10	7,000.00	

项目四
常用财务表单的 Excel 应用

学习目标

知识目标

掌握常用财务表单的制作方法与作用。

能力目标

1. 能够利用 Excel 制作差旅费报销单、业务招待费用报销明细表。
2. 能够利用 Excel 制作日常费用支出汇总表并进行数据查询、汇总与分析。

【项目导学】

本项目主要介绍利用 Excel 制作差旅费报销单、业务招待费用报销明细表、日常费用支出汇总表等几种常用财务表单。差旅费报销单是企业常用的一种财务表单，用于差旅费报销前对各项明细数据进行记录；业务招待费用报销明细表记录员工由于工作需要产生的各项业务招待支出，用 Excel 制作该表可以使费用清晰明了，便于查看、汇总；日常费用支出汇总表便于财务部门及时做好费用统计工作，实现企业日常支出的合理控制。利用 Excel 制作这些常用财务表单，可以使填写更加便捷，提高效率和准确性。

本项目主要涉及的 Excel 操作技能包括：设置自动求和公式，自动转换金额大小写，设置数据验证实现费用种类与产生部门的选择性输入，设置筛选功能查看想查看的数据，制作数据透视表（图）并分析数据。

思维导图

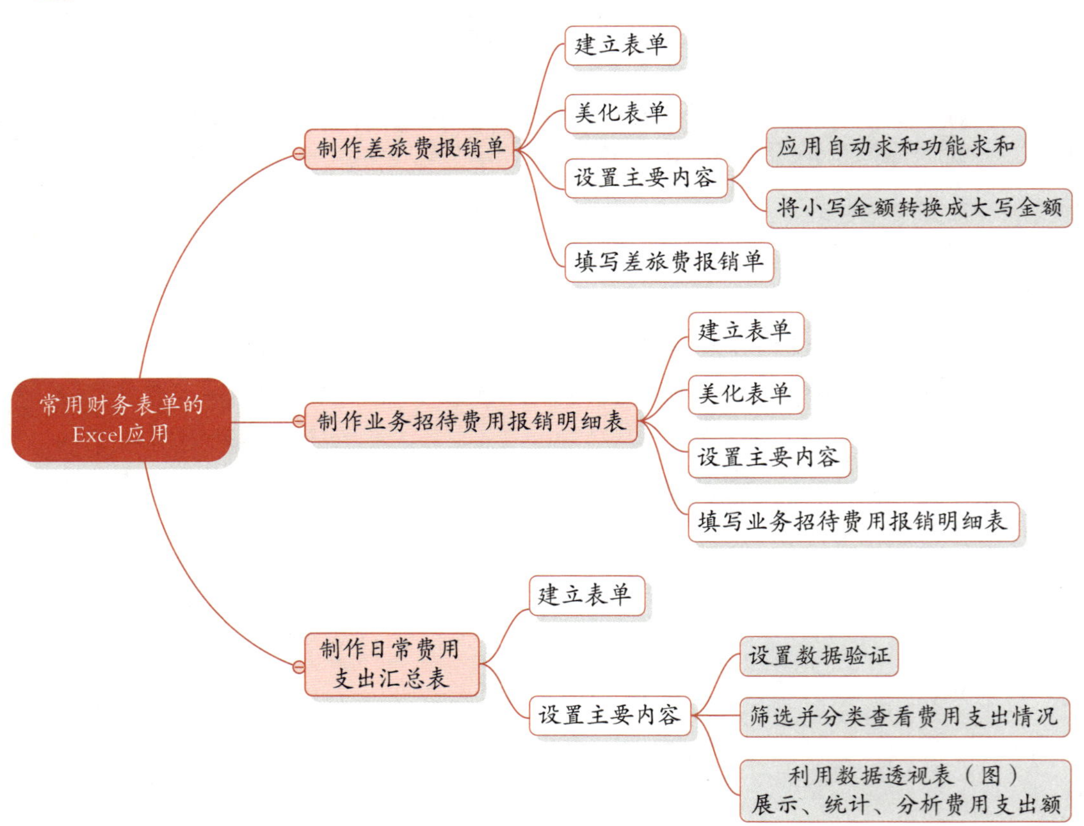

任务一　制作差旅费报销单

【任务导入】

2020 年 7 月 20 日，鸿丰公司市场部员工杨阳从广州到苏州出差，参加全国经销商大会，并于 2020 年 7 月 27 日早晨回到广州。他在出差前预借了差旅费 3 200 元。公司规定，往返交通费用实报实销，住宿标准每人每天不高于 200 元，市内交通费实报实销。财务人员要运用 Excel 制作相关的差旅费报销单，并计算应报销金额。

【相关知识】

出差前，员工可从财务部门预支一定金额的资金。出差结束后，出差人员需要完整、真实地填写差旅费报销单，财务部门应根据员工提交的原始凭证进行报销。

差旅费是指出差期间因办理公务而产生的交通费、住宿费和公杂费等各项费用，是企事业单位重要的经常性支出项目之一。差旅费报销单是员工报销费用的凭据。

差旅费核算的内容包括用于出差旅途中的费用支出，如购买汽车票、船票、火车票、飞机票的费用以及住宿费、伙食补助费和其他方面的支出。一般情况下，单位补助出差伙食费就不再报销外地餐费，或者报销餐费就不再补助出差伙食费。至于在外地支出的餐费能否计入差旅费中，税法中没有相关规定。

【任务实施】

一、建立表单

1. 创建表单

新建一个 Excel 工作簿，将其命名为“鸿丰公司常用财务表单”，再将其中的工作表“Sheet1”重命名为“差旅费报销单”。

2. 设置项目

在“差旅费报销单”中设置“出差人”“出差事由”“交通工具”“交通费”“出差补贴”“报销总额”“预借旅费”等项目，如图 4-1-1 所示。

二、美化表单

1. 设置对齐方式和边框

（1）设置对齐方式

选中从单元格 A1 至 O1 的区域，单击主菜单中的“开始”，在“对齐方式”选项组

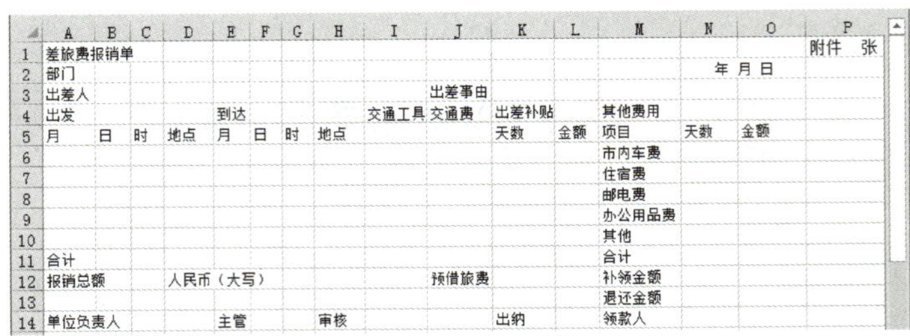

图 4-1-1　设置项目

中依次单击“底端对齐”按钮和“合并后居中”按钮，如图 4-1-2 所示。

参照此方法设置其他单元格的格式，如图 4-1-3 所示。

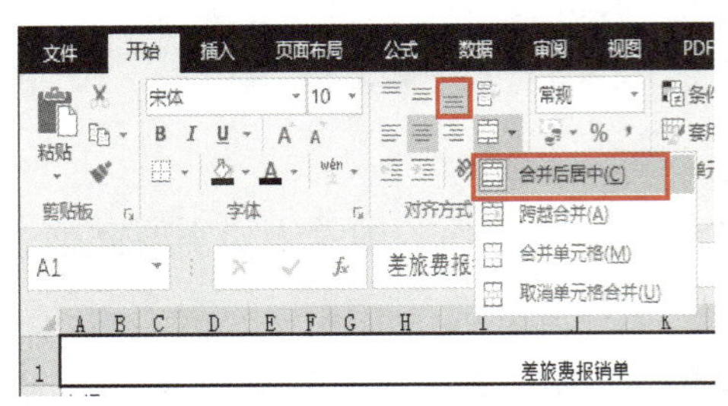

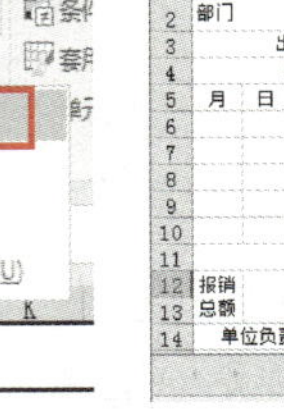

图 4-1-2　设置单元格格式

图 4-1-3　单元格格式设置结果

（2）设置边框

选中从单元格 A3 至 O13 的区域，单击鼠标右键，在弹出的菜单中选择“设置单元格格式”，打开“设置单元格格式”对话框，在对话框中单击“边框”选项卡，将框线设为黑色单实线，单击“预置”中的“内部”按钮，如图 4-1-4 所示，最后单击“确定”按钮。

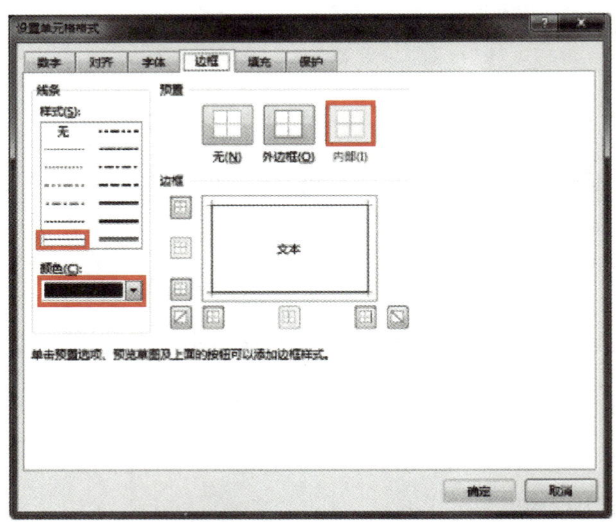

图 4-1-4　内部边框设置

再次选中从单元格 A3 至 O13 的区域，打开“设置单元格格式”对话框，在对话框中

单击“边框”选项卡，将框线设为黑色双实线，单击“预置”中的“外边框”按钮，如图 4-1-5 所示，最后单击“确定”按钮。

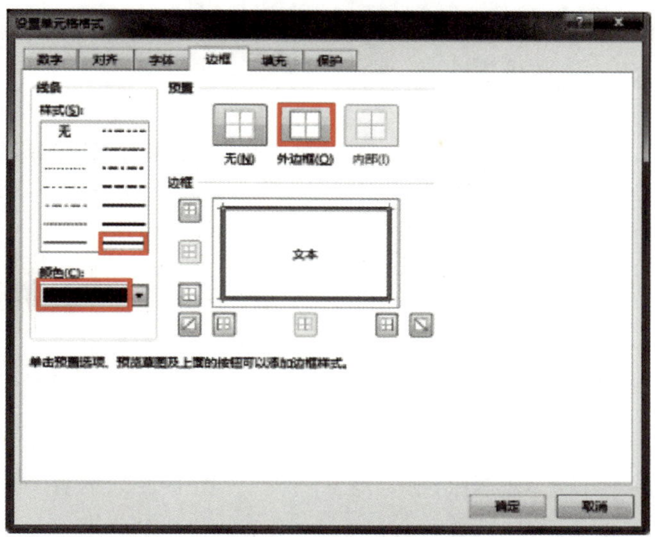

图 4-1-5　外部边框设置

在 A 列前面插入一列空白列，使边框更加清晰，如图 4-1-6 所示。

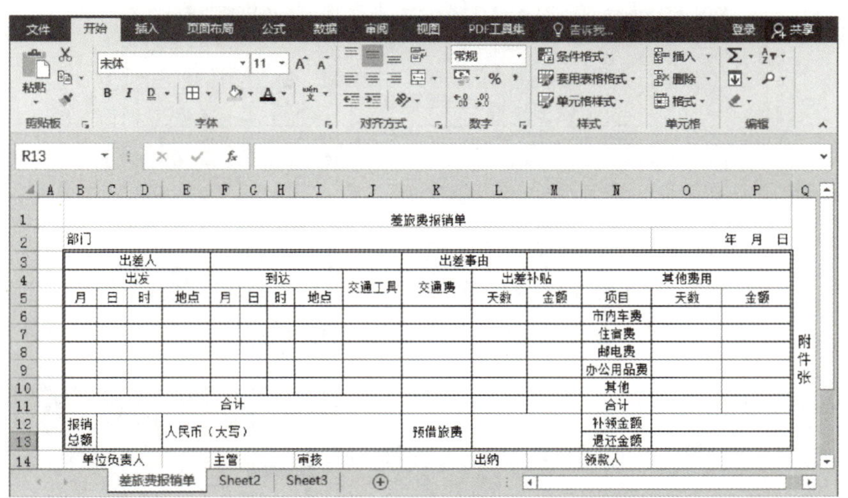

图 4-1-6　差旅费报销单边框设置结果

2. 设置字体和货币格式

(1) 设置字体

选中差旅费报销单的名称，单击鼠标右键，在弹出的菜单中选择“设置单元格格式”，在弹出的对话框中单击“字体”选项卡，将字体设为宋体、18 号字、加粗、双下划线，并将下划线颜色设为黑色，设置完后单击“确定”按钮，如图 4-1-7 所示。

将差旅费报销单其余项目的字体设为宋体、10 号字，方法同上。选中单元格 Q1，单击“方向”按钮，在下拉列表中选择“竖排文字”，如图 4-1-8 所示。

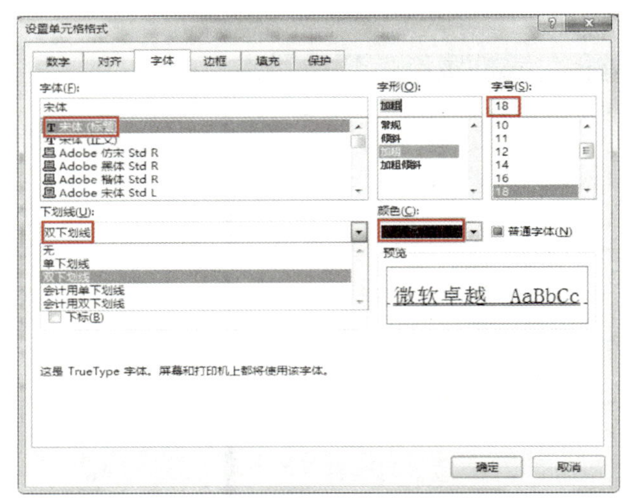

图 4-1-7　设置表单名称字体

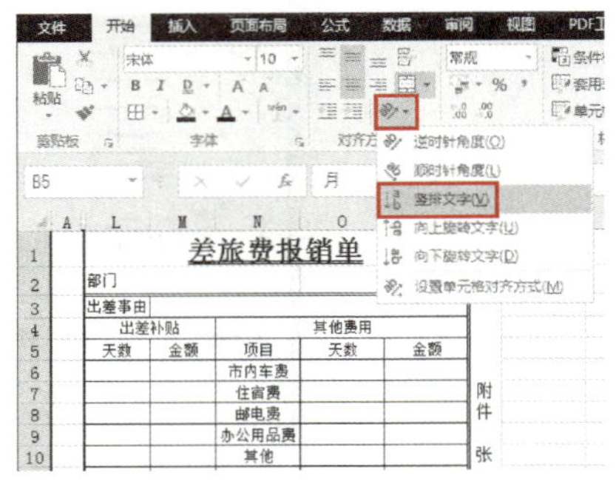

图 4-1-8　设置“附件　张”为竖排文字

为了使表格看起来更加美观一些，单击主菜单中的“视图”，将“显示”选项组中的“网格线”复选框勾选为空白状态，如图 4-1-9 所示。

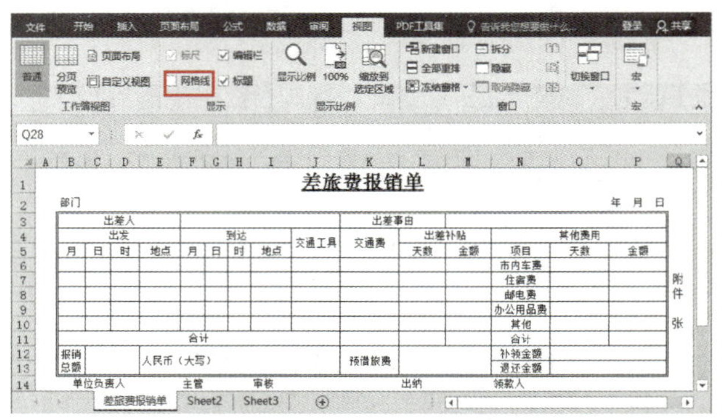

图 4-1-9　设置网格线

（2）设置货币格式

选中需要填写金额的单元格，即从单元格 K6 至 K11 的区域、从单元格 M6 至 M11 的区域、从单元格 P6 至 P11 的区域，以及单元格 C12、L12、O12 和 O13，打开“设置单元格格式”对话框，单击“数字”选项卡，将其设为货币格式，如图 4-1-10 所示。

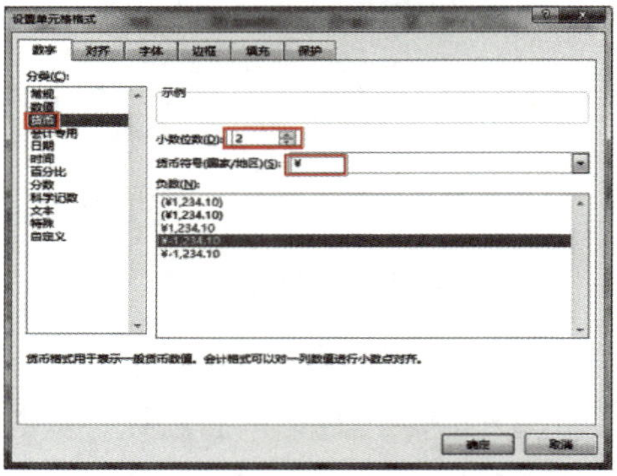

图 4-1-10　设置货币格式

三、设置主要内容

1. 应用自动求和功能求和

单击单元格 K11，输入求和公式“=SUM(K6:K10)”，如图 4-1-11 所示。以此类推，在单元格 L11、M11、O11、P11 中输入相应的求和公式，即可得出相应的合计数。

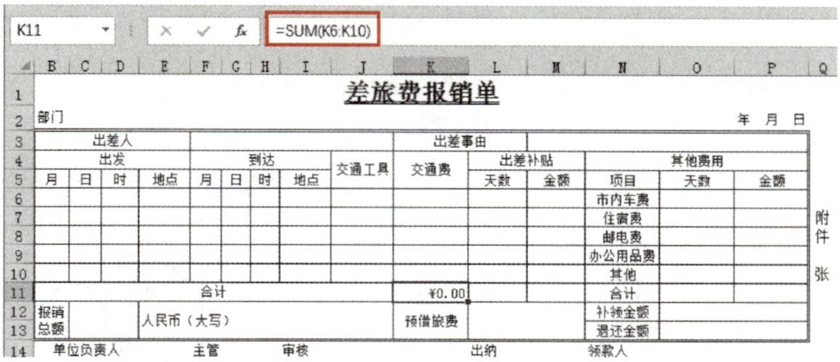

K11　=SUM(K6:K10)

差旅费报销单

部门													年 月 日
出差人									出差事由				
出发				到达				交通工具	交通费	出差补贴		其他费用	
月	日	时	地点	月	日	时	地点			天数	金额	项目	天数	金额

项目：市内车费、住宿费、邮电费、办公用品费、其他、合计；合计 ¥0.00；报销总额　人民币（大写）　预借旅费　补领金额　退还金额；附件　张；单位负责人　主管　审核　出纳　领款人

图 4-1-11　输入求和公式

单击单元格 C12，输入求和公式“=SUM(K11,M11,P11)”，即得出报销总额，如图 4-1-12 所示。

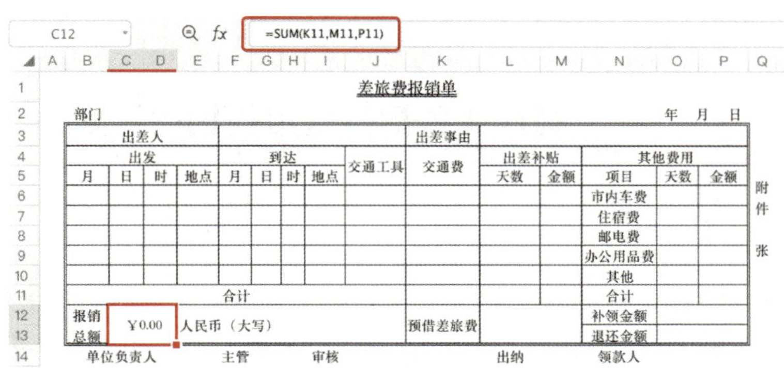

C12　=SUM(K11,M11,P11)

差旅费报销单

部门　年 月 日；出差人；出差事由；出发：月 日 时 地点；到达：月 日 时 地点；交通工具；交通费；出差补贴：天数 金额；其他费用：项目 天数 金额；市内车费、住宿费、邮电费、办公用品费、其他、合计；合计；报销总额 ¥0.00　人民币（大写）　预借差旅费　补领金额　退还金额；附件　张；单位负责人　主管　审核　出纳　领款人

图 4-1-12　计算报销总额

2. 将小写金额转换成大写金额

单击单元格 H12，输入公式“=C12”，然后调出“设置单元格格式”对话框，单击“数字”选项卡，选择其中的“特殊”，再在其右侧的对话框中将“类型”设为中文大写数字，最后单击“确定”按钮，如图 4-1-13 所示。设置完成后，输入的小写金额就会自动转换成大写金额。

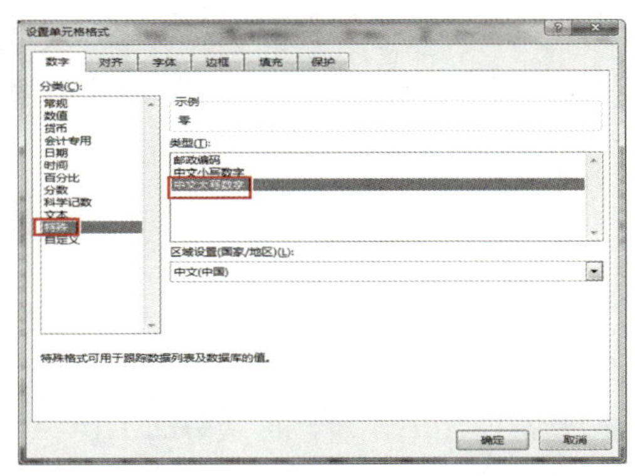

图 4-1-13　将小写金额转换成大写金额

四、填写差旅费报销单

设置好后，即可根据任务中描述的具体情况填写差旅费报销单，如图 4-1-14 所示。

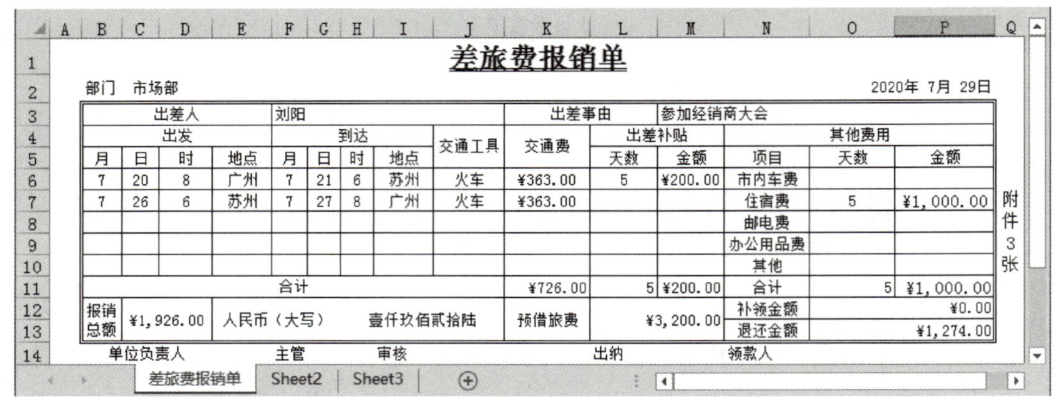

差旅费报销单

部门　市场部　　　　2020年 7月 29日

出差人				刘阳					出差事由	参加经销商大会				
出发				到达				交通工具	交通费	出差补贴		其他费用		
月	日	时	地点	月	日	时	地点			天数	金额	项目	天数	金额
7	20	8	广州	7	21	6	苏州	火车	¥363.00	5	¥200.00	市内车费		
7	26	6	苏州	7	27	8	广州	火车	¥363.00			住宿费	5	¥1,000.00
												邮电费		
												办公用品费		
												其他		
合计									¥726.00	5	¥200.00	合计	5	¥1,000.00
报销总额	¥1,926.00		人民币（大写）			壹仟玖佰贰拾陆			预借旅费		¥3,200.00	补领金额		¥0.00
												退还金额		¥1,274.00

附件 3 张

单位负责人　主管　审核　出纳　领款人

差旅费报销单　Sheet2　Sheet3

图 4-1-14　填写差旅费报销单

任务二　制作业务招待费用报销明细表

【任务导入】

2020 年 6 月 12 日，北成贸易有限公司的何超、王宇来鸿丰公司考察其产品电热水壶，鸿丰公司市场部的刘阳接待了这两位客户，支出餐费 350 元。为了便于客户深入体验产品，刘阳送给对方一套电热水壶（A、B、C 型各一个），价值 699 元。同年 6 月 26 日，雅物贸易有限公司的周勋、姜小果来鸿丰公司参与设计电热水壶，刘阳接待了这两位客户，支出餐费 425 元、住宿费 680 元。鸿丰公司财务人员需要据此制作业务招待费用报销明细表。

【相关知识】

业务招待费是企业为了联系业务、促销或处理公共关系等而发生的费用。

运用 Excel 制作业务招待费用报销明细表可以让费用更加清晰、明了。

【任务实施】

一、建立表单

1. 创建表单

打开“鸿丰公司常用财务表单”工作簿，将其中的工作表“Sheet2”重命名为“业务招待费用报销明细表”。

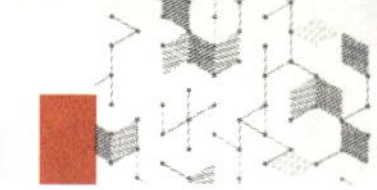

2. 设置项目

按照任务中的描述设置业务招待费用报销明细表相关项目，在对应单元格输入相关内容，如图 4-2-1 所示。

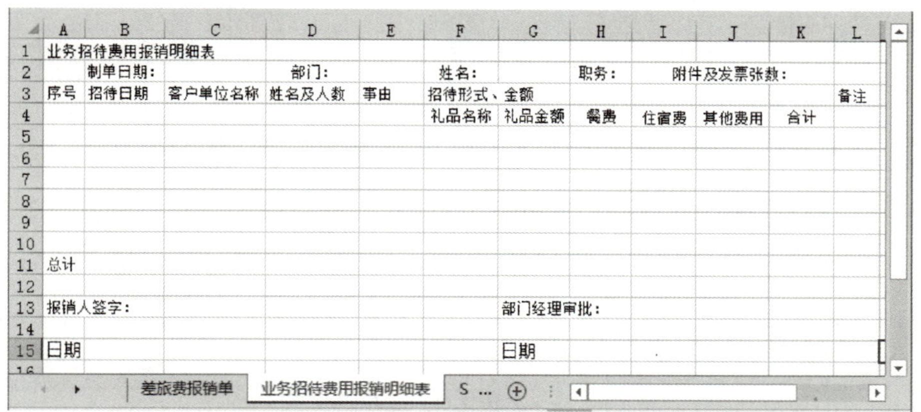

图 4-2-1　设置项目

二、美化表单

将需要合并的单元格合并，然后设置单元格格式和边框，方法同本项目任务一，设置结果如图 4-2-2 所示。

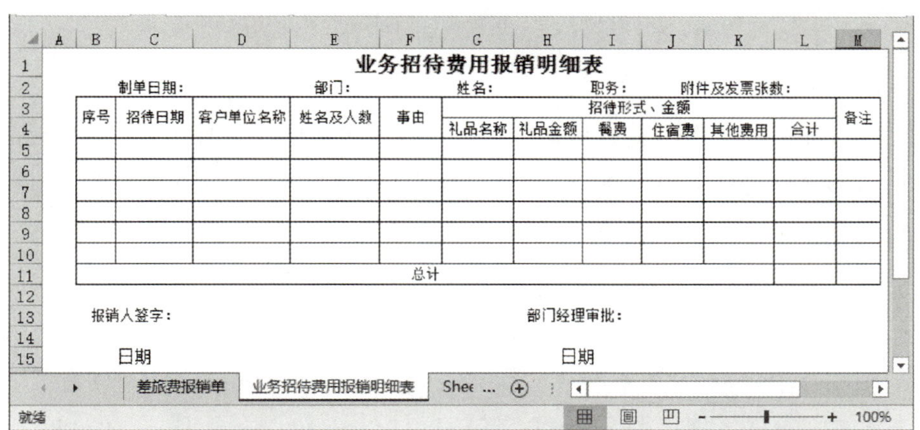

图 4-2-2　美化好的表单

三、设置主要内容

1. 设置公式

在单元格 D2 中输入公式“=TODAY( )”，表示返回当前系统日期，如图 4-2-3 所示。

在单元格 L5 中输入公式“=H5+I5+J5+K5”，即可返回第 5 行有关费用的合计金额。将该公式向下复制至单元格 L10，即可快速算出其他各行费用的合计金额，如图 4-2-4 所示。

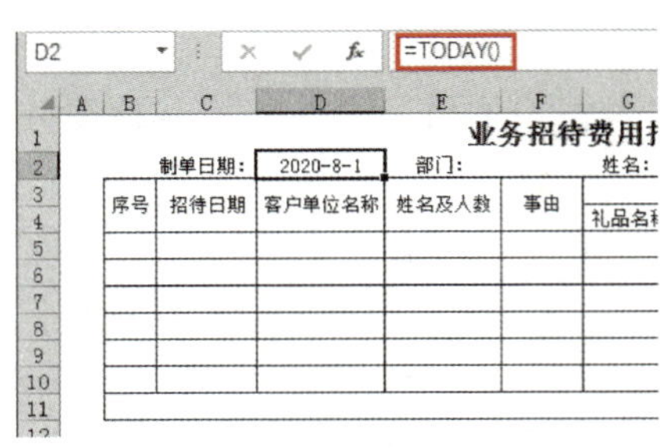

图 4-2-3　设置制单日期

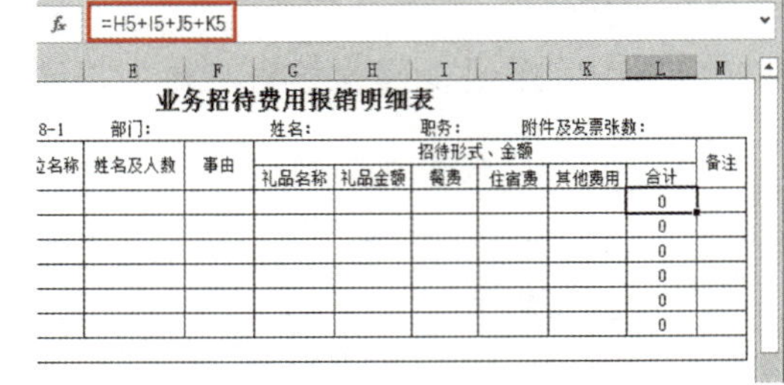

图 4-2-4　设置合计值计算公式

在单元格 L11 中输入公式“=SUM(L5:L10)”，即可算出总计金额，如图 4-2-5 所示。

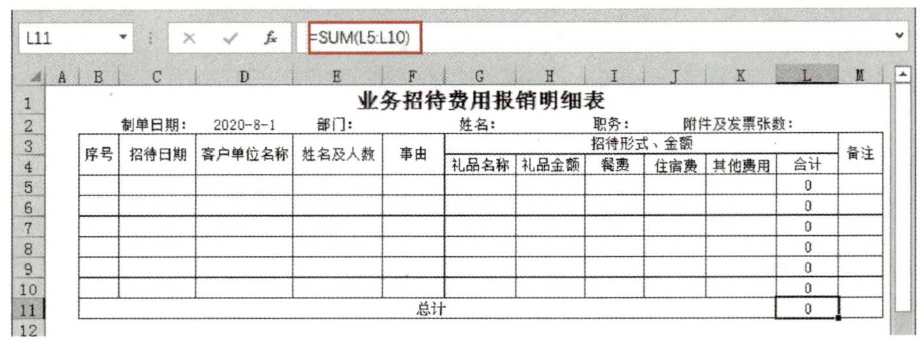

图 4-2-5　设置总计值计算公式

2. 设置格式

选中从单元格 H5 至 K10 的区域，打开“设置单元格格式”对话框，将“礼品金额”“餐费”“住宿费”“其他费用”项目相关单元格设为数值格式并保留 2 位小数，如图 4-2-6 所示。

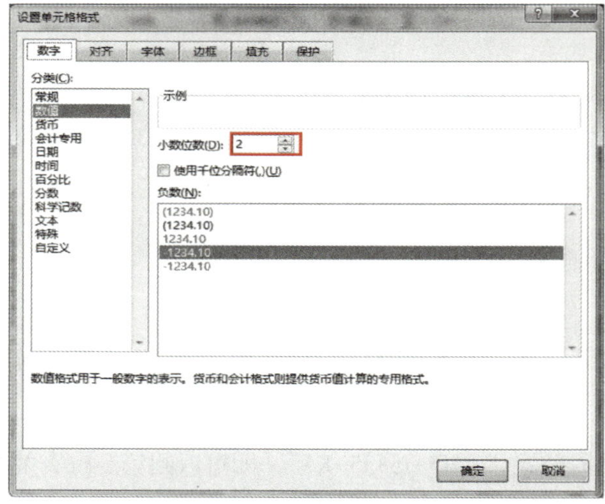

图 4-2-6　设置数值格式

选中从单元格 L5 至 L11 的区域，打开“设置单元格格式”对话框，将“合计”“总计”项目相关单元格设为会计专用格式，如图 4-2-7 所示。

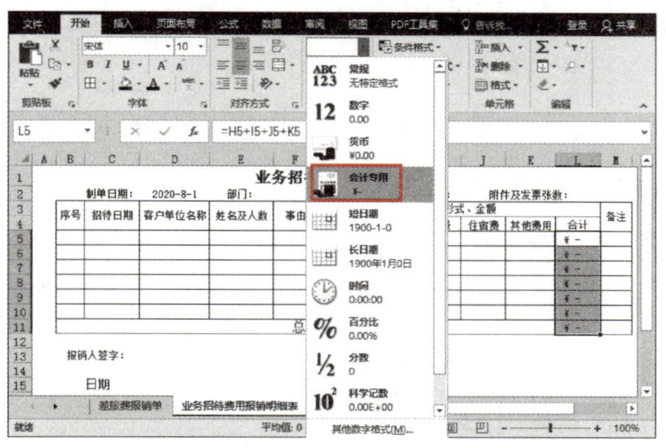

图 4-2-7 设置会计专用格式

四、填写业务招待费用报销明细表

根据任务中的描述，在业务招待费用报销明细表中输入具体内容，如图 4-2-8 所示。

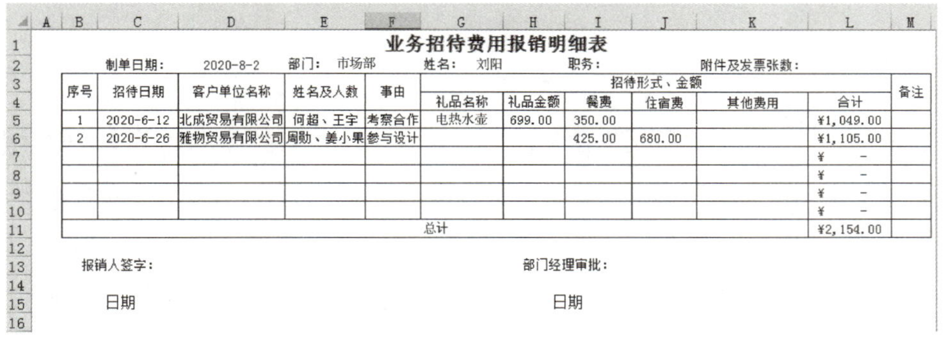

业务招待费用报销明细表

制单日期： 2020-8-2 部门： 市场部 姓名： 刘阳 职务： 附件及发票张数：

序号	招待日期	客户单位名称	姓名及人数	事由	招待形式、金额						备注
					礼品名称	礼品金额	餐费	住宿费	其他费用	合计	
1	2020-6-12	北成贸易有限公司	何超、王宇	考察合作	电热水壶	699.00	350.00			¥1,049.00	
2	2020-6-26	雅物贸易有限公司	周勋、姜小果	参与设计			425.00	680.00		¥1,105.00	
										¥ -	
										¥ -	
										¥ -	
										¥ -	
总计										¥2,154.00	

报销人签字： 部门经理审批：

日期 日期

图 4-2-8 输入具体内容

任务三 制作日常费用支出汇总表

【任务导入】

2020 年 6 月，鸿丰公司发生如下经济业务：

4 日，黄力支出招聘、培训费用 2 000 元。

4 日，曾小小购买办公用纸、笔，支出 237 元。

4 日，杨阳支出业务就餐费用 1 280 元。

5 日，公司参加某商场宣传活动，方文支出相关费用 1 800 元。

8 日，李艳支出公交站广告费用 780 元。

9 日，黄力支出福利采买费用 2 200 元。

10 日，刘丹接待客户，支出 620 元。

11 日，刘丹报销去北京出差的差旅费 980 元。

12 日，叶红支出交通费 278 元。

13 日，曾小小支出活动服装费 1 200 元。

14 日，黄力支出书报费 14 元。

15 日，蔡晓芳支出电话费 380 元。

16 日，刘丹参加业务交流会，支出相关费用 2 800 元。

16 日，杨阳购买培训教材，支出 480 元。

18 日，黄力支付包装袋费用 450 元。

19 日，曾小小支付海报费用 180 元。

19 日，叶红支出展位费 687 元。

21 日，刘丹参加业务交流会，支出相关费用 5 000 元。

财务人员需要据此制作当月的日常费用支出汇总表。

【相关知识】

在企业的日常工作中，费用支出每时每刻都在发生，财务部门为了及时做好费用统计工作，需要编制日常费用支出汇总表，以便将企业的日常费用控制在合理范围内。

企业日常费用支出一般情况下都计入期间费用。期间费用是指企业日常活动中不能直接归属于某个特定成本核算对象，在发生时应直接计入当期损益的各种费用，包括管理费用、销售费用和财务费用。

【任务实施】

一、建立表单

1. 创建表单

打开“鸿丰公司常用财务表单”工作簿，将其中的工作表“Sheet3”重命名为“日常费用支出汇总表”。

2. 设置项目与格式

打开“日常费用支出汇总表”，输入表的名称和有关项目，设置有关单元格格式、边框，方法与本项目的任务一、任务二相同。选中第二行数据，单击主菜单中的“开始”，在“字体”选项组中单击“填充颜色”按钮，在下拉列表中选择橙色，即可将第二行单元格填充色设为橙色，如图 4-3-1 所示。

选中从单元格 A3 至 A20 的区域，打开“设置单元格格式”对话框，在“数字”选项卡中选择“文本”，单击“确定”按钮，如图 4-3-2 所示。

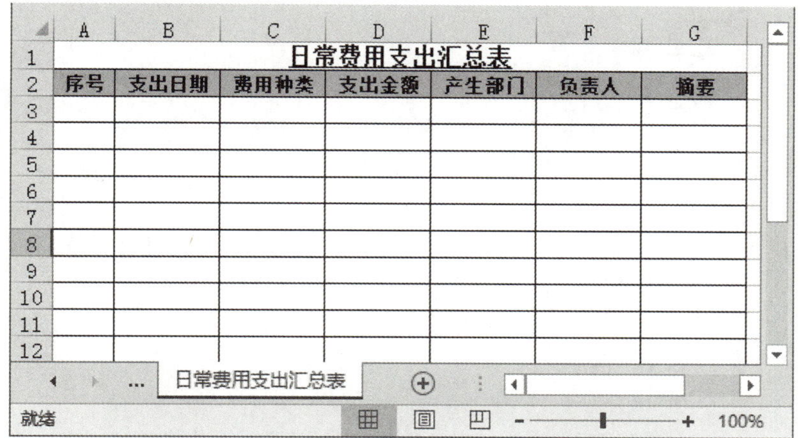

图 4-3-1　设置项目及有关单元格格式

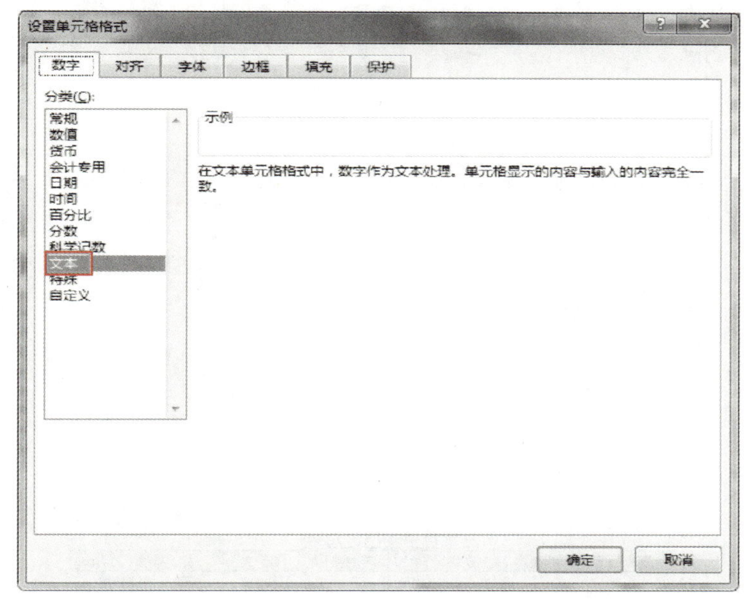

图 4-3-2　设置“序号”项目有关单元格格式

选中从单元格 B3 至 B20 的区域，打开“设置单元格格式”对话框，在“数字”选项卡中选择“日期”，然后在其右侧的对话框中将“类型”设为“3-14”，最后单击“确定”按钮，如图 4-3-3 所示。

选中从单元格 D3 至 D20 的区域，单击主菜单中的“开始”，在“数字”选项组中单击“数字格式”下拉按钮，选择列表中的“会计专用”，如图 4-3-4 所示。

3. 录入数据

根据任务中的描述，将有关数据录入工作表中，如图 4-3-5 所示。

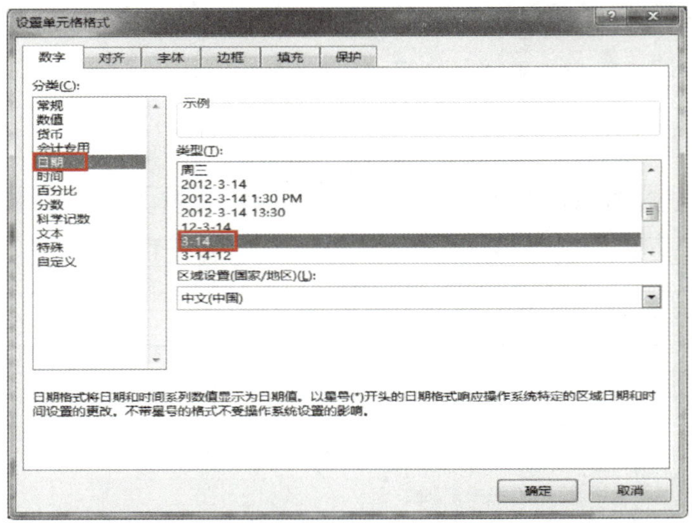

图 4-3-3　设置“支出日期”项目有关单元格格式

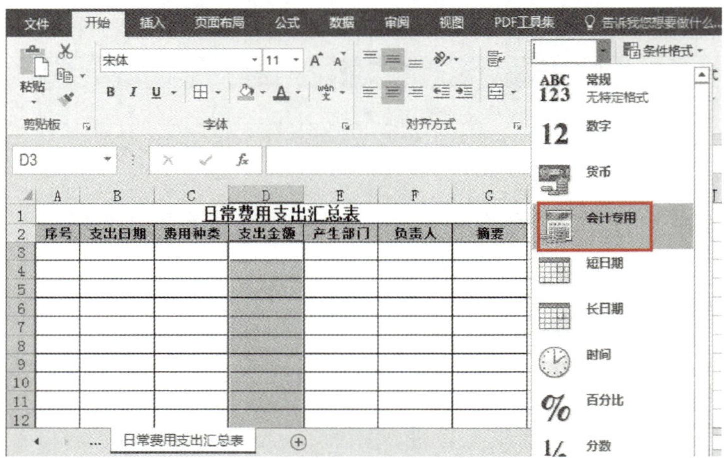

图 4-3-4　设置“支出金额”项目有关单元格格式

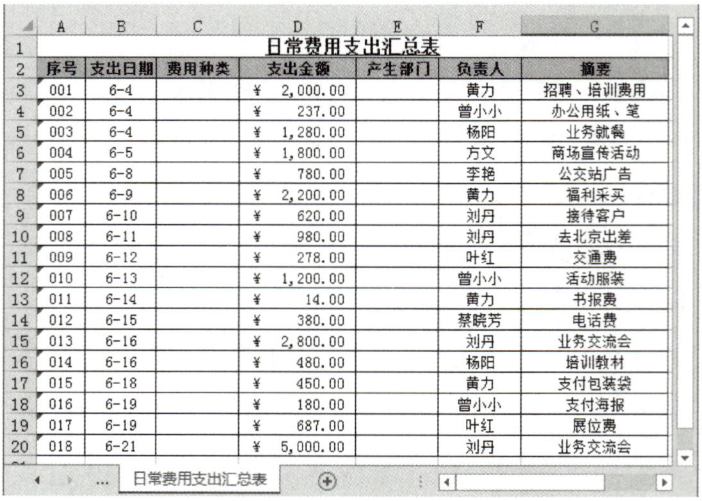

	A	B	C	D	E	F	G
1	日常费用支出汇总表						
2	序号	支出日期	费用种类	支出金额	产生部门	负责人	摘要
3	001	6-4		¥ 2,000.00		黄力	招聘、培训费用
4	002	6-4		¥ 237.00		曾小小	办公用纸、笔
5	003	6-4		¥ 1,280.00		杨阳	业务就餐
6	004	6-5		¥ 1,800.00		方文	商场宣传活动
7	005	6-8		¥ 780.00		李艳	公交站广告
8	006	6-9		¥ 2,200.00		黄力	福利采买
9	007	6-10		¥ 620.00		刘丹	接待客户
10	008	6-11		¥ 980.00		刘丹	去北京出差
11	009	6-12		¥ 278.00		叶红	交通费
12	010	6-13		¥ 1,200.00		曾小小	活动服装
13	011	6-14		¥ 14.00		黄力	书报费
14	012	6-15		¥ 380.00		蔡晓芳	电话费
15	013	6-16		¥ 2,800.00		刘丹	业务交流会
16	014	6-16		¥ 480.00		杨阳	培训教材
17	015	6-18		¥ 450.00		黄力	支付包装袋
18	016	6-19		¥ 180.00		曾小小	支付海报
19	017	6-19		¥ 687.00		叶红	展位费
20	018	6-21		¥ 5,000.00		刘丹	业务交流会

日常费用支出汇总表

图 4-3-5　录入数据

二、设置主要内容

1. 设置数据验证

在工作表空白处（如 I 列）输入所有费用种类，然后选中 C 列即“费用种类”列，单击主菜单中的“数据”，在“数据工具”选项组中单击“数据验证”按钮，单击下拉列表中的“数据验证”，如图 4-3-6 所示。

日常费用支出汇总表

序号	支出日期	费用种类	支出金额	产生部门	负责人	摘要		
001	6-4		¥ 2,000.00		黄力	招聘、培训费用		低值易耗品购置费
002	6-4		¥ 237.00		曾小小	办公用纸、笔		差旅费
003	6-4		¥ 1,280.00		杨阳	业务就餐		电话费
004	6-5		¥ 1,800.00		方文	商场宣传活动		交通费
005	6-8		¥ 780.00		李艳	公交站广告		业务招待费
006	6-9		¥ 2,200.00		黄力	福利采买		广告宣传费
007	6-10		¥ 620.00		刘丹	接待客户		招聘培训费
008	6-11		¥ 980.00		刘丹	去北京出差		办公费
009	6-12		¥ 278.00		叶红	交通费		

图 4-3-6　设置数据验证 1

在弹出的“数据验证”对话框中单击“设置”选项卡，在“允许”下拉列表中选择“序列”，然后在“来源”下的框中选择表中设有“费用种类”项目的相关区域，如图 4-3-7 所示。单击“输入信息”选项卡，在“输入信息”下的框中输入“请从下拉列表中选择费用类别！”，如图 4-3-8 所示。

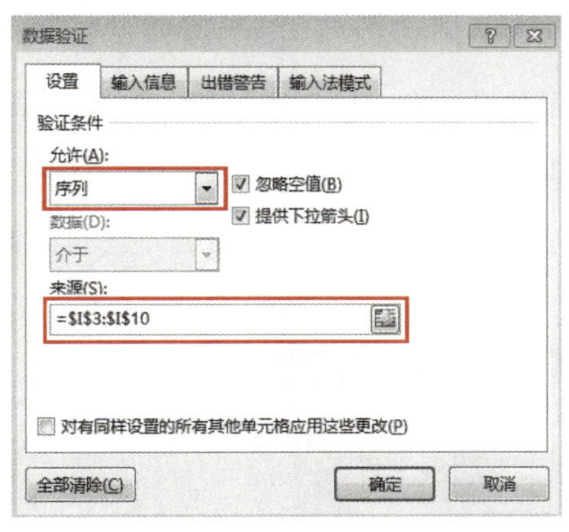

图 4-3-7　设置数据验证 2

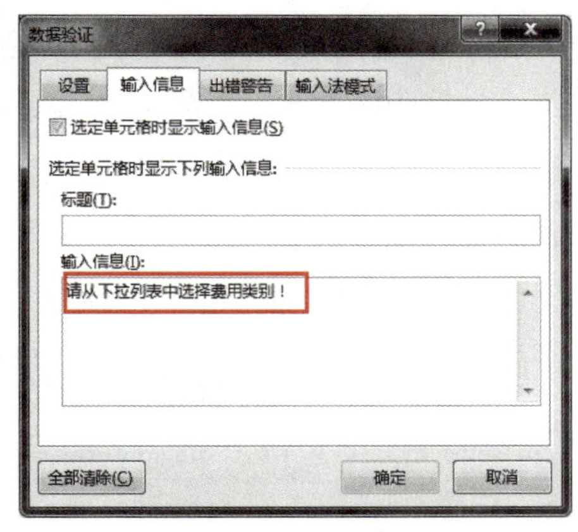

图 4-3-8　输入有关信息

设置完成后，单击“确定”按钮，返回工作表。选中“费用种类”项目下任意单元格，就会显示可供选择的费用种类，如图 4-3-9 所示。最后，把“费用种类”列填制完成。

按照同样方法，设置“产生部门”的数据验证，设置效果如图 4-3-10 所示。

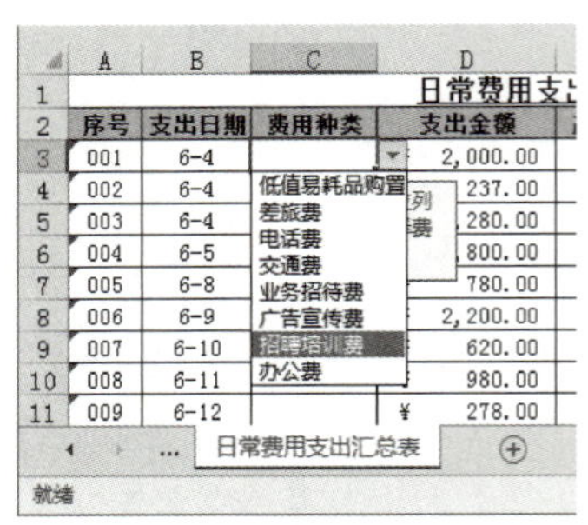

图 4-3-9　“费用种类”数据验证效果

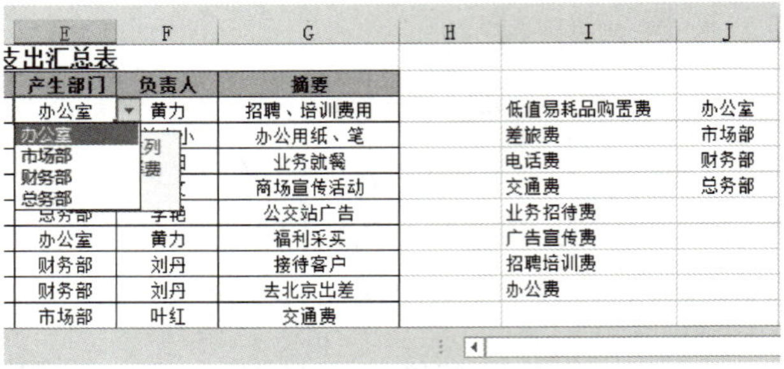

图 4-3-10　“产生部门”数据验证效果

将全部内容输入完成，如图 4-3-11 所示。

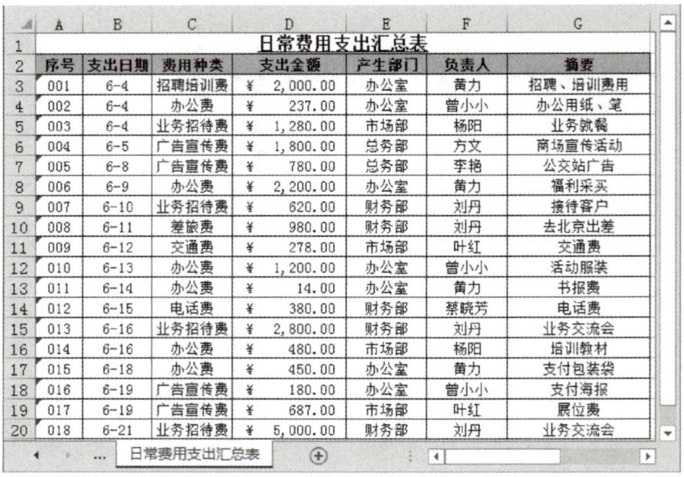

序号	支出日期	费用种类	支出金额	产生部门	负责人	摘要
001	6-4	招聘培训费	¥ 2,000.00	办公室	黄力	招聘、培训费用
002	6-4	办公费	¥ 237.00	办公室	曾小小	办公用纸、笔
003	6-4	业务招待费	¥ 1,280.00	市场部	杨阳	业务就餐
004	6-5	广告宣传费	¥ 1,800.00	总务部	方文	商场宣传活动
005	6-8	广告宣传费	¥ 780.00	总务部	李艳	公交站广告
006	6-9	办公费	¥ 2,200.00	办公室	黄力	福利采买
007	6-10	业务招待费	¥ 620.00	财务部	刘丹	接待客户
008	6-11	差旅费	¥ 980.00	财务部	刘丹	去北京出差
009	6-12	交通费	¥ 278.00	市场部	叶红	交通费
010	6-13	办公费	¥ 1,200.00	办公室	曾小小	活动服装
011	6-14	办公费	¥ 14.00	办公室	黄力	书报费
012	6-15	电话费	¥ 380.00	财务部	蔡晓芳	电话费
013	6-16	业务招待费	¥ 2,800.00	财务部	刘丹	业务交流会
014	6-16	办公费	¥ 480.00	市场部	杨阳	培训教材
015	6-18	办公费	¥ 450.00	办公室	黄力	支付包装袋
016	6-19	广告宣传费	¥ 180.00	办公室	曾小小	支付海报
017	6-19	广告宣传费	¥ 687.00	市场部	叶红	展位费
018	6-21	业务招待费	¥ 5,000.00	财务部	刘丹	业务交流会

图 4-3-11　输入完成的日常费用支出汇总表

2. 筛选并分类查看费用支出情况

单击“日常费用支出汇总表”数据区域的任意单元格，单击主菜单中的“数据”，在“排序和筛选”选项组中单击“筛选”按钮，如图 4-3-12 所示。单击“费用种类”单元格即单元格 C2 右侧的下拉按钮，在下拉列表中取消“全选”，然后勾选要查看的数据项（如选中“业务招待费”），如图 4-3-13 所示。

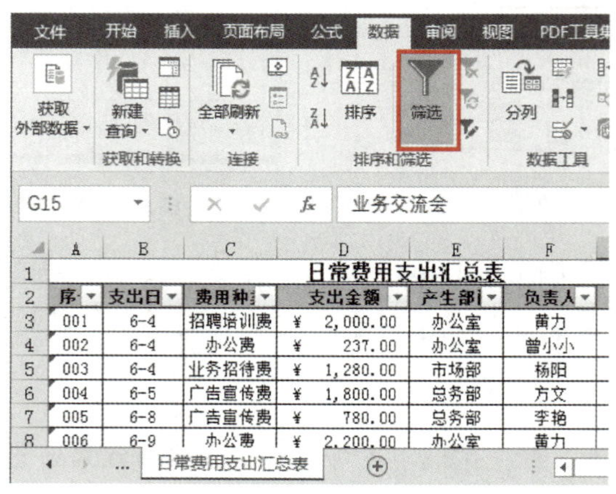

图 4-3-12　设置筛选

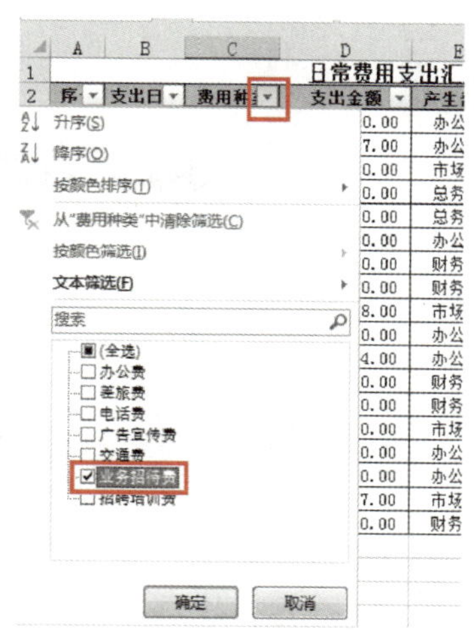

图 4-3-13　筛选“业务招待费”

单击“确定”按钮，就可以筛选出所有费用种类为“业务招待费”的数据，如图 4-3-14 所示。

	A	B	C	D	E	F	G
1	日常费用支出汇总表						
2	序	支出日	费用种	支出金额	产生部	负责人	摘要
5	003	6-4	业务招待费	¥ 1,280.00	市场部	杨阳	业务就餐
9	007	6-10	业务招待费	¥ 620.00	财务部	刘丹	接待客户
15	013	6-16	业务招待费	¥ 2,800.00	财务部	刘丹	业务交流会
20	018	6-21	业务招待费	¥ 5,000.00	财务部	刘丹	业务交流会

图 4-3-14　筛选出的“业务招待费”数据

按照同样的方法，单击“产生部门”单元格即单元格 E2 右侧下拉按钮，在下拉列表中取消“全选”，选择要查看的数据项（如选中“市场部”），单击“确定”按钮，就可以筛选出所有产生部门为“市场部”的数据，如图 4-3-15 所示。

	A	B	C	D	E	F	G
1	日常费用支出汇总表						
2	序	支出日	费用种	支出金额	产生部	负责人	摘要
5	003	6-4	业务招待费	¥ 1,280.00	市场部	杨阳	业务就餐
11	009	6-12	交通费	¥ 278.00	市场部	叶红	交通费
16	014	6-16	办公费	¥ 480.00	市场部	杨阳	培训教材
19	017	6-19	广告宣传费	¥ 687.00	市场部	叶红	展位费

图 4-3-15　筛选出的“市场部”数据

按照同样的方法，单击“支出金额”单元格即单元格 D2 右侧的下拉按钮，在下拉列表中取消“全选”，选中“数字筛选”，然后在弹出的菜单中选择“大于”，如图 4-3-16 所示。

系统将弹出“自定义自动筛选方式”对话框，按要求填入相关数据，如筛选出大于 2 000 的数据，如图 4-3-17 所示。单击“确定”按钮，就可以筛选出大于 2 000 的数据，如图 4-3-18 所示。

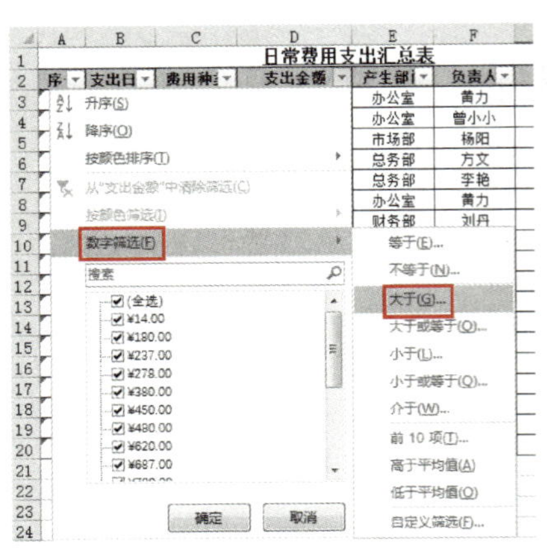

图 4-3-16　数字筛选

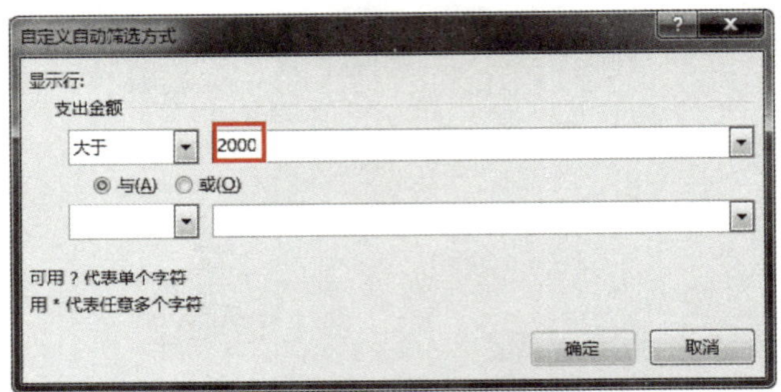

图 4-3-17　设置筛选出大于 2 000 的数据

日常费用支出汇总表

序	支出日	费用种类	支出金额	产生部门	负责人	摘要
006	6-9	办公费	¥ 2,200.00	办公室	黄力	福利采买
013	6-16	业务招待费	¥ 2,800.00	财务部	刘丹	业务交流会
018	6-21	业务招待费	¥ 5,000.00	财务部	刘丹	业务交流会

图 4-3-18　筛选出的大于 2 000 的数据

3. 利用数据透视表统计各类费用支出额

利用数据透视表可以统计出各类费用的合计值、各个部门产生费用的合计值。

单击“日常费用支出汇总表”中数据区域的任意单元格，单击主菜单中的“插入”，在“表格”选项组中单击“数据透视表”，如图 4-3-19 所示。弹出“创建数据透视表”对话框后，参考本书项目三之任务二中的有关方法进行设置，如图 4-3-20 所示。

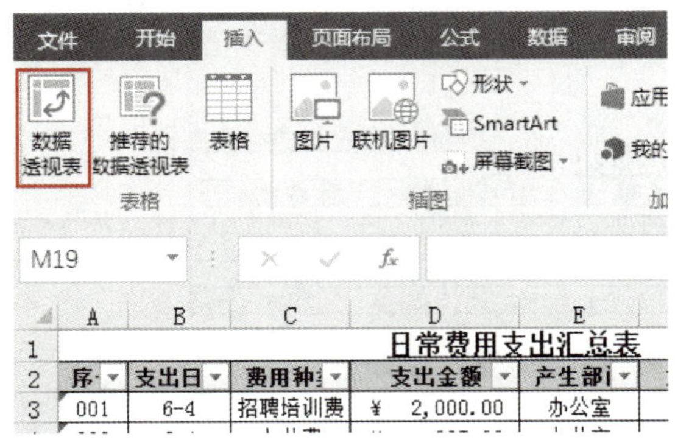

图 4-3-19　插入数据透视表

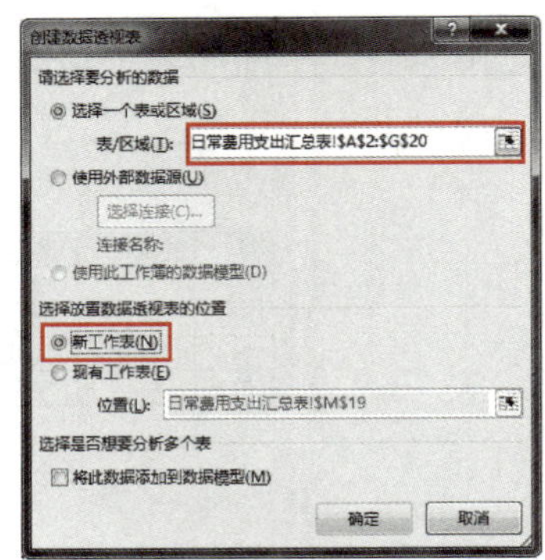

图 4-3-20　创建数据透视表

单击“确定”按钮，即可新建空白的数据透视表。双击工作表标签，将其重命名为“各部门各费用类别的支出金额统计”，如图 4-3-21 所示。

在数据透视表字段列表中选中“费用种类”，系统默认将其添加到“行”区域中。再选中“支出金额”，系统默认将其添加到“值”区域中，设置结果如图 4-3-22 所示。选中 B 列含有数据的任意单元格，单击主菜单中的“数据”，在“排序和筛选”选项组中单击“升序”按钮，即可对各类费用按支出金额从小到大排序，如图 4-3-23 所示。

图 4-3-21 重命名数据透视表

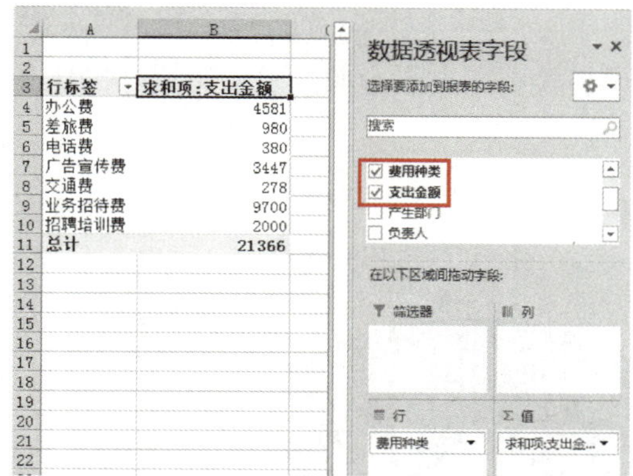

图 4-3-22 数据透视表字段设置结果

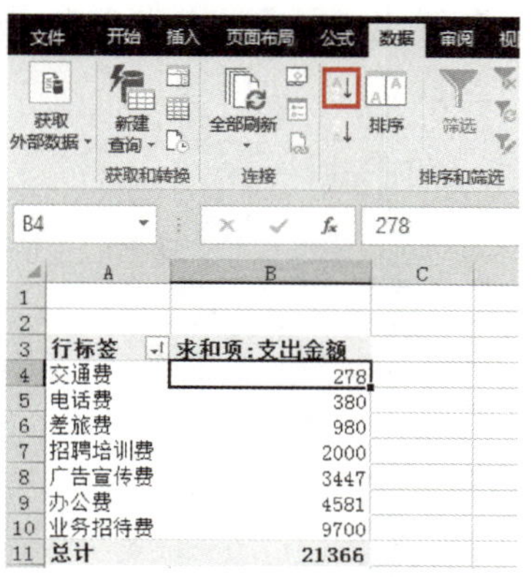

图 4-3-23 按支出金额排序

4. 利用数据透视图展示各类费用的占比

建立上述数据透视表后，接着可以建立数据透视图来直观展示各类费用的占比。

选中数据透视表任意单元格，单击主菜单中的“插入”，在“图表”选项组中单击“数据透视图”按钮，如图 4-3-24 所示。在弹出的“插入图表”对话框中选择图表类型，此处选择“饼图”，如图 4-3-25 所示。

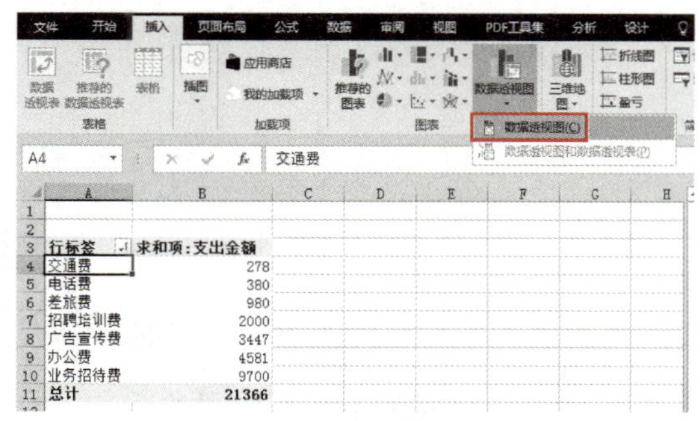

图 4-3-24 插入数据透视图

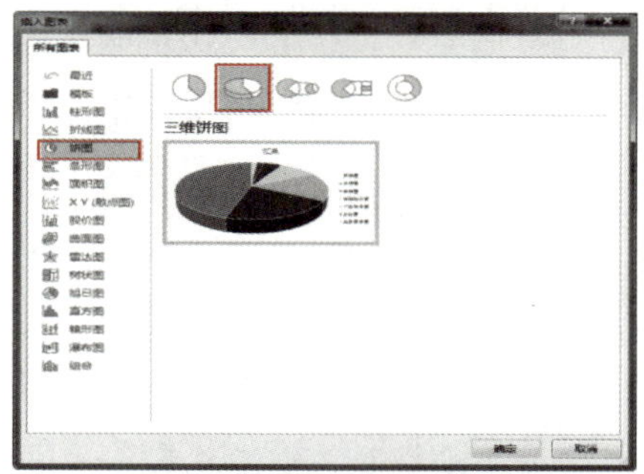

图 4-3-25 插入图表设置

单击“确定”按钮，即可新建数据透视图。在新建的数据透视图中输入图名“各部门支出费用占比”，如图 4-3-26 所示。选中图片，图表区右上角会出现“+”按钮，单击该按钮，显示“图表元素”，打开下拉列表，单击其中的“数据标签”右侧三角按钮，选择“更多选项”，如图 4-3-27 所示。

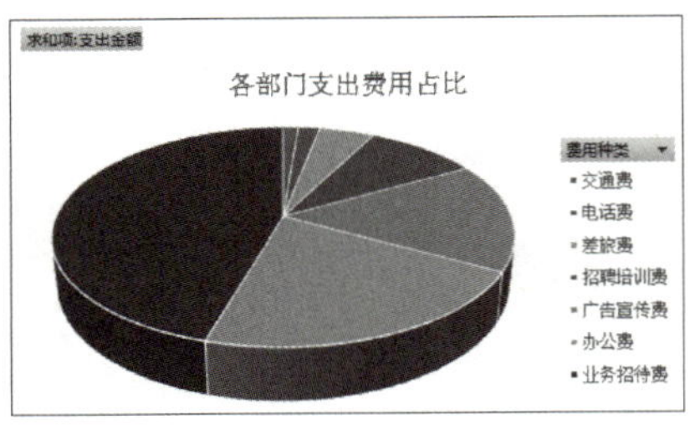

图 4-3-26　输入图名

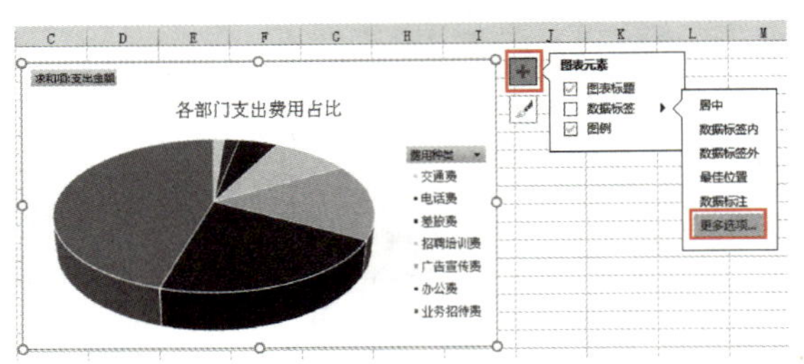

图 4-3-27　设置图表元素

系统弹出“设置数据标签格式”对话框，在“标签包括”下勾选“百分比”项，如图 4-3-28 所示。设置完成后，可以直接显示各类费用支出金额占总支出金额的比例，如图 4-3-29 所示。

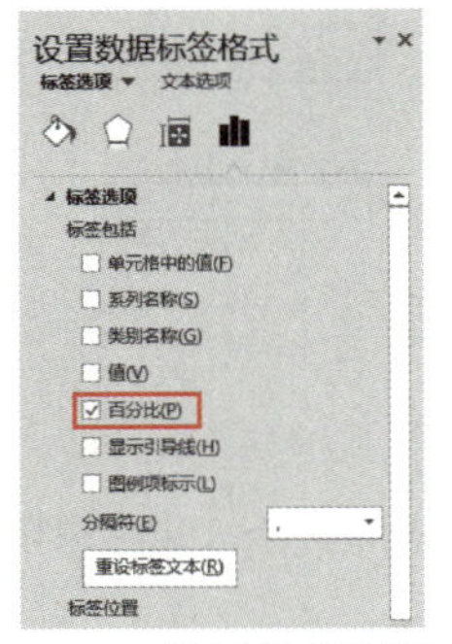

图 4-3-28　设置数据标签格式

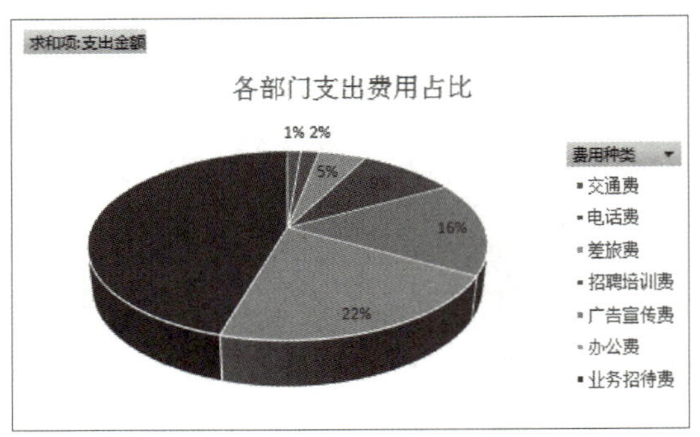

图 4-3-29　显示各部门支出费用占比

项目小结

本项目使用 Excel 创建了常用的财务表单（包括差旅费报销单、业务招待费用报销明细表及日常费用支出汇总表），设置筛选功能分类查看费用支出情况，并运用数据透视表（图）分析各类费用的占比，便于企业管理人员直观清晰地查看相关费用支出，并且有利于将费用支出控制在合理范围内。

思考与练习

运用 Excel 创建普辉公司常用财务表单，包括差旅费报销单、业务招待费用报销明细表、日常费用支出汇总表，并进行美化。各表单项目及内容如下面三幅图所示。

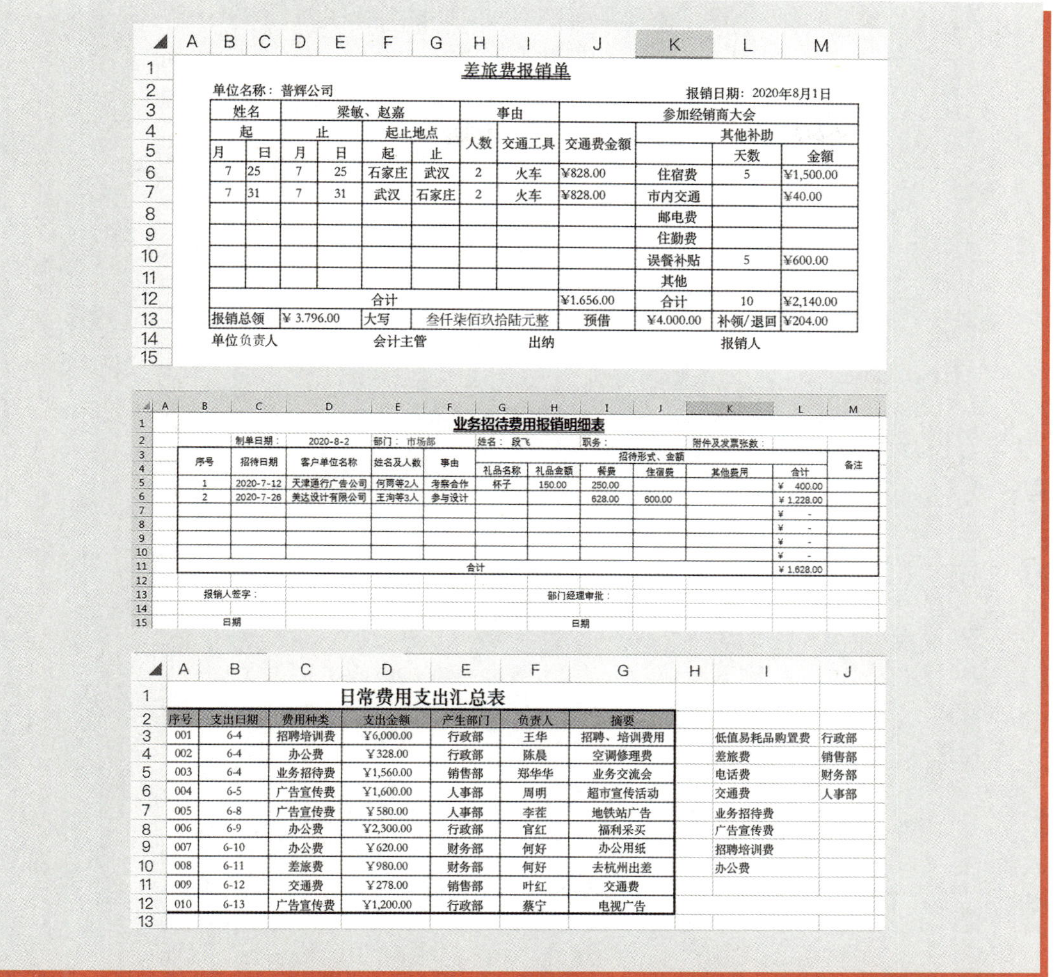

差旅费报销单

单位名称：普辉公司　　　　报销日期：2020年8月1日

姓名		梁敏、赵嘉				事由		参加经销商大会			
起		止		起止地点		人数	交通工具	交通费金额	其他补助		
月	日	月	日	起	止					天数	金额
7	25	7	25	石家庄	武汉	2	火车	¥828.00	住宿费	5	¥1,500.00
7	31	7	31	武汉	石家庄	2	火车	¥828.00	市内交通		¥40.00
									邮电费		
									住勤费		
									误餐补贴	5	¥600.00
									其他		
合计								¥1,656.00	合计	10	¥2,140.00
报销总领	¥ 3,796.00	大写	叁仟柒佰玖拾陆元整					预借	¥4,000.00	补领/退回	¥204.00

单位负责人　　会计主管　　出纳　　报销人

业务招待费用报销明细表

制单日期：2020-8-2　部门：市场部　姓名：段飞　职务：　附件及发票张数：

序号	招待日期	客户单位名称	姓名及人数	事由	招待形式、金额						备注
					礼品名称	礼品金额	餐费	住宿费	其他费用	合计	
1	2020-7-12	天津通行广告公司	何雨等2人	考察合作	杯子	150.00	250.00			¥ 400.00	
2	2020-7-26	美达设计有限公司	王洵等3人	参与设计			628.00	600.00		¥ 1,228.00	
										¥ -	
										¥ -	
										¥ -	
										¥ -	
合计										¥ 1,628.00	

报销人签字：　　部门经理审批：

日期　　日期

日常费用支出汇总表

序号	支出日期	费用种类	支出金额	产生部门	负责人	摘要
001	6-4	招聘培训费	¥6,000.00	行政部	王华	招聘、培训费用
002	6-4	办公费	¥328.00	行政部	陈晨	空调修理费
003	6-4	业务招待费	¥1,560.00	销售部	郑华华	业务交流会
004	6-5	广告宣传费	¥1,600.00	人事部	周明	超市宣传活动
005	6-8	广告宣传费	¥580.00	人事部	李茬	地铁站广告
006	6-9	办公费	¥2,300.00	行政部	官红	福利采买
007	6-10	办公费	¥620.00	财务部	何好	办公用纸
008	6-11	差旅费	¥980.00	财务部	何好	去杭州出差
009	6-12	交通费	¥278.00	销售部	叶红	交通费
010	6-13	广告宣传费	¥1,200.00	行政部	蔡宁	电视广告

低值易耗品购置费	行政部
差旅费	销售部
电话费	财务部
交通费	人事部
业务招待费	
广告宣传费	
招聘培训费	
办公费	

项目五
员工工资管理的 Excel 应用

学习目标

知识目标

1. 掌握员工工资结算单、工资条表的制作方法。
2. 掌握 MOD 函数和 INDEX 函数的用法。

能力目标

1. 能够利用 Excel 制作员工工资结算单。
2. 能够利用 Excel 制作工资条。
3. 能够利用 Excel 查询、汇总与分析工资数据。

【项目导学】

本项目主要介绍如何利用 Excel 进行工资的核算及管理，包括编制工资结算单、制作工资条并对工资数据进行查询、汇总与分析等。财务人员应根据公司薪酬制度和相关法规，设置相关工资项目，定义计算公式，以建立工资模板，然后录入当期员工具体薪酬数据并计算薪酬，再生成工资条，发放员工工资，最后根据企业内部管理要求对工资数据进行汇总分析。

思维导图

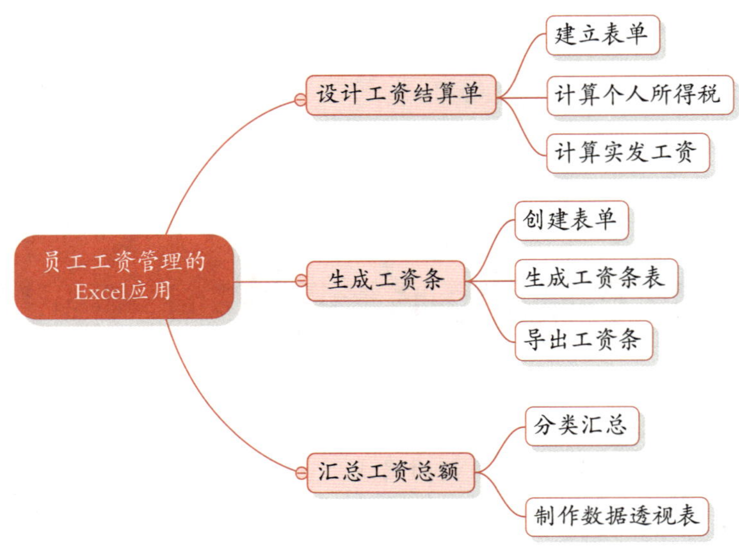

任务一　设计工资结算单

【任务导入】

2020 年 7 月初，鸿丰公司要发放上月员工工资。财务人员需要根据公司薪酬制度，利用 Excel 设计鸿丰公司工资结算单，录入当月薪酬数据，最后完成工资结算。

鸿丰公司按平均每月 22.5 个工作日计算日平均基本工资，以公司规定的 40%和 10%为标准并结合请假天数分别计算事假、病假扣款。鸿丰公司工资基本资料见表 5-1-1、表 5-1-2。

表 5-1-1　鸿丰公司员工工资基本情况表

编号	人员类别	部门	姓名	基本工资（元）	奖金（元）	事假天数（天）	病假天数（天）
0001	正式职工	办公室	曾小小	8 000	2 000	2	
0002	正式职工	办公室	黄力	8 000	2 000		
0003	正式职工	市场部	叶红	7 600	1 800	1	
0004	临时职工	市场部	杨阳	7 600	1 800	1	
0005	临时职工	总务部	方文	7 000	1 200		1
0006	临时职工	总务部	李艳	7 000	1 200		2
0007	正式职工	财务部	刘丹	7 500	1 600		
0008	正式职工	财务部	蔡晓芳	7 500	1 600		

表 5-1-2　鸿丰公司员工累计已预扣预缴税额表　　单位：元

编号	姓名	累计已纳税所得额	累计已预扣预缴税额
0001	曾小小	15 468. 80	464. 06
0002	黄力	16 800. 00	504. 00
0003	叶红	13 359. 68	400. 79
0004	杨阳	13 359. 68	400. 79
0005	方文	8 230. 40	246. 91
0006	李艳	8 084. 80	242. 54
0007	刘丹	12 588. 00	377. 64
0008	蔡晓芳	12 588. 00	377. 64

鸿丰公司员工工资基本计算公式如下：

事假扣款=基本工资÷22.5×40%×事假天数

病假扣款=基本工资÷22.5×10%×病假天数

养老保险=（基本工资+奖金-事假扣款-病假扣款）×8%

医疗保险=（基本工资+奖金-事假扣款-病假扣款）×2%

住房公积金=（基本工资+奖金-事假扣款-病假扣款）×12%

扣款合计=事假扣款+病假扣款+养老保险+医疗保险+住房公积金

应发工资=基本工资+奖金-扣款合计

【相关知识】

根据规定，用人单位可委托银行代发工资。用人单位必须书面记录向劳动者支付工资的数额及时间、领取者的姓名及签字，并保存两年以上备查。用人单位在支付工资时应向劳动者提供一份其个人的工资清单。

本任务中涉及的个人所得税税率见表 5-1-3。

表 5-1-3　个人所得税税率表

级数	累计预扣预缴应纳税所得额	预扣率（%）	速算扣除数
1	不超过 36 000 元的部分	3	0
2	超过 36 000 元至 144 000 元的部分	10	2 520
3	超过 144 000 元至 300 000 元的部分	20	16 920
4	超过 300 000 元至 420 000 元的部分	25	31 920
5	超过 420 000 元至 660 000 元的部分	30	52 920
6	超过 660 000 元至 960 000 元的部分	35	85 920
7	超过 960 000 元的部分	45	181 920

个人所得税预扣预缴计算公式是：

本期应预扣预缴税额=（累计预扣预缴应纳税所得额×预扣率-速算扣除数）-累计减免税额-累计已预扣预缴税额

其中，累计预扣预缴应纳税所得额=累计收入-累计免税收入-累计减除费用-累计专项扣除-累计专项附加扣除-累计依法确定的其他扣除

其中，累计减除费用按照 5 000 元/月乘以纳税人当年截至本月在本单位的任职或受雇月份计算。

本任务中关于代扣个人所得税的设置需要使用 IF 函数。

【任务实施】

一、建立表单

1. 创建表单

新建一个 Excel 工作簿，将其命名为“鸿丰公司工资表”，再将其中的工作表“Sheet1”重命名为“工资结算单”。

2. 设置项目

根据任务中的描述，在对应单元格设置相关项目，如图 5-1-1 所示。

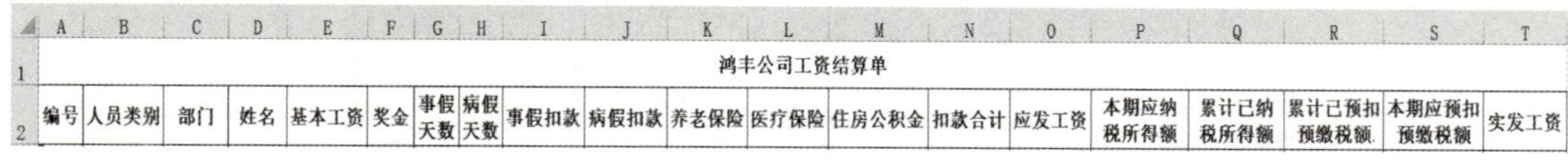

	A	B	C	D	E	F	G	H	I	J	K	L	M	N	O	P	Q	R	S	T
1	鸿丰公司工资结算单																			
2	编号	人员类别	部门	姓名	基本工资	奖金	事假天数	病假天数	事假扣款	病假扣款	养老保险	医疗保险	住房公积金	扣款合计	应发工资	本期应纳税所得额	累计已纳税所得额	累计已预扣预缴税额	本期应预扣预缴税额	实发工资

图 5-1-1 设置项目

再根据任务中的描述，输入具体内容，如图 5-1-2 所示。

	A	B	C	D	E	F	G	H
1								
2	编号	人员类别	部门	姓名	基本工资	奖金	事假天数	病假天数
3	0001	正式职工	办公室	曾小小	8000	2000	2	
4	0002	正式职工	办公室	黄力	8000	2000		
5	0003	正式职工	市场部	叶红	7600	1800	1	
6	0004	临时职工	市场部	杨阳	7600	1800	1	
7	0005	临时职工	总务部	方文	7000	1200		1
8	0006	临时职工	总务部	李艳	7000	1200		2
9	0007	正式职工	财务部	刘丹	7500	1600		
10	0008	正式职工	财务部	蔡晓芳	7500	1600		

图 5-1-2 输入工资基本数据

3. 计算扣款及应发工资

（1）事假扣款

事假扣款 = 基本工资 ÷ 22.5×40%×事假天数

在单元格 I3 中输入公式“= E3/22.5 * 0.4 * G3”，然后将单元格 I3 的公式向下复制至单元格 I10。选中 I 列，单击鼠标右键，打开“设置单元格格式”对话框，在“数字”选项卡中选择“数值”，然后将小数位数设为 2，结果如图 5-1-3 所示。

I3 fx =E3/22.5*0.4*G3

	A	B	C	D	E	F	G	H	I
1									
2	编号	人员类别	部门	姓名	基本工资	奖金	事假天数	病假天数	事假扣款
3	0001	正式职工	办公室	曾小小	8000	2000	2		284.44
4	0002	正式职工	办公室	黄力	8000	2000			0.00
5	0003	正式职工	市场部	叶红	7600	1800	1		135.11
6	0004	临时职工	市场部	杨阳	7600	1800	1		135.11
7	0005	临时职工	总务部	方文	7000	1200		1	0.00
8	0006	临时职工	总务部	李艳	7000	1200		2	0.00
9	0007	正式职工	财务部	刘丹	7500	1600			0.00
10	0008	正式职工	财务部	蔡晓芳	7500	1600			0.00

图 5-1-3 事假扣款计算结果

（2）病假扣款

病假扣款 = 基本工资÷22.5×10%×病假天数

在单元格 J3 中输入公式“=E3/22.5＊0.1＊H3”，然后将其公式向下复制至单元格 J10，再参照上一步操作方法设置数据格式，如图 5-1-4 所示。

J3 fx =E3/22.5*0.1*H3

编号	人员类别	部门	姓名	基本工资	奖金	事假天数	病假天数	事假扣款	病假扣款
0001	正式职工	办公室	曾小小	8000	2000	2		284.44	0.00
0002	正式职工	办公室	黄力	8000	2000			0.00	0.00
0003	正式职工	市场部	叶红	7600	1800	1		135.11	0.00
0004	临时职工	市场部	杨阳	7600	1800	1		135.11	0.00
0005	临时职工	总务部	方文	7000	1200		1	0.00	31.11
0006	临时职工	总务部	李艳	7000	1200		2	0.00	62.22
0007	正式职工	财务部	刘丹	7500	1600			0.00	0.00
0008	正式职工	财务部	蔡晓芳	7500	1600			0.00	0.00

图 5-1-4　病假扣款计算结果

（3）养老保险

养老保险 =（基本工资+奖金-事假扣款-病假扣款）×8%

在单元格 K3 中输入公式“=(E3+F3-I3-J3)＊0.08”，然后将其公式向下复制到单元格 K10，再参照上一步操作方法设置数据格式，如图 5-1-5 所示。

K3 fx =(E3+F3-I3-J3)*0.08

编号	姓名	基本工资	奖金	事假天数	病假天数	事假扣款	病假扣款	养老保险
0001	曾小小	8000	2000	2		284.44	0.00	777.24
0002	黄力	8000	2000			0.00	0.00	800.00
0003	叶红	7600	1800	1		135.11	0.00	741.19
0004	杨阳	7600	1800	1		135.11	0.00	741.19
0005	方文	7000	1200		1	0.00	31.11	653.51
0006	李艳	7000	1200		2	0.00	62.22	651.02
0007	刘丹	7500	1600			0.00	0.00	728.00
0008	蔡晓芳	7500	1600			0.00	0.00	728.00

图 5-1-5　养老保险计算结果

（4）医疗保险

医疗保险 =（基本工资+奖金-事假扣款-病假扣款）×2%

在单元格 L3 中输入公式“=(E3+F3-I3-J3)＊0.02”，然后将其公式向下复制到单元格 L10，再参照上一步操作方法设置数据格式，如图 5-1-6 所示。

（5）住房公积金

住房公积金 =（基本工资+奖金-事假扣款-病假扣款）×12%

在单元格 M3 中输入公式“=(E3+F3-I3-J3)＊0.12”，然后将其公式向下复制到单元格 M10，再参照上一步操作方法设置数据格式，如图 5-1-7 所示。

L3　=(E3+F3-I3-J3)*0.02

	A	D	E	F	G	H	I	J	K	L
1										鸿丰
2	编号	姓名	基本工资	奖金	事假天数	病假天数	事假扣款	病假扣款	养老保险	医疗保险
3	0001	曾小小	8000	2000	2		284.44	0.00	777.24	194.31
4	0002	黄力	8000	2000			0.00	0.00	800.00	200.00
5	0003	叶红	7600	1800	1		135.11	0.00	741.19	185.30
6	0004	杨阳	7600	1800	1		135.11	0.00	741.19	185.30
7	0005	方文	7000	1200		1	0.00	31.11	653.51	163.38
8	0006	李艳	7000	1200		2	0.00	62.22	651.02	162.76
9	0007	刘丹	7500	1600			0.00	0.00	728.00	182.00
10	0008	蔡晓芳	7500	1600			0.00	0.00	728.00	182.00

图 5-1-6　医疗保险计算结果

M3　=(E3+F3-I3-J3)*0.12

	A	D	E	F	G	H	I	J	K	L	M
1											鸿丰公司工资结
2	编号	姓名	基本工资	奖金	事假天数	病假天数	事假扣款	病假扣款	养老保险	医疗保险	住房公积金
3	0001	曾小小	8000	2000	2		284.44	0.00	777.24	194.31	1165.87
4	0002	黄力	8000	2000			0.00	0.00	800.00	200.00	1200.00
5	0003	叶红	7600	1800	1		135.11	0.00	741.19	185.30	1111.79
6	0004	杨阳	7600	1800	1		135.11	0.00	741.19	185.30	1111.79
7	0005	方文	7000	1200		1	0.00	31.11	653.51	163.38	980.27
8	0006	李艳	7000	1200		2	0.00	62.22	651.02	162.76	976.53
9	0007	刘丹	7500	1600			0.00	0.00	728.00	182.00	1092.00
10	0008	蔡晓芳	7500	1600			0.00	0.00	728.00	182.00	1092.00

图 5-1-7　住房公积金计算结果

（6）扣款合计

扣款合计=事假扣款+病假扣款+养老保险+医疗保险+住房公积金

在单元格 N3 中输入公式“=I3+J3+K3+L3+M3”，然后将其公式向下复制到单元格 N10，再参照上一步操作方法设置数据格式，如图 5-1-8 所示。

N3　=I3+J3+K3+L3+M3

	A	D	E	F	G	H	I	J	K	L	M	N
1											鸿丰公司工资结算单	
2	编号	姓名	基本工资	奖金	事假天数	病假天数	事假扣款	病假扣款	养老保险	医疗保险	住房公积金	扣款合计
3	0001	曾小小	8000	2000	2		284.44	0.00	777.24	194.31	1165.87	2421.87
4	0002	黄力	8000	2000			0.00	0.00	800.00	200.00	1200.00	2200.00
5	0003	叶红	7600	1800	1		135.11	0.00	741.19	185.30	1111.79	2173.39
6	0004	杨阳	7600	1800	1		135.11	0.00	741.19	185.30	1111.79	2173.39
7	0005	方文	7000	1200		1	0.00	31.11	653.51	163.38	980.27	1828.27
8	0006	李艳	7000	1200		2	0.00	62.22	651.02	162.76	976.53	1852.53
9	0007	刘丹	7500	1600			0.00	0.00	728.00	182.00	1092.00	2002.00
10	0008	蔡晓芳	7500	1600			0.00	0.00	728.00	182.00	1092.00	2002.00

图 5-1-8　扣款合计计算结果

（7）应发工资

应发工资=基本工资+奖金-扣款合计

在单元格 O3 中输入公式“=E3+F3-N3”，然后将其公式向下复制到单元格 O10，再参照上一步操作方法设置数据格式，如图 5-1-9 所示。

O3 　=E3+F3-N3

	A	D	E	F	I	J	K	L	M	N	O
1	鸿丰公司工资结算单										
2	编号	姓名	基本工资	奖金	事假扣款	病假扣款	养老保险	医疗保险	住房公积金	扣款合计	应发工资
3	0001	曾小小	8000	2000	284.44	0.00	777.24	194.31	1165.87	2421.87	7578.13
4	0002	黄力	8000	2000	0.00	0.00	800.00	200.00	1200.00	2200.00	7800.00
5	0003	叶红	7600	1800	135.11	0.00	741.19	185.30	1111.79	2173.39	7226.61
6	0004	杨阳	7600	1800	135.11	0.00	741.19	185.30	1111.79	2173.39	7226.61
7	0005	方文	7000	1200	0.00	31.11	653.51	163.38	980.27	1828.27	6371.73
8	0006	李艳	7000	1200	0.00	62.22	651.02	162.76	976.53	1852.53	6347.47
9	0007	刘丹	7500	1600	0.00	0.00	728.00	182.00	1092.00	2002.00	7098.00
10	0008	蔡晓芳	7500	1600	0.00	0.00	728.00	182.00	1092.00	2002.00	7098.00

图 5-1-9　应发工资计算结果

二、计算个人所得税

在此暂不考虑专项附加扣除和依法确定的其他扣除。

选中单元格 P3，根据本期应纳税所得额的计算方法输入公式“=IF(O3-5000>0,O3-5000,0)”，然后将其公式向下复制到单元格 P10，再参照上一步操作方法设置数据格式，如图 5-1-10 所示。

根据表 5-1-2，依次输入员工“累计已纳税所得额”“累计已预扣预缴税额”数据，如图 5-1-11 所示。

P3 　=IF(O3-5000>0,O3-5000,0)

	A	D	E	F	N	O	P
1	鸿丰公司工资结算单						
2	编号	姓名	基本工资	奖金	扣款合计	应发工资	本期应纳税所得额
3	0001	曾小小	8000	2000	2421.87	7578.13	2578.13
4	0002	黄力	8000	2000	2200.00	7800.00	2800.00
5	0003	叶红	7600	1800	2173.39	7226.61	2226.61
6	0004	杨阳	7600	1800	2173.39	7226.61	2226.61
7	0005	方文	7000	1200	1828.27	6371.73	1371.73
8	0006	李艳	7000	1200	1852.53	6347.47	1347.47
9	0007	刘丹	7500	1600	2002.00	7098.00	2098.00
10	0008	蔡晓芳	7500	1600	2002.00	7098.00	2098.00

图 5-1-10　应纳税所得额计算结果

	A	D	E	F	N	O	P	Q	R
1	鸿丰公司工资结算单								
2	编号	姓名	基本工资	奖金	扣款合计	应发工资	本期应纳税所得额	累计已纳税所得额	累计已预扣预缴税额
3	0001	曾小小	8000	2000	2421.87	7578.13	2578.13	15468.80	464.06
4	0002	黄力	8000	2000	2200.00	7800.00	2800.00	16800.00	504.00
5	0003	叶红	7600	1800	2173.39	7226.61	2226.61	13359.68	400.79
6	0004	杨阳	7600	1800	2173.39	7226.61	2226.61	13359.68	400.79
7	0005	方文	7000	1200	1828.27	6371.73	1371.73	8230.40	246.91
8	0006	李艳	7000	1200	1852.53	6347.47	1347.47	8084.80	242.54
9	0007	刘丹	7500	1600	2002.00	7098.00	2098.00	12588.00	377.64
10	0008	蔡晓芳	7500	1600	2002.00	7098.00	2098.00	12588.00	377.64

图 5-1-11　输入数据

根据表 5-1-3 及本期应预扣预缴税额的计算方法，在单元格 S3 中输入公式“=IF((P3+Q3)>960000,(P3+Q3)*45%-181920-R3,IF((P3+Q3)>660000,(P3+Q3)*35%-85920-R3,IF((P3+Q3)>420000,(P3+Q3)*30%-52920-R3,IF((P3+Q3)>300000,(P3+Q3)*25%-31920-R3,IF((P3+Q3)>144000,(P3+Q3)*20%-16920-R3,IF((P3+Q3)>36000,(P3+Q3)*10%-2520-R3,IF((P3+Q3)>0,(P3+Q3)*3%-R3,0)))))))”，然后将其公式向下复制到单元格 S10，再参照上一步操作方法设置数据格式，如图 5-1-12 所示。

fx =IF((P3+Q3)>960000,(P3+Q3)*45%-181920-R3,IF((P3+Q3)>660000,(P3+Q3)*35%-85920-R3,IF((P3+Q3)>420000,(P3+Q3)*30%-52920-R3,IF((P3+Q3)>300000,(P3+Q3)*25%-31920-R3,IF((P3+Q3)>144000,(P3+Q3)*20%-16920-R3,IF((P3+Q3)>36000,(P3+Q3)*10%-2520-R3,IF((P3+Q3)>0,(P3+Q3)*3%-R3,0)))))))

O	P	Q	R	S	T
鸿丰公司工资结算单					
应发工资	本期应纳税所得额	累计已纳税所得额	累计已预扣预缴税额	本期应预扣预缴税额	实发工资
7578.13	2578.13	15468.80	464.06	77.34	
7800.00	2800.00	16800.00	504.00	84.00	
7226.61	2226.61	13359.68	400.79	66.80	
7226.61	2226.61	13359.68	400.79	66.80	
6371.73	1371.73	8230.40	246.91	41.15	
6347.47	1347.47	8084.80	242.54	40.42	
7098.00	2098.00	12588.00	377.64	62.94	
7098.00	2098.00	12588.00	377.64	62.94	

图 5-1-12　本期应预扣预缴税额计算结果

三、计算实发工资

实发工资的计算公式是：

实发工资=应发工资-本期应预扣预缴税额

根据该公式，在单元格 T3 中输入公式“=O3-S3”，然后将其公式向下复制到单元格 T10，再参照上一步操作方法设置数据格式，如图 5-1-13 所示。

T3　fx　=O3-S3

	A	D	E	F	N	O	P	Q	R	S	T
1	鸿丰公司工资结算单										
2	编号	姓名	基本工资	奖金	扣款合计	应发工资	本期应纳税所得额	累计已纳税所得额	累计已预扣预缴税额	本期应预扣预缴税额	实发工资
3	0001	曾小小	8000	2000	2421.87	7578.13	2578.13	15468.80	464.06	77.34	7500.79
4	0002	黄力	8000	2000	2200.00	7800.00	2800.00	16800.00	504.00	84.00	7716.00
5	0003	叶红	7600	1800	2173.39	7226.61	2226.61	13359.68	400.79	66.80	7159.81
6	0004	杨阳	7600	1800	2173.39	7226.61	2226.61	13359.68	400.79	66.80	7159.81
7	0005	方文	7000	1200	1828.27	6371.73	1371.73	8230.40	246.91	41.15	6330.58
8	0006	李艳	7000	1200	1852.53	6347.47	1347.47	8084.80	242.54	40.42	6307.04
9	0007	刘丹	7500	1600	2002.00	7098.00	2098.00	12588.00	377.64	62.94	7035.06
10	0008	蔡晓芳	7500	1600	2002.00	7098.00	2098.00	12588.00	377.64	62.94	7035.06

图 5-1-13　实发工资计算结果

任务二 生成工资条

【任务导入】

工资结算单制作完成后，财务人员需要生成工资条，以便向员工发放。

【相关知识】

工资条是企业发给员工的每月工资的明细记录，可以使员工清楚了解自己的收入。

工资条有纸质版和电子版两种形式，员工个人只能收到自己的工资条信息。电子版工资条主要通过电子邮件、手机短信、Web 页面等发放，操作简单方便，保密性好。

知识窗

GoGoWX 是一款通过微信发送工资条的软件，既可单独发送，也可群发。该软件可快速处理 Excel 文件，发送用 Excel 制作的工资条，并处理相关的图片，效率高，保密性好，适合财务或人事部门发送工资条以及学校发送成绩单等。

【任务实施】

一、创建表单

打开“鸿丰公司工资表”工作簿，插入新工作表，将其重命名为“工资条”。

二、生成工资条表

1. 方法一

选中单元格 A1，输入公式“=IF(MOD(ROW(),3)=0,"",IF(MOD(ROW(),3)=1,工资结算单!A$2,INDEX(工资结算单!$A:$T,INT((ROW()-1)/3+3),COLUMN())))”。该公式的含义是：首先，判断当前行数是否为 3 的整数倍，如果结果为真则返回空，如果结果为假则继续判断当前行数是否为 1 或者 3 的整数倍加 1，如果结果为真则返回工资结算单中指定区域，如果结果为假则返回 INDEX 函数的结果。该式中的 INDEX 函数可连续 3 行重复返回工资结算单中 A 列至 T 列指定区域第 3、4、5 行的内容，第 3 行是工资记录数据的第 1 行，这样就可以每隔 3 行得到下一条记录。

隐藏 Q 列和 R 列，选中单元格 A1，将公式向右复制至单元格 T1，完成第一行公式的复制。

选中从单元格 A1 至 T1 的区域，将公式向下复制至单元格 T23。

最后，通过设置单元格格式美化表格，制作完成的工资条表如图 5-2-1 所示。

A1　=IF(MOD(ROW(),3)=0,"",IF(MOD(ROW(),3)=1,工资结算单!A$2,INDEX(工资结算单!$A:$T,INT((ROW()-1)/3+3),COLUMN())))

	A	D	E	F	G	H	I	J	K	L	M	N	O	P	S	T
1	编号	姓名	基本工资	奖金	事假天数	病假天数	事假扣款	病假扣款	养老保险	医疗保险	住房公积金	扣款合计	应发工资	本期应纳税所得额	本期应预扣预缴税额	实发工资
2	0001	曾小小	8000	2000	2	0	284.44	0.00	777.24	194.31	1165.87	2421.87	7578.13	2578.13	77.34	7500.79
3																
4	编号	姓名	基本工资	奖金	事假天数	病假天数	事假扣款	病假扣款	养老保险	医疗保险	住房公积金	扣款合计	应发工资	本期应纳税所得额	本期应预扣预缴税额	实发工资
5	0002	黄力	8000	2000	0	0	0.00	0.00	800.00	200.00	1200.00	2200.00	7800.00	2800.00	84.00	7716.00
6																
7	编号	姓名	基本工资	奖金	事假天数	病假天数	事假扣款	病假扣款	养老保险	医疗保险	住房公积金	扣款合计	应发工资	本期应纳税所得额	本期应预扣预缴税额	实发工资
8	0003	叶红	7600	1800	1	0	135.11	0.00	741.19	185.30	1111.79	2173.39	7226.61	2226.61	66.80	7159.81
9																
10	编号	姓名	基本工资	奖金	事假天数	病假天数	事假扣款	病假扣款	养老保险	医疗保险	住房公积金	扣款合计	应发工资	本期应纳税所得额	本期应预扣预缴税额	实发工资
11	0004	杨阳	7600	1800	1	0	135.11	0.00	741.19	185.30	1111.79	2173.39	7226.61	2226.61	66.80	7159.81
12																
13	编号	姓名	基本工资	奖金	事假天数	病假天数	事假扣款	病假扣款	养老保险	医疗保险	住房公积金	扣款合计	应发工资	本期应纳税所得额	本期应预扣预缴税额	实发工资
14	0005	方文	7000	1200	0	1	0.00	31.11	653.51	163.38	980.27	1828.27	6371.73	1371.73	41.15	6330.58
15																
16	编号	姓名	基本工资	奖金	事假天数	病假天数	事假扣款	病假扣款	养老保险	医疗保险	住房公积金	扣款合计	应发工资	本期应纳税所得额	本期应预扣预缴税额	实发工资
17	0006	李艳	7000	1200	0	2	0.00	62.22	651.02	162.76	976.53	1852.53	6347.47	1347.47	40.42	6307.04
18																
19	编号	姓名	基本工资	奖金	事假天数	病假天数	事假扣款	病假扣款	养老保险	医疗保险	住房公积金	扣款合计	应发工资	本期应纳税所得额	本期应预扣预缴税额	实发工资
20	0007	刘丹	7500	1600	0	0	0.00	0.00	728.00	182.00	1092.00	2002.00	7098.00	2098.00	62.94	7035.06
21																
22	编号	姓名	基本工资	奖金	事假天数	病假天数	事假扣款	病假扣款	养老保险	医疗保险	住房公积金	扣款合计	应发工资	本期应纳税所得额	本期应预扣预缴税额	实发工资
23	0008	蔡晓芳	7500	1600	0	0	0.00	0.00	728.00	182.00	1092.00	2002.00	7098.00	2098.00	62.94	7035.06

图 5-2-1　工资条表制作结果

2. 方法二

打开“工资结算单”工作表，将“工资结算单”工作表的内容复制到“工资条”工作表中。在“工资条”工作表的单元格 U2 中输入“排序”，往下依次输入整数 1，2，3，…，8（输入的最大数与“工资结算单”数据部分的行数相同）。在数字 8 下面逐行输入 1. 1，2. 1，3. 1，…，7. 1，比上面数据少一行即可，如图 5-2-2 所示。

将这一列作为辅助列，可方便后面的操作。

	A	D	E	F	I	J	K	L	M	N	O	P	S	T	U
1	鸿丰公司工资结算单														
2	编号	姓名	基本工资	奖金	事假扣款	病假扣款	养老保险	医疗保险	住房公积金	扣款合计	应发工资	本期应纳税所得额	本期应预扣预缴税额	实发工资	排序
3	0001	曾小小	8000	2000	284.44	0.00	777.24	194.31	1165.87	2421.87	7578.13	2578.13	77.34	7500.79	1
4	0002	黄力	8000	2000	0.00	0.00	800.00	200.00	1200.00	2200.00	7800.00	2800.00	84.00	7716.00	2
5	0003	叶红	7600	1800	135.11	0.00	741.19	185.30	1111.79	2173.39	7226.61	2226.61	66.80	7159.81	3
6	0004	杨阳	7600	1800	135.11	0.00	741.19	185.30	1111.79	2173.39	7226.61	2226.61	66.80	7159.81	4
7	0005	方文	7000	1200	0.00	31.11	653.51	163.38	980.27	1828.27	6371.73	1371.73	41.15	6330.58	5
8	0006	李艳	7000	1200	0.00	62.22	651.02	162.76	976.53	1852.53	6347.47	1347.47	40.42	6307.04	6
9	0007	刘丹	7500	1600	0.00	0.00	728.00	182.00	1092.00	2002.00	7098.00	2098.00	62.94	7035.06	7
10	0008	蔡晓芳	7500	1600	0.00	0.00	728.00	182.00	1092.00	2002.00	7098.00	2098.00	62.94	7035.06	8
11															1.1
12															2.1
13															3.1
14															4.1
15															5.1
16															6.1
17															7.1

图 5-2-2　录入辅助列

复制第 2 行数据，粘贴到“排序”列数据“1. 1”所在行，然后下拉填充至数据“7. 1”所在行，如图 5-2-3 所示。

选中单元格 U2，单击主菜单中的“开始”，在“编辑”选项组中单击“排序和筛选”，然后在下拉列表中选择“升序”，如图 5-2-4 所示。这步操作可为每位员工的工资

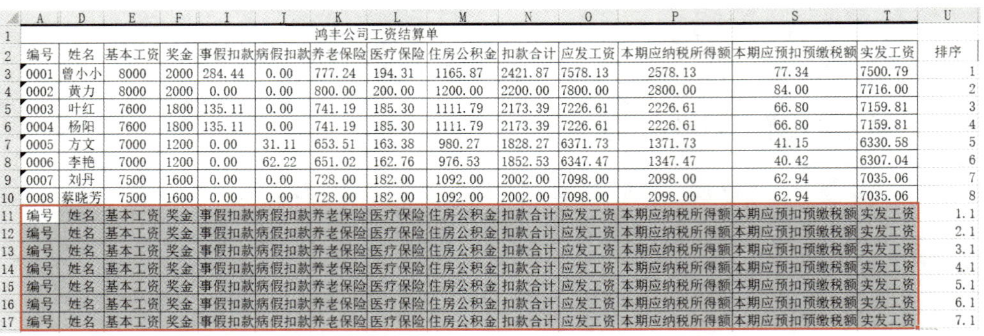

鸿丰公司工资结算单														
编号	姓名	基本工资	奖金	事假扣款	病假扣款	养老保险	医疗保险	住房公积金	扣款合计	应发工资	本期应纳税所得额	本期应预扣预缴税额	实发工资	排序
0001	曾小小	8000	2000	284.44	0.00	777.24	194.31	1165.87	2421.87	7578.13	2578.13	77.34	7500.79	1
0002	黄力	8000	2000	0.00	0.00	800.00	200.00	1200.00	2200.00	7800.00	2800.00	84.00	7716.00	2
0003	叶红	7600	1800	135.11	0.00	741.19	185.30	1111.79	2173.39	7226.61	2226.61	66.80	7159.81	3
0004	杨阳	7600	1800	135.11	0.00	741.19	185.30	1111.79	2173.39	7226.61	2226.61	66.80	7159.81	4
0005	方文	7000	1200	0.00	31.11	653.51	163.38	980.27	1828.27	6371.73	1371.73	41.15	6330.58	5
0006	李艳	7000	1200	0.00	62.22	651.02	162.76	976.53	1852.53	6347.47	1347.47	40.42	6307.04	6
0007	刘丹	7500	1600	0.00	0.00	728.00	182.00	1092.00	2002.00	7098.00	2098.00	62.94	7035.06	7
0008	蔡晓芳	7500	1600	0.00	0.00	728.00	182.00	1092.00	2002.00	7098.00	2098.00	62.94	7035.06	8
编号	姓名	基本工资	奖金	事假扣款	病假扣款	养老保险	医疗保险	住房公积金	扣款合计	应发工资	本期应纳税所得额	本期应预扣预缴税额	实发工资	1.1
编号	姓名	基本工资	奖金	事假扣款	病假扣款	养老保险	医疗保险	住房公积金	扣款合计	应发工资	本期应纳税所得额	本期应预扣预缴税额	实发工资	2.1
编号	姓名	基本工资	奖金	事假扣款	病假扣款	养老保险	医疗保险	住房公积金	扣款合计	应发工资	本期应纳税所得额	本期应预扣预缴税额	实发工资	3.1
编号	姓名	基本工资	奖金	事假扣款	病假扣款	养老保险	医疗保险	住房公积金	扣款合计	应发工资	本期应纳税所得额	本期应预扣预缴税额	实发工资	4.1
编号	姓名	基本工资	奖金	事假扣款	病假扣款	养老保险	医疗保险	住房公积金	扣款合计	应发工资	本期应纳税所得额	本期应预扣预缴税额	实发工资	5.1
编号	姓名	基本工资	奖金	事假扣款	病假扣款	养老保险	医疗保险	住房公积金	扣款合计	应发工资	本期应纳税所得额	本期应预扣预缴税额	实发工资	6.1
编号	姓名	基本工资	奖金	事假扣款	病假扣款	养老保险	医疗保险	住房公积金	扣款合计	应发工资	本期应纳税所得额	本期应预扣预缴税额	实发工资	7.1

图 5-2-3　复制填充标题

数据配上一行标题。

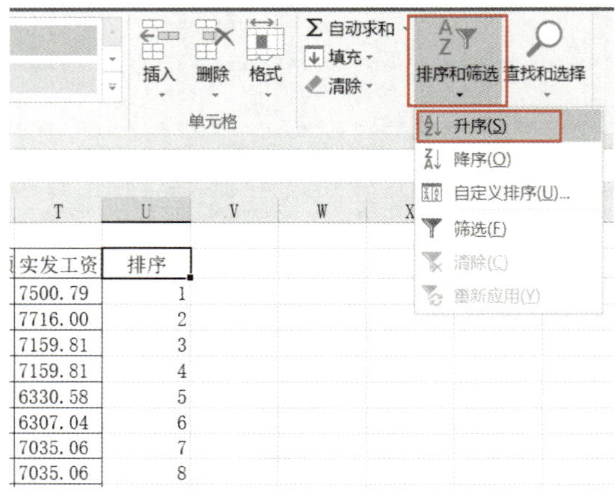

图 5-2-4　排序

最后删除“排序”这一列，美化表格，制作完成的工资条表如图 5-2-5 所示。

鸿丰公司工资结算单													
编号	姓名	基本工资	奖金	事假扣款	病假扣款	养老保险	医疗保险	住房公积金	扣款合计	应发工资	本期应纳税所得额	本期应预扣预缴税额	实发工资
0001	曾小小	8000	2000	284.44	0.00	777.24	194.31	1165.87	2421.87	7578.13	2578.13	77.34	7500.79
编号	姓名	基本工资	奖金	事假扣款	病假扣款	养老保险	医疗保险	住房公积金	扣款合计	应发工资	本期应纳税所得额	本期应预扣预缴税额	实发工资
0002	黄力	8000	2000	0.00	0.00	800.00	200.00	1200.00	2200.00	7800.00	2800.00	84.00	7716.00
编号	姓名	基本工资	奖金	事假扣款	病假扣款	养老保险	医疗保险	住房公积金	扣款合计	应发工资	本期应纳税所得额	本期应预扣预缴税额	实发工资
0003	叶红	7600	1800	135.11	0.00	741.19	185.30	1111.79	2173.39	7226.61	2226.61	66.80	7159.81
编号	姓名	基本工资	奖金	事假扣款	病假扣款	养老保险	医疗保险	住房公积金	扣款合计	应发工资	本期应纳税所得额	本期应预扣预缴税额	实发工资
0004	杨阳	7600	1800	135.11	0.00	741.19	185.30	1111.79	2173.39	7226.61	2226.61	66.80	7159.81
编号	姓名	基本工资	奖金	事假扣款	病假扣款	养老保险	医疗保险	住房公积金	扣款合计	应发工资	本期应纳税所得额	本期应预扣预缴税额	实发工资
0005	方文	7000	1200	0.00	31.11	653.51	163.38	980.27	1828.27	6371.73	1371.73	41.15	6330.58
编号	姓名	基本工资	奖金	事假扣款	病假扣款	养老保险	医疗保险	住房公积金	扣款合计	应发工资	本期应纳税所得额	本期应预扣预缴税额	实发工资
0006	李艳	7000	1200	0.00	62.22	651.02	162.76	976.53	1852.53	6347.47	1347.47	40.42	6307.04
编号	姓名	基本工资	奖金	事假扣款	病假扣款	养老保险	医疗保险	住房公积金	扣款合计	应发工资	本期应纳税所得额	本期应预扣预缴税额	实发工资
0007	刘丹	7500	1600	0.00	0.00	728.00	182.00	1092.00	2002.00	7098.00	2098.00	62.94	7035.06
编号	姓名	基本工资	奖金	事假扣款	病假扣款	养老保险	医疗保险	住房公积金	扣款合计	应发工资	本期应纳税所得额	本期应预扣预缴税额	实发工资
0008	蔡晓芳	7500	1600	0.00	0.00	728.00	182.00	1092.00	2002.00	7098.00	2098.00	62.94	7035.06

图 5-2-5　制作完成的工资条表

三、导出工资条

将每位员工的工资条分别导出，如图 5-2-6 所示。

编号	姓名	基本工资	奖金	事假扣款	病假扣款	养老保险	医疗保险	住房公积金	扣款合计	应发工资	本期应纳税所得额	本期应预扣预缴税额	实发工资
0001	曾小小	8000	2000	284.44	0.00	777.24	194.31	1165.87	2421.87	7578.13	2578.13	77.34	7500.79

图 5-2-6　员工个人工资条

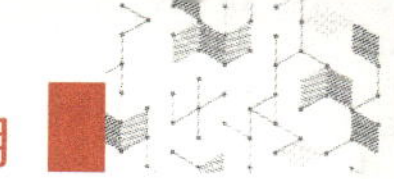

再利用 GoGoWX 等软件，将每位员工的工资条分别发送给本人。

任务三　汇总工资总额

【任务导入】

工资结算单制作完成后，财务人员还需要制作鸿丰公司 2020 年 7 月的工资总额汇总表，并分别利用 Excel 的分类汇总功能和数据透视表汇总工资数据，以便按部门比较应发工资和实发工资的差异。

【相关知识】

工资总额汇总表是对工资数据进行汇总的表格，可以反映企业当月或者各月工资发放总额，也可以按车间、部门反映企业应发工资总额、各项代扣款总额和实发工资总额。

可分别利用 Excel 的分类汇总功能和数据透视表将同类型的数据汇总。

【任务实施】

打开“鸿丰公司工资表”工作簿，插入新工作表，将其重命名为“工资总额汇总表”。接下来，可采用两种方式对数据进行汇总。

一、分类汇总

将“工资结算单”工作表的内容复制到“工资总额汇总表”工作表中，打开“工资总额汇总表”，将表格标题修改为“工资总额汇总表”。

单击表中任意单元格，再单击主菜单中的“数据”，在“排序和筛选”选项组中单击“排序”命令，在弹出的对话框中的“主要关键字”下拉列表中选择“部门”，如图 5-3-1 所示，然后单击“确定”按钮。

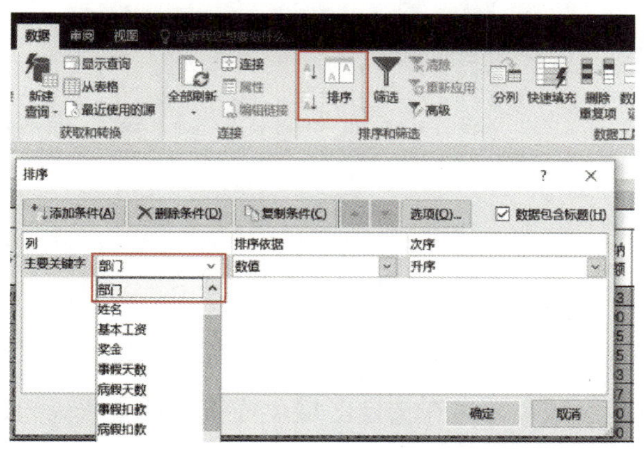

图 5-3-1　排序

单击表中任意非空单元格，再单击主菜单中的“数据”，在“分级显示”选项组中单击“分类汇总”按钮，在弹出的对话框中的“分类字段”下拉列表中选择“部门”，在“汇总方式”下拉列表中选择“求和”，在“选定汇总项”中勾选“应发工资”和“实发工资”，将“替换当前分类汇总”复选框勾选为空白状态，如图 5-3-2 所示。最后，单击“确定”按钮，即可得到汇总结果，如图 5-3-3 所示。

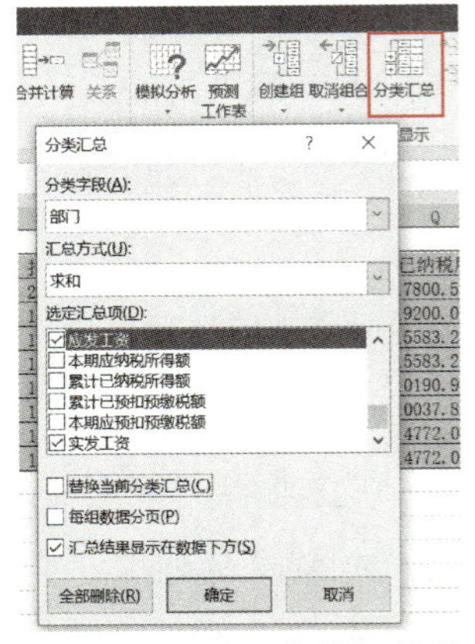

图 5-3-2　设置分类汇总项

	A	B	C	D	O	T
1	工资总额汇总表					
2	编号	人员类别	部门	姓名	应发工资	实发工资
3	0001	正式职工	办公室	曾小小	7578.13	7500.79
4	0002	正式职工	办公室	黄力	7800.00	7716.00
5			办公室 汇总		15378.13	15216.79
6	0007	正式职工	财务部	刘丹	7098.00	7035.06
7	0008	正式职工	财务部	蔡晓芳	7098.00	7035.06
8			财务部 汇总		14196.00	14070.12
9	0003	正式职工	市场部	叶红	7226.61	7159.81
10	0004	临时职工	市场部	杨阳	7226.61	7159.81
11			市场部 汇总		14453.23	14319.63
12	0005	临时职工	总务部	方文	6371.73	6330.58
13	0006	临时职工	总务部	李艳	6347.47	6307.04
14			总务部 汇总		12719.20	12637.62
15			总计		56746.56	56244.16

图 5-3-3　分类汇总结果

二、制作数据透视表

打开“工资结算单”工作表，单击主菜单中的“插入”，在“表格”选项组中单击“数据透视表”按钮，弹出“创建数据透视表”对话框。单击“表/区域”框右侧按钮，选择“工资结算单”工作表中从单元格 A2 至 T10 的区域，然后按下回车键返回。单击“位置”框右侧按钮，选择“工资总额汇总表”工作表中适当位置（此处可选择单元格 A19），按下回车键返回，然后单击“确定”按钮，如图 5-3-4 所示。

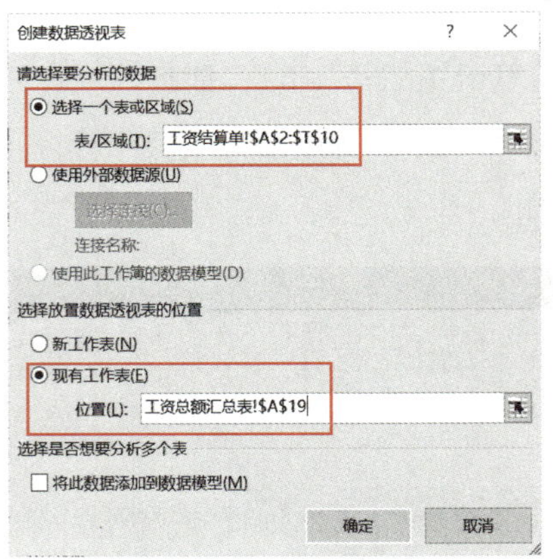

图 5-3-4　创建数据透视表

在“数据透视表字段”中，将“部门”拖到“行”区域，将“应发工资”和“实发工资”依次拖到“值”区域，即可在选定区域生成数据透视表，自动显示汇总结果，如图 5-3-5 所示。

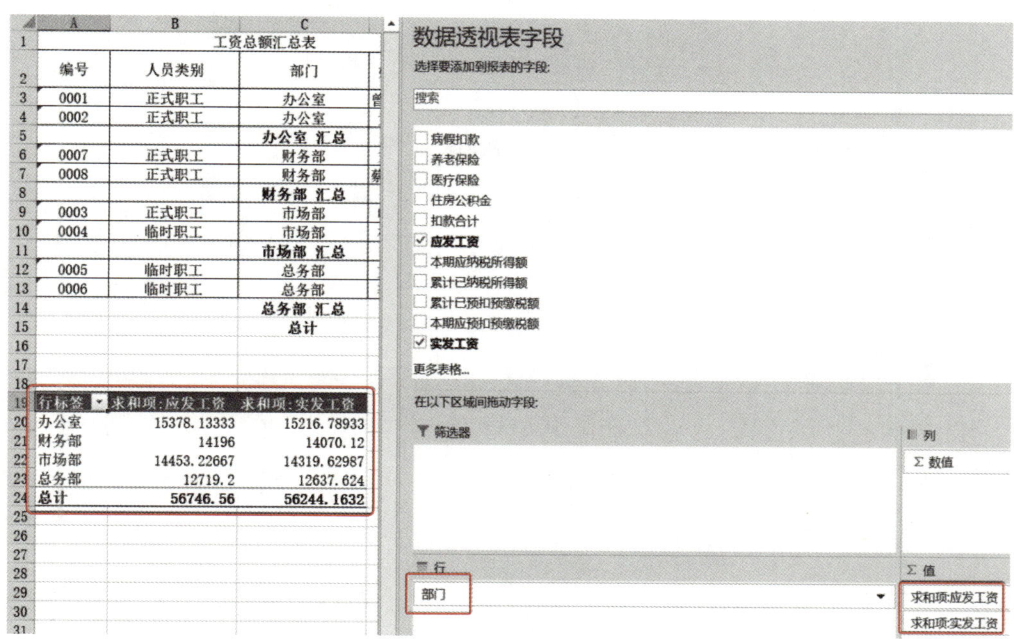

图 5-3-5　生成的数据透视表

项目小结

本项目利用 Excel 解决了工资核算中常见的问题，包括如何设计制作工资结算单，如何制作工资条，如何对工资数据进行汇总。

思考与练习

1. 某学校 3 月份工资基本情况见下表，请使用 Excel 制作该学校员工工资表并进行美化。

某学校 3 月份工资基本情况表

工号	姓名	职称	基本工资	超课时费	扣款合计	累计已纳税所得额	累计已预扣预缴税额
101	何小艺	教授	10 000	800	200	11 200	336
102	张娜	副教授	8 000	600	350	6 500	195
103	黄鸣	讲师	6 000	1 000	105	3 790	113.7
104	刘小红	讲师	6 000	550	0	3 100	93
105	简莹莹	实习教师	4 000	500	0	0	0
106	李力	实习教师	4 000	510	0	0	0
107	戴仁	讲师	6 000	610	50	3 120	93.6
108	郑明	实习教师	4 000	550	0	0	0
109	杨敏敏	副教授	8 000	1 020	150	7 740	232.2
110	王晶晶	讲师	6 000	500	0	3 000	90

2. 利用本项目所学知识，采用两种方法，按职称对上述工资数据进行汇总。

项目六
应收账款管理的 Excel 应用

学习目标

知识目标

1. 掌握应收账款的概念与作用。
2. 掌握 SUMIF 函数等函数的用法。

能力目标

1. 能够利用 Excel 建立并登记应收账款明细账。
2. 能够利用 Excel 分析逾期应收账款。
3. 能够利用 Excel 分析应收账款账龄，计算应收账款的坏账准备金额。

【项目导学】

应收账款管理是企业流动资产管理中的一个重要项目。对于企业的每笔应收账款，可以建立 Excel 表格来统一管理，利用函数或统计工具进行统计，从统计结果中获取相关信息，进而做出正确的财务决策。

本项目利用 Excel 对应收账款进行统计和管理，并对应收账款账龄和坏账准备金额进行计算。

思维导图

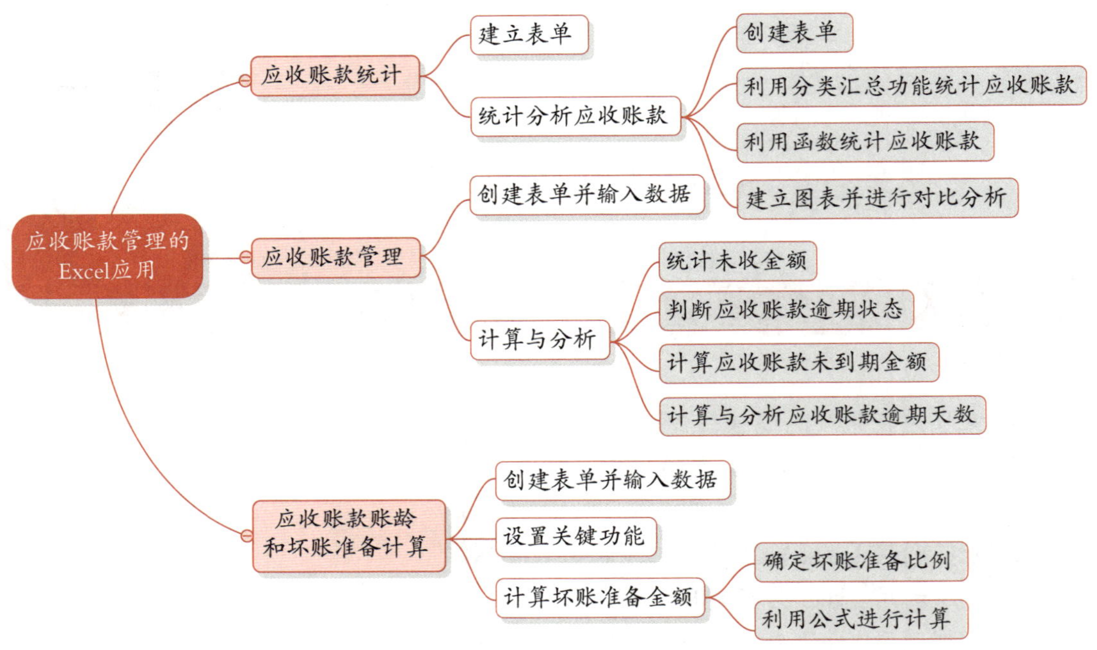

任务一　应收账款统计

【任务导入】

鸿丰公司近期应收账款信息见表 6-1-1。财务人员需要制作应收账款管理表，并对应收账款状况进行分析，以便加强应收账款催收管理。

表 6-1-1　鸿丰公司近期应收账款信息

当前日期：2020-8-31

序号	赊销日期	债务人	应收金额（元）	付款期限（天）	到期日
001	2020-2-10	北成公司	2 800.00	25	2020-3-6
002	2020-3-2	优旺实业	12 000.00	60	2020-5-1
003	2020-3-22	华飞公司	980.00	35	2020-4-26
004	2020-3-23	盛顺公司	12 500.00	40	2020-5-2
005	2020-4-24	凯进公司	32 500.00	60	2020-6-23
006	2020-4-28	优旺实业	32 450.00	30	2020-5-28
007	2020-5-10	凯进公司	2 400.00	20	2020-5-30
008	2020-6-8	优旺实业	1 150.00	30	2020-7-8
009	2020-6-15	北成公司	2 000.00	40	2020-7-25
010	2020-6-18	凯进公司	3 800.00	35	2020-7-23
011	2020-7-2	福泰公司	680.00	30	2020-8-1
012	2020-8-2	华飞公司	12 350.00	18	2020-8-20
013	2020-8-15	福泰公司	8 000.00	20	2020-9-4
014	2020-8-27	盛顺公司	510.00	30	2020-9-26

【相关知识】

应收账款是企业拥有的，经过一定时间才能收回的债权。该任务主要用到 SUMIF 函数和 IF 函数。

【任务实施】

一、建立表单

1. 创建表单

新建一个 Excel 工作簿，将其命名为“鸿丰公司应收账款管理”，再将其中的工作表

“Sheet1”重命名为“应收账款明细账”。

2. 设置项目、公式并输入数据

根据任务中的描述，在对应单元格设置相关内容，如图 6-1-1 所示。

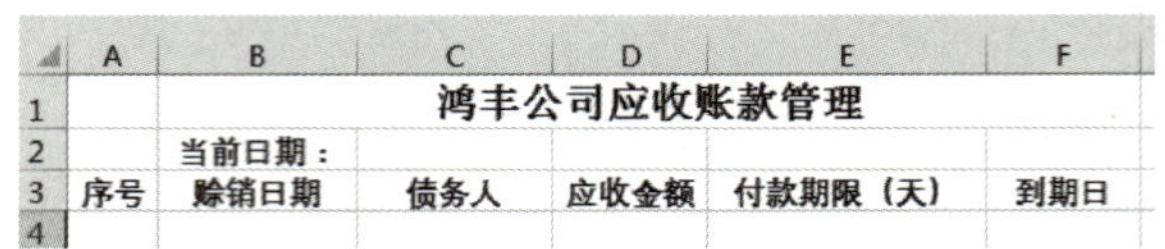

	A	B	C	D	E	F
1			鸿丰公司应收账款管理			
2		当前日期：				
3	序号	赊销日期	债务人	应收金额	付款期限（天）	到期日
4						

图 6-1-1　设置项目

选中单元格 A4，将单元格设为文本格式，如图 6-1-2 所示。设置完成后可按住鼠标左键往下拖动，将格式复制至其他单元格。

选中单元格 C2，输入公式“=TODAY( )”，便可返回当前日期，如图 6-1-3 所示。

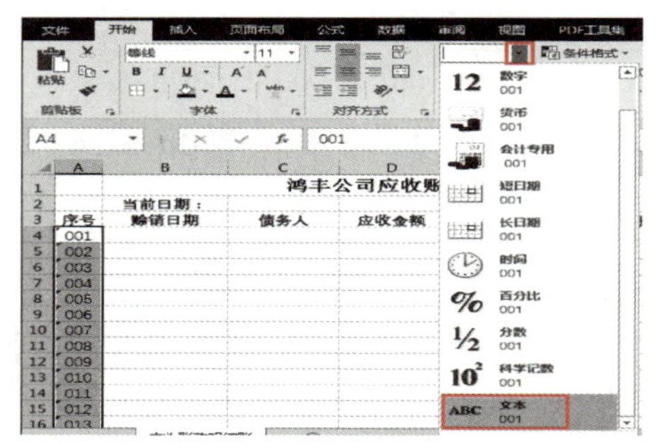

图 6-1-2　设置“序号”项目有关单元格格式

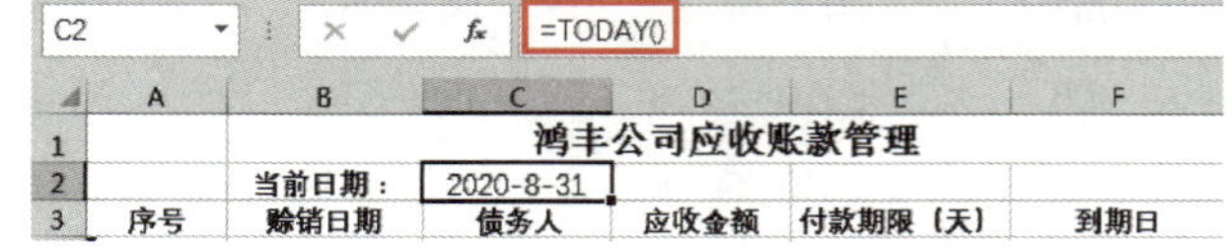

图 6-1-3　设置当前日期

选中单元格 B4，将单元格设为短日期格式，如图 6-1-4 所示。选中单元格 D4，将单元格设为会计专用格式，将小数位数设为 2，将货币符号设为“无”，如图 6-1-5 所示。

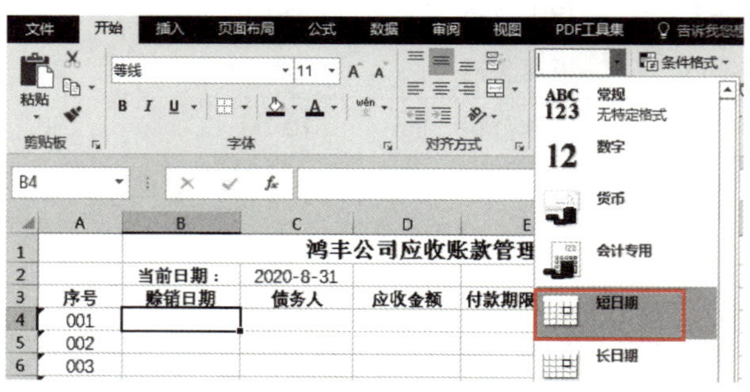

图 6-1-4　设置“赊销日期”项目有关单元格格式

选中单元格 F4，输入公式“=B4+E4”，再将单元格设为短日期格式，如图 6-1-6 所示。按要求输入具体数据，并适当美化表格，如图 6-1-7 所示。

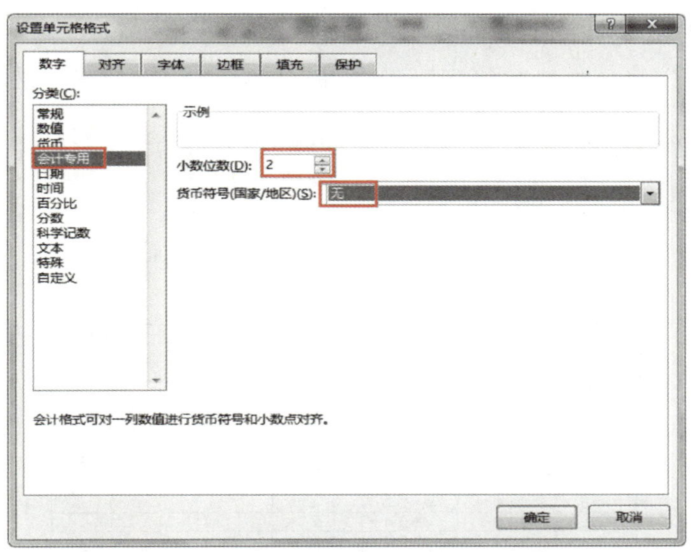

图 6-1-5　设置"应收金额"项目有关单元格格式

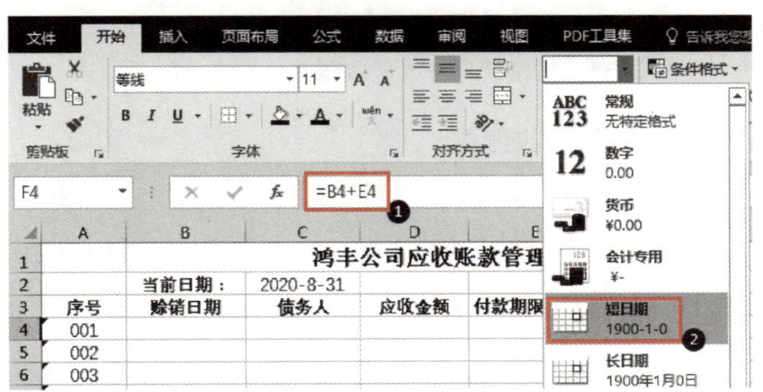

图 6-1-6　设置"到期日"项目有关单元格格式

	A	B	C	D	E	F
1			鸿丰公司应收账款管理			
2		当前日期：	2020-8-31			
3	序号	赊销日期	债务人	应收金额	付款期限（天）	到期日
4	001	2020-2-10	北成公司	2,800.00	25	2020-3-6
5	002	2020-3-2	优旺实业	12,000.00	60	2020-5-1
6	003	2020-3-22	华飞公司	980.00	35	2020-4-26
7	004	2020-3-23	盛顺公司	12,500.00	40	2020-5-2
8	005	2020-4-24	凯进公司	32,500.00	60	2020-6-23
9	006	2020-4-28	优旺实业	32,450.00	30	2020-5-28
10	007	2020-5-10	凯进公司	2,400.00	20	2020-5-30
11	008	2020-6-8	优旺实业	1,150.00	30	2020-7-8
12	009	2020-6-15	北成公司	2,000.00	40	2020-7-25
13	010	2020-6-18	凯进公司	3,800.00	35	2020-7-23
14	011	2020-7-2	福泰公司	680.00	30	2020-8-1
15	012	2020-8-2	华飞公司	12,350.00	18	2020-8-20
16	013	2020-8-15	福泰公司	8,000.00	20	2020-9-4
17	014	2020-8-27	盛顺公司	510.00	30	2020-9-26

图 6-1-7　输入数据并美化表格

二、统计分析应收账款

由于债务人众多，为了方便了解某一债务人所欠款项总额，可利用 Excel，针对不同债务人对其所欠金额进行汇总。

1. 创建表单

打开“鸿丰公司应收账款管理”工作簿，将其中的工作表“Sheet2”重命名为“债务人应收账款金额统计”。将“应收账款明细账”工作表中的数据复制到当前工作表，如图 6-1-8 所示。

	A	B	C	D	E	F
1	鸿丰公司应收账款管理					
2		当前日期：	2020-8-31			
3	序号	赊销日期	债务人	应收金额	付款期限（天）	到期日
4	001	2020-2-10	北成公司	2,800.00	25	2020-3-6
5	002	2020-3-2	优旺实业	12,000.00	60	2020-5-1
6	003	2020-3-22	华飞公司	980.00	35	2020-4-26
7	004	2020-3-23	盛顺公司	12,500.00	40	2020-5-2
8	005	2020-4-24	凯进公司	32,500.00	60	2020-6-23
9	006	2020-4-28	优旺实业	32,450.00	30	2020-5-28
10	007	2020-5-10	凯进公司	2,400.00	20	2020-5-30
11	008	2020-6-8	优旺实业	1,150.00	30	2020-7-8
12	009	2020-6-15	北成公司	2,000.00	40	2020-7-25
13	010	2020-6-18	凯进公司	3,800.00	35	2020-7-23
14	011	2020-7-2	福泰公司	680.00	30	2020-8-1
15	012	2020-8-2	华飞公司	12,350.00	18	2020-8-20
16	013	2020-8-15	福泰公司	8,000.00	20	2020-9-4
17	014	2020-8-27	盛顺公司	510.00	30	2020-9-26

应收账款明细账　债务人应收账款金额统计

图 6-1-8　创建“债务人应收账款金额统计”工作表

2. 利用分类汇总功能统计应收账款

（1）按“债务人”重新排序

为了方便数据筛选，删除第一行、第二行的标题与日期，选中从单元格 A2 至 F15 的区域，单击主菜单中的“数据”，在“排序和筛选”选项组中单击“排序”按钮，弹出“排序”对话框，将“主要关键字”设为“债务人”，将“次要关键字”设为“赊销日期”，如图 6-1-9 所示。

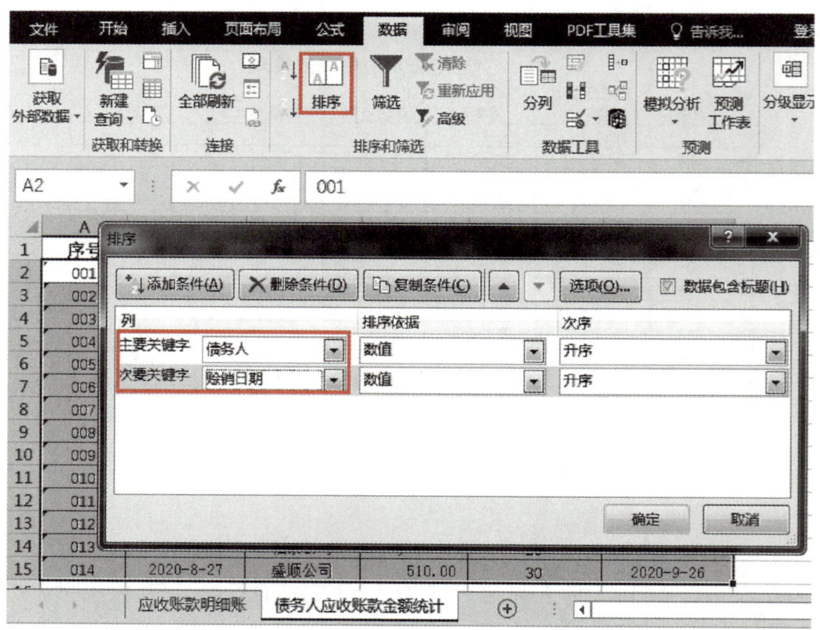

图 6-1-9　排序

（2）汇总各债务人的应收账款金额

选中单元格 C1 即“债务人”，单击主菜单中的“数据”，在“分级显示”选项组中单击“分类汇总”按钮，弹出“分类汇总”对话框，将“分类字段”设为“债务人”，在“选定汇总项”中勾选“应收金额”，其他保持默认状态，如图 6-1-10 所示。

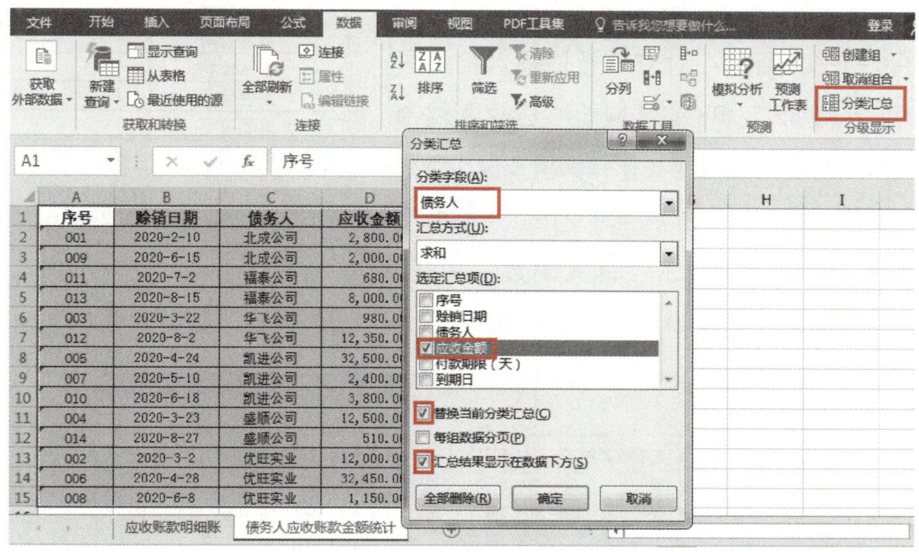

图 6-1-10 设置分类汇总选项

单击“确定”按钮，就可显示按照债务人汇总的应收账款金额，如图 6-1-11 所示。从数据当中可以看出，优旺实业与凯进公司欠款金额较多，应对其重点管理。

	A	B	C	D	E	F
1	序号	赊销日期	债务人	应收金额	付款期限（天）	到期日
2	001	2020-2-10	北成公司	2,800.00	25	2020-3-6
3	009	2020-6-15	北成公司	2,000.00	40	2020-7-25
4			北成公司 汇总	4,800.00		
5	011	2020-7-2	福泰公司	680.00	30	2020-8-1
6	013	2020-8-15	福泰公司	8,000.00	20	2020-9-4
7			福泰公司 汇总	8,680.00		
8	003	2020-3-22	华飞公司	980.00	35	2020-4-26
9	012	2020-8-2	华飞公司	12,350.00	18	2020-8-20
10			华飞公司 汇总	13,330.00		
11	005	2020-4-24	凯进公司	32,500.00	60	2020-6-23
12	007	2020-5-10	凯进公司	2,400.00	20	2020-5-30
13	010	2020-6-18	凯进公司	3,800.00	35	2020-7-23
14			凯进公司 汇总	38,700.00		
15	004	2020-3-23	盛顺公司	12,500.00	40	2020-5-2
16	014	2020-8-27	盛顺公司	510.00	30	2020-9-26
17			盛顺公司 汇总	13,010.00		
18	002	2020-3-2	优旺实业	12,000.00	60	2020-5-1
19	006	2020-4-28	优旺实业	32,450.00	30	2020-5-28
20	008	2020-6-8	优旺实业	1,150.00	30	2020-7-8
21			优旺实业 汇总	45,600.00		
22			总计	124,120.00		

应收账款明细账　债务人应收账款金额统计

图 6-1-11 分类汇总结果

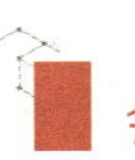

3. 利用函数统计应收账款

统计应收账款时，既可以利用分类汇总功能，也可以利用 SUMIF 函数。

打开“鸿丰公司应收账款管理”工作簿，增加一个工作表，并将其重命名为“应收账款分类明细账”。

按图 6-1-12 所示在对应单元格输入相关内容。将从单元格 B3 至 B8 的区域即“应收账款合计”有关单元格设为数值格式，并保留 2 位小数。

	A	B
1	鸿丰公司应收账款分类明细账	
2	债务人	应收账款合计
3	北成公司	
4	福泰公司	
5	华飞公司	
6	凯进公司	
7	盛顺公司	
8	优旺实业	

图 6-1-12　输入相关内容

选中单元格 B3，单击主菜单中的“公式”，在“函数库”选项组中单击“插入函数”按钮，找到并选择 SUMIF 函数，弹出“函数参数”对话框，设置相应参数，如图 6-1-13 所示。

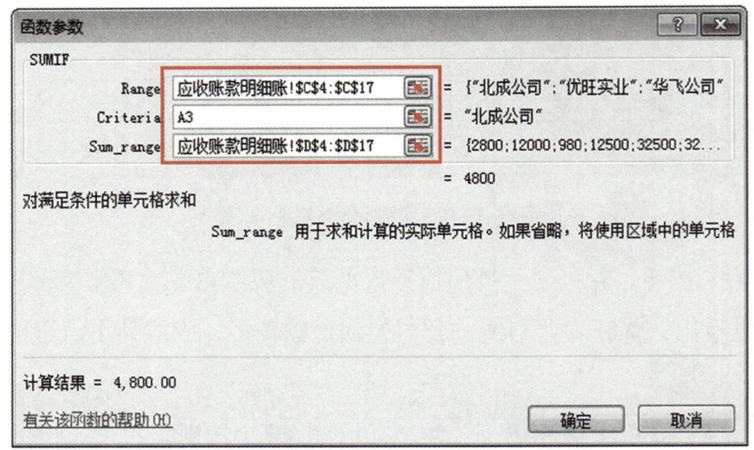

图 6-1-13　设置 SUMIF 函数参数

将单元格 B3 的公式复制到该列其他单元格中，以快速计算出其他债务人的应收账款合计金额，如图 6-1-14 所示。

B3　=SUMIF(应收账款明细账!$C$4:$C$17,A3,应收账款明细账!$D$4:$D$17)

	A	B	C	D	E	F	G	H
1	鸿丰公司应收账款分类明细账							
2	债务人名称	应收账款合计						
3	北成公司	4,800.00						
4	福泰公司	8,680.00						
5	华飞公司	13,330.00						
6	凯进公司	38,700.00						
7	盛顺公司	13,010.00						
8	优旺实业	45,600.00						
9								

图 6-1-14　生成分类汇总数据

4. 建立图表并进行对比分析

通过柱形图可以更加直观地看出各债务人应收账款总额的占比。

单击工作表数据区域任意单元格，单击主菜单中的“插入”，在“图表”选项组中单击“插入柱形图或条形图”按钮，在下拉列表中选择“三维簇状柱形图”，如图 6-1-15 所示。系统生成的柱形图如图 6-1-16 所示。

通过该柱形图可以看出，凯进公司和优旺实业的应收账款金额较多，应对这两个公司的应收账款进行重点管理。

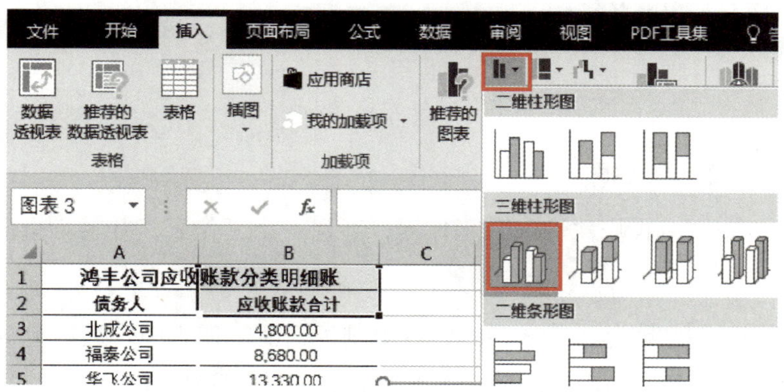

图 6-1-15　插入柱形图

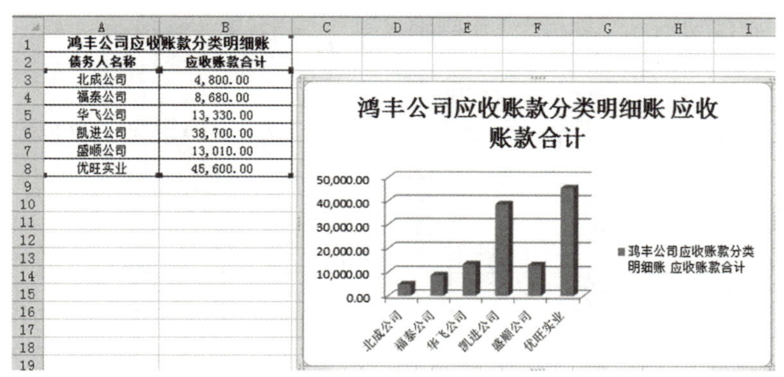

鸿丰公司应收账款分类明细账	
债务人名称	应收账款合计
北成公司	4,800.00
福泰公司	8,680.00
华飞公司	13,330.00
凯进公司	38,700.00
盛顺公司	13,010.00
优旺实业	45,600.00

图 6-1-16　系统生成的柱形图

任务二　应收账款管理

【任务导入】

鸿丰公司财务主管要求财务人员将公司应收账款数据汇总在一个工作表中，运用公式计算出逾期与未逾期的款项，计算分析逾期应收账款的逾期天数，通过计算出来的数据分析应收账款逾期情况，以便公司经理了解各债务人收款、欠款情况，判断欠款的可收回程度和可能发生的损失，主动盘活流动资产，减少坏账损失。

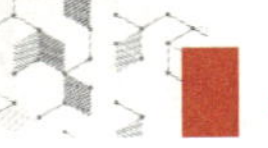

【相关知识】

应收账款的管理主要针对逾期应收账款，逾期应收账款管理在应收账款管理中具有十分重要的意义。

逾期应收账款具有坏账风险，账龄越长，风险越大。超过一定账龄时，需要对逾期应收账款做出坏账计提准备。

【任务实施】

一、创建表单并输入数据

打开“鸿丰公司应收账款管理”工作簿，新建一个工作表，并将其重命名为“逾期应收账款统计表”。

将“应收账款明细账”工作表中的内容复制到当前工作表中，选中 F 列与 G 列，单击鼠标右键，在弹出的菜单中单击“插入”按钮，即可一次性插入两列。在单元格 F3 与 G3 中分别输入“已收金额”“未收金额”，然后根据鸿丰公司实际情况输入已收金额。在单元格 I3、J3 中分别输入“状态”“未到期金额”，如图 6-2-1 所示。

	C	D	E	F	G	H	I	J
1	鸿丰公司应收账款管理							
2	2020-8-31							
3	债务人	应收金额	付款期限（天）	已收金额	未收金额	到期日	状态	未到期金额
4	北成公司	2,800.00	25	2,000.00		2020-3-6		
5	优旺实业	12,000.00	60			2020-5-1		
6	华飞公司	980.00	35			2020-4-26		
7	盛顺公司	12,500.00	40	5,000.00		2020-5-2		
8	凯进公司	32,500.00	60	8,000.00		2020-6-23		
9	优旺实业	32,450.00	30	20,000.00		2020-5-28		
10	凯进公司	2,400.00	20	1,000.00		2020-5-30		
11	优旺实业	1,150.00	30			2020-7-8		
12	北成公司	2,000.00	40			2020-7-25		
13	凯进公司	3,800.00	35	2,000.00		2020-7-23		
14	福泰公司	680.00	30			2020-8-1		
15	华飞公司	12,350.00	18	5,000.00		2020-8-20		
16	福泰公司	8,000.00	20			2020-9-4		
17	盛顺公司	510.00	30			2020-9-26		

图 6-2-1　创建表单并输入数据

二、计算与分析

1. 统计未收金额

选中单元格 G4，输入公式“=D4-F4”，即可计算出第一条记录的未收金额。选中单元格 G4，将公式向下复制至单元格 G17，可以快速计算出其余各笔应收账款的未收金额，如图 6-2-2 所示。

2. 判断应收账款逾期状态

选中单元格 I4，输入公式“=IF(H4<$C$2,"已逾期","未逾期")”，便可显示第一条记录的逾期状态。选中单元格 I4，向下复制公式，可以快速得出其余各笔应收账款的逾期状态，如图 6-2-3 所示。

G4　=D4-F4

鸿丰公司应收账款管理							
2020-8-31							
债务人	应收金额	付款期限（天）	已收金额	未收金额	到期日	状态	未到期金额
北成公司	2,800.00	25	2,000.00	800.00	2020-3-6		
优旺实业	12,000.00	60		12,000.00	2020-5-1		
华飞公司	980.00	35		980.00	2020-4-26		
盛顺公司	12,500.00	40	5,000.00	7,500.00	2020-5-2		
凯进公司	32,500.00	60	8,000.00	24,500.00	2020-6-23		
优旺实业	32,450.00	30	20,000.00	12,450.00	2020-5-28		
凯进公司	2,400.00	20	1,000.00	1,400.00	2020-5-30		
优旺实业	1,150.00	30		1,150.00	2020-7-8		
北成公司	2,000.00	40		2,000.00	2020-7-25		
凯进公司	3,800.00	35	2,000.00	1,800.00	2020-7-23		
福泰公司	680.00	30		680.00	2020-8-1		
华飞公司	12,350.00	18	5,000.00	7,350.00	2020-8-20		
福泰公司	8,000.00	20		8,000.00	2020-9-4		
盛顺公司	510.00	30		510.00	2020-9-26		

图 6-2-2　计算未收金额

I4　=IF(H4<$C$2,"已逾期","未逾期")

鸿丰公司应收账款管理						
2020-8-31						
债务人	应收金额	付款期限（天）	已收金额	未收金额	到期日	状态
北成公司	2,800.00	25	2,000.00	800.00	2020-3-6	已逾期
优旺实业	12,000.00	60		12,000.00	2020-5-1	已逾期
华飞公司	980.00	35		980.00	2020-4-26	已逾期
盛顺公司	12,500.00	40	5,000.00	7,500.00	2020-5-2	已逾期
凯进公司	32,500.00	60	8,000.00	24,500.00	2020-6-23	已逾期
优旺实业	32,450.00	30	20,000.00	12,450.00	2020-5-28	已逾期
凯进公司	2,400.00	20	1,000.00	1,400.00	2020-5-30	已逾期
优旺实业	1,150.00	30		1,150.00	2020-7-8	已逾期
北成公司	2,000.00	40		2,000.00	2020-7-25	已逾期
凯进公司	3,800.00	35	2,000.00	1,800.00	2020-7-23	已逾期
福泰公司	680.00	30		680.00	2020-8-1	已逾期
华飞公司	12,350.00	18	5,000.00	7,350.00	2020-8-20	已逾期
福泰公司	8,000.00	20		8,000.00	2020-9-4	未逾期
盛顺公司	510.00	30		510.00	2020-9-26	未逾期

图 6-2-3　判断逾期状态

3. 计算应收账款未到期金额

选中单元格 J4，输入公式“=IF($C$2-$H4<0,$D4-$F4,0)”。该公式表示：如果单元格 C2（当前日期）小于单元格 H4（到期日），说明该应收账款尚未到期，则返回该应收账款的剩余未收金额（即“$D4-$F4”）；如果不满足未到期条件，则返回“0”，表示未到期金额为“0”，即该应收账款已经到期。选中单元格 J4，向下复制公式，可以快速计算出其余应收账款的未到期金额，如图 6-2-4 所示。

J4　=IF($C$2-$H4<0,$D4-$F4,0)

鸿丰公司应收账款管理									
	当前日期：	2020-8-31							
序号	赊销日期	债务人	应收金额	付款期限（天）	已收金额	未收金额	到期日	状态	未到期金额
001	2020-2-10	北成公司	2,800.00	25	2,000.00	800.00	2020-3-6	已逾期	0
002	2020-3-2	优旺实业	12,000.00	60		12,000.00	2020-5-1	已逾期	0
003	2020-3-22	华飞公司	980.00	35		980.00	2020-4-26	已逾期	0
004	2020-3-23	盛顺公司	12,500.00	40	5,000.00	7,500.00	2020-5-2	已逾期	0
005	2020-4-24	凯进公司	32,500.00	60	8,000.00	24,500.00	2020-6-23	已逾期	0
006	2020-4-28	优旺实业	32,450.00	30	20,000.00	12,450.00	2020-5-28	已逾期	0
007	2020-5-10	凯进公司	2,400.00	20	1,000.00	1,400.00	2020-5-30	已逾期	0
008	2020-6-8	优旺实业	1,150.00	30		1,150.00	2020-7-8	已逾期	0
009	2020-6-15	北成公司	2,000.00	40		2,000.00	2020-7-25	已逾期	0
010	2020-6-18	凯进公司	3,800.00	35	2,000.00	1,800.00	2020-7-23	已逾期	0
011	2020-7-2	福泰公司	680.00	30		680.00	2020-8-1	已逾期	0
012	2020-8-2	华飞公司	12,350.00	18	5,000.00	7,350.00	2020-8-20	已逾期	0
013	2020-8-15	福泰公司	8,000.00	20		8,000.00	2020-9-4	未逾期	8,000.00
014	2020-8-27	盛顺公司	510.00	30		510.00	2020-9-26	未逾期	510.00

图 6-2-4　计算未到期金额

4. 计算与分析应收账款逾期天数

（1）创建逾期天数分析表

在“逾期应收账款统计表”工作表中已有的“鸿丰公司应收账款管理”表的右侧新建一个逾期天数分析表，对逾期天数进行分类筛选。实际工作中，通常按逾期天数划分不同类别，如0～30天、30～60天、60～90天、90天以上”等。据此在表中设置相关项目及当前日期，如图6-2-5所示。将各项目下有关单元格设为会计专用格式，并将小数位数设为2，将货币符号设为“无”。

（2）使用IF函数分析逾期0～30天的应收账款

选中单元格K4，输入公式“=IF(AND($L$2-$H4>0,$L$2-$H4<=30),$D4-$F4,0)”。

该公式表示：如果单元格L2（当前日期）大于单元格H4（到期日）且二者的差值小于等于30，说明该笔应收账款已经逾期但逾期天数在30天以内（包括30天），则返回已经逾期应收账款的剩余未收金额（即“$D4-$F4）；如果不满足未到期条件，则返回“0”，表示逾期应收账款不在0～30天范围内。

选中单元格K4，将公式向下复制到单元格K15，可以快速计算出其余债务人所欠的逾期0～30天的应收账款金额，如图6-2-6所示。最后两笔应收账款尚未逾期，不必分析逾期天数，故不需要复制公式。

K	L	M	N
逾期天数分析			
当前日期：	2020-8-31		
0~30	30~60	60~90	90天以上

图6-2-5　逾期天数分析表

K	L	M	N
逾期天数分析			
当前日期：	2020-8-31		
0~30	30~60	60~90	90天以上
-			
-			
-			
-			
-			
-			
-			
-			
-			
-			
680.00			
7,350.00			

图6-2-6　逾期0～30天的应收账款

（3）使用IF函数分析逾期30～60天的应收账款

选中单元格L4，输入公式“=IF(AND($L$2-$H4>30,$L$2-$H4<=60),$D4-$F4,0)”。该公式的含义参考上文。

选中单元格L4，将公式向下复制到单元格L15，可以快速计算出其余债务人所欠逾期30～60天的应收账款金额，如图6-2-7所示。最后两笔应收账款尚未逾期，不必分析逾期天数，故不需要复制公式。

（4）使用IF函数分析逾期60～90天和90天以上的应收账款

以此类推，在单元格M4、N4分别输入公式“=IF(AND($L$2-$H4>60,$L$2-

$H4<=90),$D4-$F4,0)”“=IF(AND($L$2-$H4>90),$D4-$F4,0)”，然后向下复制公式，即可得出相应的应收账款金额，结果如图 6-2-8 所示。

K	L	M	N
逾期天数分析			
当前日期：	2020-8-31		
0~30	30~60	60~90	90天以上
-	-		
-	-		
-	-		
-	-		
-	-		
-	-		
-	-		
-	1,150.00		
-	2,000.00		
-	1,800.00		
680.00	-		
7,350.00	-		

图 6-2-7　逾期 30~60 天的应收账款

K	L	M	N
逾期天数分析			
当前日期：	2020-8-31		
0~30	30~60	60~90	90天以上
-	-	-	800.00
-	-	-	12,000.00
-	-	-	980.00
-	-	-	7,500.00
-	-	24,500.00	-
-	-	-	12,450.00
-	-	-	1,400.00
-	1,150.00	-	-
-	2,000.00	-	-
-	1,800.00	-	-
680.00	-	-	-
7,350.00	-	-	-

图 6-2-8　逾期 60~90 天及 90 天以上的应收账款

通过以上数据可以清晰地看出，鸿丰公司应收账款逾期现象严重，公司 14 笔应收账款中有 6 笔逾期 90 天以上，必须重视催收以上逾期应收账款，盘活流动资产，减少坏账损失。

任务三　应收账款账龄和坏账准备计算

【任务导入】

2020 年 8 月 31 日，鸿丰公司应收账款情况见表 6-3-1。

表 6-3-1　鸿丰公司应收账款情况

账龄	应收账款（元）
未到期	8 510.00
0~30	8 030.00
30~60	4 950.00
60~90	24 500.00
90 天以上	35 130.00

鸿丰公司根据历史经验估计，未到期、逾期 0~30 天、逾期 30~60 天、逾期 60~90 天、逾期 90 天以上的应收账款发生坏账的可能性分别是 0%、1%、3%、6%和 10%。

【相关知识】

应收账款的欠款时间即是账龄。账龄越长，发生坏账损失的可能性就越大。账龄是分析应收账款时最为重要的信息。账龄分析法是指根据应收账款的欠款时间长短来估计坏账损失的一种方法。在估计坏账损失之前，可将应收账款按其账龄编制一张应收账款账龄分析表，借以了解各个债务人所欠应收账款的金额及其拖欠时间的长短。账龄分析表所提供的信息也可供管理者了解收款、欠款情况，判断欠款的可收回程度和可能发生的损失。

【任务实施】

采用账龄分析法时，应将不同账龄的应收账款进行分组（见本项目任务二），然后根据前期实际发生坏账的有关资料确定各账龄应收账款的坏账准备计提比例，再将各账龄组的应收账款金额乘以对应的坏账准备计提比例，计算出各组的估计坏账损失额之和，即为当期的坏账损失准备金额。

一、创建表单并输入数据

打开“鸿丰公司应收账款管理”工作簿，新建一个工作表，将其重命名为“应收账款账龄分析”。

按图 6-3-1 所示内容设置表格标题和各个项目。将单元格 B2 和 C2 合并，在其中使用 TODAY 函数填入当前日期。选中从单元格 C4 至 C9 的区域，将单元格格式设为百分比，将小数位数设为 2，如图 6-3-2 所示。

	A	B	C
1	应收账款账龄分析表		
2	当前日期：	2020-8-31	
3	账龄	应收账款	占应收账款总额的百分比
4	未到期		
5	0~30		
6	30~60		
7	60~90		
8	90天以上		
9	合计		

图 6-3-1　应收账款账龄分析表项目

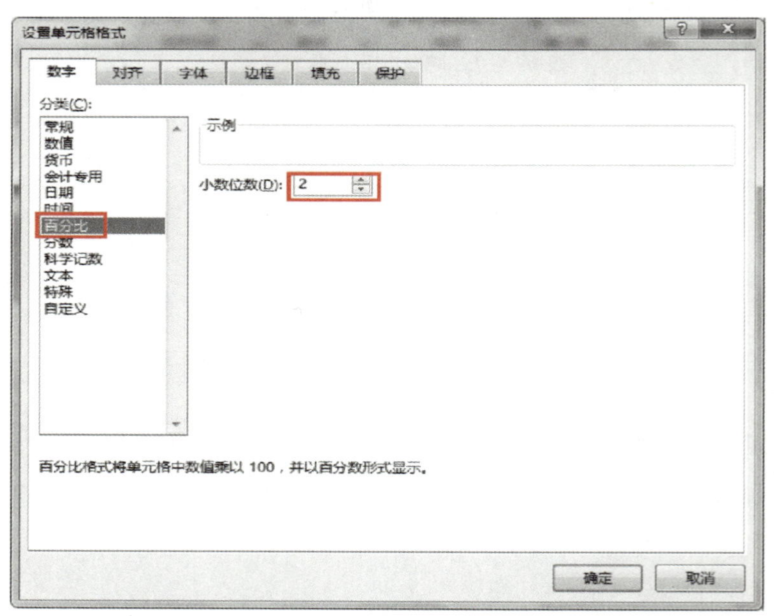

图 6-3-2　设置单元格格式

二、设置关键功能

选中单元格 B4，输入公式“=SUM(逾期应收账款统计表!J4:J17)”，如图 6-3-3 所示。这样可利用“逾期应收账款统计表”的数据来计算各账龄应收账款金额。

B4 | =SUM(逾期应收账款统计表!J4:J17)

	A	B	C	D	E	F
1	应收账款账龄分析表					
2	当前日期：	2020-8-31				
3	账龄	应收账款	占应收账款总额的百分比			
4	未到期	8,510.00				
5	0~30					
6	30~60					
7	60~90					
8	90天以上					

图 6-3-3 计算各账龄应收账款金额

以此类推，分别在单元格 B5~B8 输入求和公式，对其余应收账款金额进行统计，具体是：

单元格 B5 输入“=SUM(逾期应收账款统计表!K4:K17)”。

单元格 B6 输入“=SUM(逾期应收账款统计表!L4:L17)”。

单元格 B7 输入“=SUM(逾期应收账款统计表!M4:M17)”。

单元格 B8 输入“=SUM(逾期应收账款统计表!N4:N17)”。

统计结果如图 6-3-4 所示。

	A	B	C
1	应收账款账龄分析表		
2	当前日期：	2020-8-31	
3	账龄	应收账款	占应收账款总额的百分比
4	未到期	8,510.00	
5	0~30	8,030.00	
6	30~60	4,950.00	
7	60~90	24,500.00	
8	90天以上	35,130.00	
9	合计		

图 6-3-4 各账龄应收账款金额统计结果

选中单元格 B9，输入公式“=SUM(B4:B8)”，即可算出各账龄应收账款总额，如图 6-3-5 所示。

选中单元格 C4，输入公式“=B4/$B$9”，即可算出未到期应收账款占应收账款总额的百分比。将其公式向下复制至单元格 C9，即可计算出其他账龄应收账款占应收账款总额的百分比，如图 6-3-6 所示。

B9 | =SUM(B4:B8)

	A	B	C
1	应收账款账龄分析表		
2	当前日期：	2020-8-31	
3	账龄	应收账款	占应收账款总额的百分比
4	未到期	8,510.00	
5	0~30	8,030.00	
6	30~60	4,950.00	
7	60~90	24,500.00	
8	90天以上	35,130.00	
9	合计	81,120.00	

图 6-3-5 应收账款合计值

	A	B	C
1	应收账款账龄分析表		
2	当前日期：	2020-8-31	
3	账龄	应收账款	占应收账款总额的百分比
4	未到期	8,510.00	10.49%
5	0~30	8,030.00	9.90%
6	30~60	4,950.00	6.10%
7	60~90	24,500.00	30.20%
8	90天以上	35,130.00	43.31%
9	合计	81,120.00	100.00%

图 6-3-6 各账龄应收账款占应收账款总额的百分比

三、计算坏账准备金额

1. 确定坏账准备比例

根据任务中的描述，将估计的坏账损失百分比分别输入单元格 D4～D9 中，作为坏账准备计提比例，如图 6-3-7 所示。

	A	B	C	D
1	应收账款账龄分析表			
2	当前日期：	2020-8-31		
3	账龄	应收账款	占应收账款总额的百分比	坏账准备比例
4	未到期	8,510.00	10.49%	0.00%
5	0~30	8,030.00	9.90%	1.00%
6	30~60	4,950.00	6.10%	3.00%
7	60~90	24,500.00	30.20%	6.00%
8	90天以上	35,130.00	43.31%	10.00%
9	合计	81,120.00	100.00%	

图 6-3-7　输入坏账准备计提比例

2. 利用公式进行计算

选中单元格 E3，输入文字“坏账准备金额”。选中单元格 E4，输入公式“=B4*D4”，然后将其公式向下复制至单元格 E8，可以计算出各账龄应收账款的坏账准备金额，如图 6-3-8 所示。

E4　=B4*D4

	A	B	C	D	E
1	应收账款账龄分析表				
2	当前日期：	2020-8-31			
3	账龄	应收账款	占应收账款总额的百分比	坏账准备比例	坏账准备金额
4	未到期	8,510.00	10.49%	0.00%	-
5	0~30	8,030.00	9.90%	1.00%	80.30
6	30~60	4,950.00	6.10%	3.00%	148.50
7	60~90	24,500.00	30.20%	6.00%	1,470.00
8	90天以上	35,130.00	43.31%	10.00%	3,513.00
9	合计	81,120.00	100.00%		

图 6-3-8　坏账准备金额

选中单元格 E9，输入公式“=SUM(E4:E8)”，计算出坏账准备金额合计值，如图 6-3-9 所示。

E9　=SUM(E4:E8)

	A	B	C	D	E
1	应收账款账龄分析表				
2	当前日期：	2020-8-31			
3	账龄	应收账款	占应收账款总额的百分比	坏账准备比例	坏账准备金额
4	未到期	8,510.00	10.49%	0.00%	-
5	0~30	8,030.00	9.90%	1.00%	80.30
6	30~60	4,950.00	6.10%	3.00%	148.50
7	60~90	24,500.00	30.20%	6.00%	1,470.00
8	90天以上	35,130.00	43.31%	10.00%	3,513.00
9	合计	81,120.00	100.00%		5,211.80

图 6-3-9　坏账准备金额合计值

项目小结

本项目利用 Excel 建立应收账款明细账，在应收账款明细账的基础上对不同债务人应

收账款的金额进行统计，并对应收账款明细账进行分类，做成更直观的柱形图。本项目还利用 Excel 函数计算逾期应收账款和应收账款账龄，计算应收账款的坏账准备金额。

思考与练习

广优公司 2020 年 11 月 30 日的应收账款资料见下表。

赊销日期	债务人	应收金额（元）	付款期限（天）
2020 年 1 月 6 日	嘉华公司	30 000	50
2020 年 2 月 18 日	百诚公司	600 000	40
2020 年 3 月 5 日	蓝汎公司	20 000	30
2020 年 4 月 20 日	德源公司	100 000	40
2020 年 5 月 12 日	百诚公司	16 000	35
2020 年 6 月 4 日	德源公司	50 000	30
2020 年 7 月 23 日	蓝汎公司	15 000	30
2020 年 8 月 15 日	嘉华公司	58 000	30
2020 年 10 月 16 日	百诚公司	18 000	30
2020 年 11 月 5 日	德源公司	40 000	25

请用 Excel 完成以下操作：

1. 分别计算各笔应收账款的到期日；统计各债务人所欠广优公司款项总额，并制作饼图分析各债务人欠款的占比；判断各笔应收账款是否逾期，计算未到期金额和逾期天数；制作应收账款账龄分析表。

2. 假设未到期、逾期 0~30 天、逾期 30~60 天、逾期 60~90 天、逾期 90 天以上的应收账款发生坏账的可能性分别是 0%、2%、5%、8%、10%，分别计算各账龄应收账款的坏账准备金额。

项目七
进销存管理的 Excel 应用

学习目标

知识目标

1. 了解进销存管理的流程。
2. 掌握进销存管理常用单据的编制方法。

能力目标

1. 能够利用 Excel 制作进销存管理的常用单据。
2. 能够利用 Excel 处理进销存管理的数据。

【项目导学】

进销存管理是企业日常管理的重要组成部分。“进”即采购管理，包括采购申请、采购记录、采购入库、采购付款等内容；“销”即销售管理，包括销售记录、销售数据分析等内容；“存”即库存管理，包括出入库记录、出入库统计以及库存分析与控制等。

鸿丰公司的进销存业务并不烦琐，使用 Excel 进行进销存管理成本低、效果好，可以提高日常工作的效率和数据处理能力。

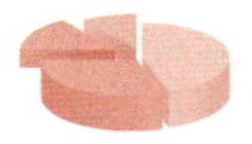

思维导图

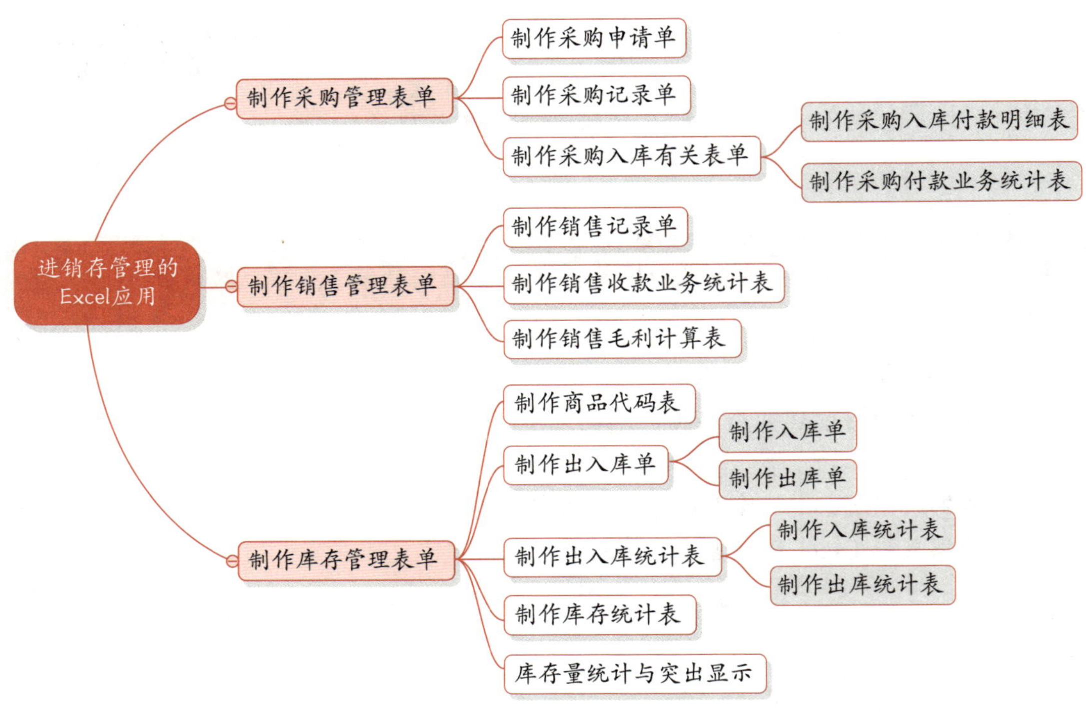

任务一　制作采购管理表单

【任务导入】

鸿丰公司根据 2020 年 8 月期初和当期的采购数据，使用 Excel 编制采购申请单、采购记录单，进行采购入库付款业务管理。

鸿丰公司 2020 年 8 月库存材料期初数据见表 7-1-1。

表 7-1-1　鸿丰公司 2020 年 8 月库存材料期初数据

物料编码	物料名称	型号规格	单位	库存数量	单位成本（元）	期初余额（元）
CL001	壶体	A 型	个	100	30.00	3 000.00
CL004	壶盖	AB 型	个	200	10.00	2 000.00
CL006	底盘	AB 型	个	200	10.00	2 000.00
CL008	底座	AB 型	个	200	20.00	4 000.00
CL010	辅件	AB 型	套	200	20.00	4 000.00
CL002	壶体	B 型	个	100	50.00	5 000.00

2020 年 8 月 1 日，鸿丰公司生产部发起本月物料请购，具体见表 7-1-2。生产部管理员为刘红，生产部领导为张志。

表 7-1-2　物料请购明细

物料编码	物料名称	型号规格	单位	数量
CL001	壶体	A 型	个	400
CL002	壶体	B 型	个	400
CL004	壶盖	AB 型	个	800
CL006	底盘	AB 型	个	800
CL008	底座	AB 型	个	800
CL010	辅件	AB 型	套	800

鸿丰公司采购部 2020 年 8 月发生了一批采购业务，具体如下（采购员为王强，采购经理为张山，部门领导为张志，总经理为黄万友）：

3 日，从××物资有限公司购进一批物料，具体见表 7-1-3，采购发票号为 0000001，物料已入库，款项已支付（单价和金额均不含税）。

表 7-1-3　物料采购明细 1

物料编码	物料名称	型号规格	单位	数量	单价（元）	金额（元）
CL001	壶体	A 型	个	400	30.00	12 000.00
CL002	壶体	B 型	个	400	51.00	20 400.00
CL004	壶盖	AB 型	个	800	10.00	8 000.00

4 日，从××器材有限公司购进一批物料，具体见表 7-1-4，采购发票号为 0000002，材料已入库，款项未支付（单价和金额均不含税）。

表 7-1-4　物料采购明细 2

物料编码	物料名称	型号规格	单位	数量	单价（元）	金额（元）
CL006	底盘	AB 型	个	800	10.00	8 000.00
CL008	底座	AB 型	个	800	20.00	16 000.00
CL010	辅件	AB 型	套	800	19.00	15 200.00

公司财务人员需要根据上述业务建立相应表单，以便实施进销存管理。

【相关知识】

采购申请单是申请采购商品时需要提交的单据，也是为了采购商品而提出支出费用的申请凭据。采购记录单是对采购的商品实际信息的记录清单，由采购员管理。采购入库及付款业务是基于采购记录单的记录与付款业务来实现的。

【任务实施】

一、制作采购申请单

1. 创建表单

新建一个 Excel 工作簿，将其命名为“鸿丰公司进销存管理”，再将其中的工作表“Sheet1”重命名为“采购申请单”。

2. 设置项目及格式

根据任务中的描述输入表单名称，设置相关项目，如图 7-1-1 所示。

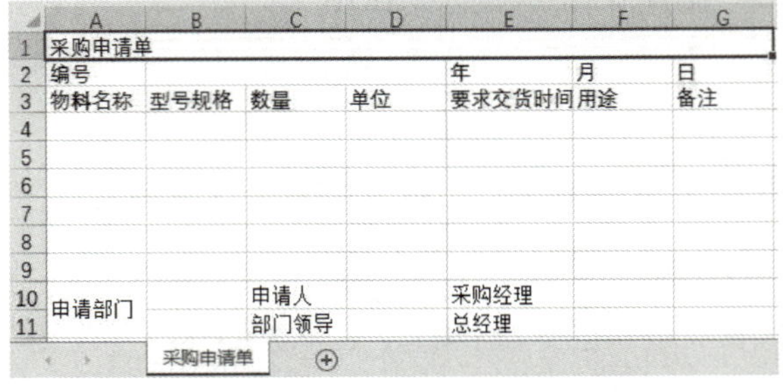

	A	B	C	D	E	F	G
1	采购申请单						
2	编号				年	月	日
3	物料名称	型号规格	数量	单位	要求交货时间	用途	备注
4							
5							
6							
7							
8							
9							
10	申请部门		申请人		采购经理		
11			部门领导		总经理		

图 7-1-1　采购申请单名称及项目

选择从单元格 A1 至 G1 的区域，将水平对齐方式设为“跨列居中”，将“年”“月”“日”所在单元格的水平对齐方式设为“靠右（缩进）”，将其他文字所在单元格的水平对齐方式设为“水平居中”。

将从单元格 A1 至 G3 区域的文字加粗。

分别将从单元格 B2 至 D2 的区域、从单元格 B10 至 B11 的区域、从单元格 F10 至 G10 的区域、从单元格 F11 至 G11 的区域合并。

选择从单元格 A1 至 G11 的区域，将内外框线设为单实线。

3. 录入信息

根据任务中的描述，录入采购申请单的有关信息。本任务中采购申请单编号为 CGSQ001，采购用途为生产产品，要求交货时间为 2020 年 8 月 5 日，录入结果如图 7-1-2 所示。

	A	B	C	D	E	F	G
1	采购申请单						
2	编号	CGSQ001			2020年	8月	1日
3	物料名称	型号规格	数量	单位	要求交货时间	用途	备注
4	壶体	A型	400	个	2020-8-5	生产产品	
5	壶体	B型	400	个	2020-8-5	生产产品	
6	壶盖	AB型	800	个	2020-8-5	生产产品	
7	底盘	AB型	800	个	2020-8-5	生产产品	
8	底座	AB型	800	个	2020-8-5	生产产品	
9	辅件	AB型	800	套	2020-8-5	生产产品	
10	申请部门	生产部	申请人	刘红	采购经理	王强	
11			部门领导	张志	总经理	黄万友	

采购申请单

图 7-1-2　采购申请单录入结果

二、制作采购记录单

1. 创建表单并设置项目

打开“鸿丰公司进销存管理”工作簿，单击“采购申请单”工作表右边的“⊕”按钮，新建一个工作表，并将其重命名为“采购记录单”。根据任务中的描述输入采购记录单名称，设置相关项目，如图 7-1-3 所示。

	A	B	C	D	E	F	G	H	I	J	K	L	M	N
1	采购记录单													
2	采购日期	供应商	采购发票号	物料编码	物料名称	型号规格	单位	数量	无税单价	含税单价	无税金额	含税金额	交货日期	交货数量
3														
4														
5														
6														
7														
8														
9														
10	审核人：		填表人：											

采购申请单　采购记录单

图 7-1-3　采购记录单名称及项目

2. 设置格式和公式

选择从单元格 A1 至 N1 的区域，将水平对齐方式设为“跨列居中”。选择从单元格 A2 至 N2 的区域，将水平对齐方式和垂直对齐方式均设为“居中”，并将该区域设为“自动换行”。

将从单元格 A1 至 N2 区域的文字加粗。

选择从单元格 A1 至 N15 的区域，将内外框线设为单实线。

在单元格 J3 中输入公式“=I3 * 1.13”（计算含税单价），在单元格 K3 中输入公式“=H3 * I3”（计算无税金额），在单元格 L3 中输入公式“=H3 * J3”（计算含税金额），并分别将这些公式向下填充。

将“采购发票号”项目有关单元格设为文本格式，将采购记录单中所有涉及金额的单元格均设为数值格式并保留 2 位小数，设置结果如图 7-1-4 所示。

J3 =I3*1.13

采购记录单

采购日期	供应商	采购发票号	物料编码	物料名称	型号规格	单位	数量	无税单价	含税单价	无税金额	含税金额	交货日期	交货数量
									0.00	0.00	0.00		
									0.00	0.00	0.00		
									0.00	0.00	0.00		
									0.00	0.00	0.00		
									0.00	0.00	0.00		
									0.00	0.00	0.00		
审核人：		填表人：											

采购申请单 采购记录单

图 7-1-4　设置采购记录单格式和公式

3. 录入信息

根据任务中的描述录入有关信息，填表人为王强，审核人为张山，录入结果如图 7-1-5 所示。

采购记录单

采购日期	供应商	采购发票号	物料编码	物料名称	型号规格	单位	数量	无税单价	含税单价	无税金额	含税金额	交货日期	交货数量
2020-8-3	物资	0000001	CL001	壶体	A型	个	400	30.00	33.90	12000.00	13560.00	2020-8-3	400
2020-8-3	物资	0000001	CL002	壶体	B型	个	400	51.00	57.63	20400.00	23052.00	2020-8-3	400
2020-8-3	物资	0000001	CL004	壶盖	AB型	个	800	10.00	11.30	8000.00	9040.00	2020-8-3	800
2020-8-4	器材	0000002	CL006	底盘	AB型	个	800	10.00	11.30	8000.00	9040.00	2020-8-4	800
2020-8-4	器材	0000002	CL008	底座	AB型	个	800	20.00	22.60	16000.00	18080.00	2020-8-4	800
2020-8-4	器材	0000002	CL010	辅件	AB型	套	800	19.00	21.47	15200.00	17176.00	2020-8-4	800
审核人：	张山	填表人：	王强										

采购申请单 采购记录单

图 7-1-5　采购记录单录入结果

三、制作采购入库有关表单

1. 设计采购入库付款明细表

打开“鸿丰公司进销存管理”工作簿，单击“采购记录单”工作表右边的“⊕”按钮，新建一个工作表，并将其重命名为“采购入库付款明细表”。

将“采购记录单”工作表中从单元格 A2 至 N10 区域的内容复制到“采购入库付款明细表”工作表中。打开后者，在单元格 A1 中录入文字“采购入库付款明细表”并加粗。选择从单元格 A1 至 P1 的区域，将水平对齐方式设为“跨列居中”。自行调整行高、

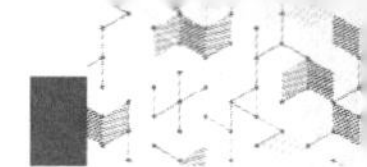

列宽。设置结果如图 7-1-6 所示。

	A	B	C	D	E	F	G	H	I	J	K	L	M	N	O	P
1	采购入库付款明细表															
2	采购日期	供应商	采购发票号	物料编码	物料名称	型号规格	单位	数量	无税单价	含税单价	无税金额	含税金额	交货日期	交货数量		
3	2020-8-3	物资	0000001	CL001	壶体	A型	个	400	30.00	33.90	12000.00	13560.00	2020-8-3	400		
4	2020-8-3	物资	0000001	CL002	壶体	B型	个	400	51.00	57.63	20400.00	23052.00	2020-8-3	400		
5	2020-8-3	物资	0000001	CL004	壶盖	AB型	个	800	10.00	11.30	8000.00	9040.00	2020-8-3	800		
6	2020-8-4	器材	0000002	CL006	底盘	AB型	个	800	10.00	11.30	8000.00	9040.00	2020-8-4	800		
7	2020-8-4	器材	0000002	CL008	底座	AB型	个	800	20.00	22.60	16000.00	18080.00	2020-8-4	800		
8	2020-8-4	器材	0000002	CL010	辅件	AB型	套	800	19.00	21.47	15200.00	17176.00	2020-8-4	800		
9																
10	审核人：	张山	填表人：	王强												

采购申请单　采购记录单　采购入库付款明细表

图 7-1-6　采购入库付款明细表设置结果

在采购入库付款明细表中新增两个项目。在单元格 O2、P2 中分别录入文字“已付货款”“未付货款”并加粗。将从单元格 O2 至 P10 区域的内外框线设为单实线。设置结果如图 7-1-7 所示。

	A	B	C	D	E	F	G	H	I	J	K	L	M	N	O	P
1	采购入库付款明细表															
2	采购日期	供应商	采购发票号	物料编码	物料名称	型号规格	单位	数量	无税单价	含税单价	无税金额	含税金额	交货日期	交货数量	已付货款	未付货款
3	2020-8-3	物资	0000001	CL001	壶体	A型	个	400	30.00	33.90	12000.00	13560.00	2020-8-3	400		
4	2020-8-3	物资	0000001	CL002	壶体	B型	个	400	51.00	57.63	20400.00	23052.00	2020-8-3	400		
5	2020-8-3	物资	0000001	CL004	壶盖	AB型	个	800	10.00	11.30	8000.00	9040.00	2020-8-3	800		
6	2020-8-4	器材	0000002	CL006	底盘	AB型	个	800	10.00	11.30	8000.00	9040.00	2020-8-4	800		
7	2020-8-4	器材	0000002	CL008	底座	AB型	个	800	20.00	22.60	16000.00	18080.00	2020-8-4	800		
8	2020-8-4	器材	0000002	CL010	辅件	AB型	套	800	19.00	21.47	15200.00	17176.00	2020-8-4	800		
9																
10	审核人：	张山	填表人：	王强												

采购申请单　采购记录单　采购入库付款明细表

图 7-1-7　采购入库付款明细表新增项目

2. 录入信息并调整格式

（1）录入和计算“已付货款”和“未付货款”项目的金额

根据任务中的描述录入“已付货款”项目的金额，如图 7-1-8 所示。

	A	E	K	L	M	N	O	P
1	采购入库付款明细表							
2	采购日期	物料名称	无税金额	含税金额	交货日期	交货数量	已付货款	未付货款
3	2020-8-3	壶体	12000.00	13560.00	2020-8-3	400	13560.00	
4	2020-8-3	壶体	20400.00	23052.00	2020-8-3	400	23052.00	
5	2020-8-3	壶盖	8000.00	9040.00	2020-8-3	800	9040.00	
6	2020-8-4	底盘	8000.00	9040.00	2020-8-4	800		
7	2020-8-4	底座	16000.00	18080.00	2020-8-4	800		
8	2020-8-4	辅件	15200.00	17176.00	2020-8-4	800		
9								

采购申请单　采购记录单　采购入库付款明细表

图 7-1-8　录入已付货款

在单元格 P3 中输入公式“=L3-O3”，并将该公式向下复制到单元格 P8，即可计算出“未付货款”项目的金额，如图 7-1-9 所示。

（2）突出显示已结清货款的单元格

选中从单元格 P3 至 P8 的区域，单击主菜单中的“开始”，在“样式”选项组中单击“条件格式”按钮，在下拉列表中依次选择“突出显示单元格规则”“等于”，如图 7-1-10 所示。在弹出的“等于”对话框中，在“为等于以下值的单元格设置格式”框中输入

“0”，并选择“黄填充色深黄色文本”，如图 7-1-11 所示。单击“确定”按钮，即可突出显示已结清货款的单元格。

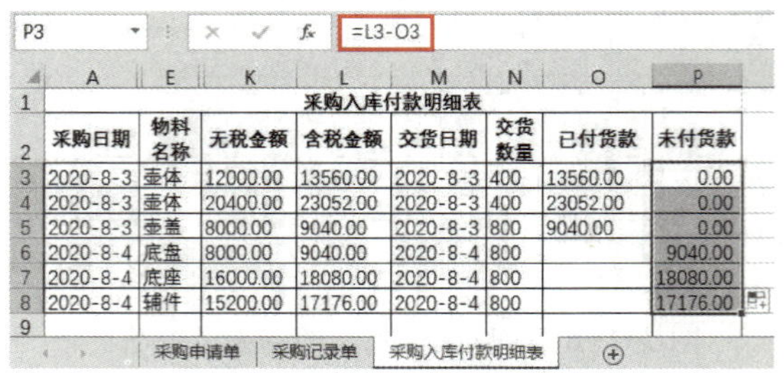

采购入库付款明细表							
采购日期	物料名称	无税金额	含税金额	交货日期	交货数量	已付货款	未付货款
2020-8-3	壶体	12000.00	13560.00	2020-8-3	400	13560.00	0.00
2020-8-3	壶体	20400.00	23052.00	2020-8-3	400	23052.00	0.00
2020-8-3	壶盖	8000.00	9040.00	2020-8-3	800	9040.00	0.00
2020-8-4	底盘	8000.00	9040.00	2020-8-4	800		9040.00
2020-8-4	底座	16000.00	18080.00	2020-8-4	800		18080.00
2020-8-4	辅件	15200.00	17176.00	2020-8-4	800		17176.00

图 7-1-9　计算未付货款

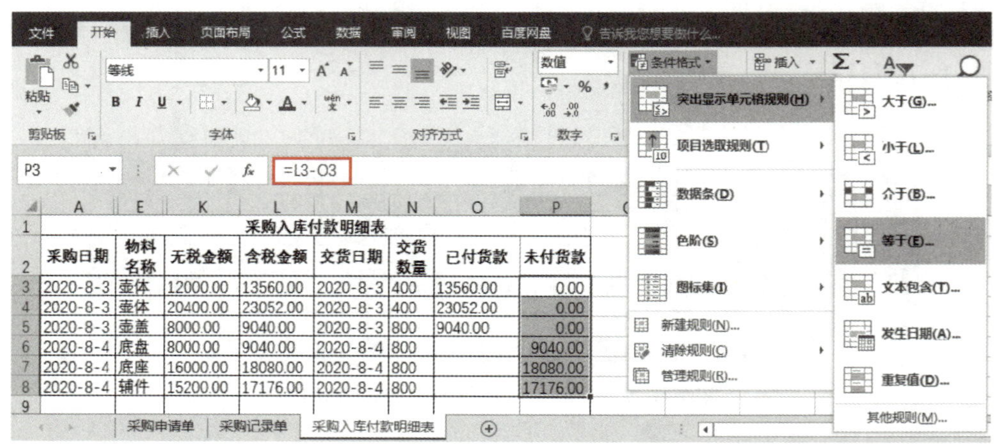

图 7-1-10　条件格式设置

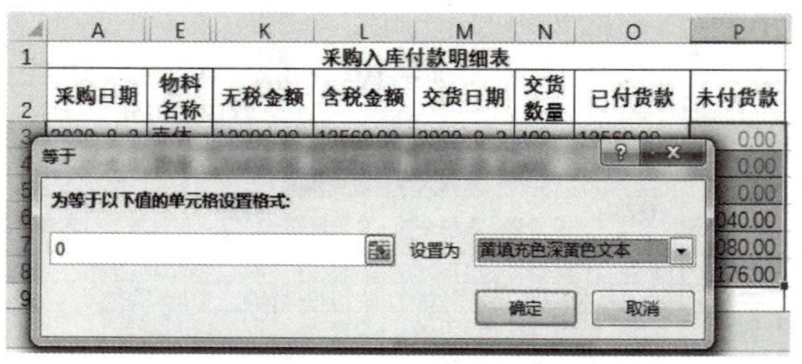

图 7-1-11　突出显示已结清货款的单元格

3. 设计采购付款业务统计表

打开“鸿丰公司进销存管理”工作簿，单击“采购入库付款明细表”工作表右边的“⊕”按钮，新建一个工作表，将其重命名为“采购付款业务统计表”。

设置采购付款业务统计表的标题和各个项目，并进行格式设置。选择从单元格 A1 至 D1 的区域，将水平对齐方式设为“跨列居中”。将第一行与第二行的文字均加粗。将“应付货款”“已付货款”“未付货款”项目有关单元格均设为数值格式，并保留 2 位小数。设置结果如图 7-1-12 所示。

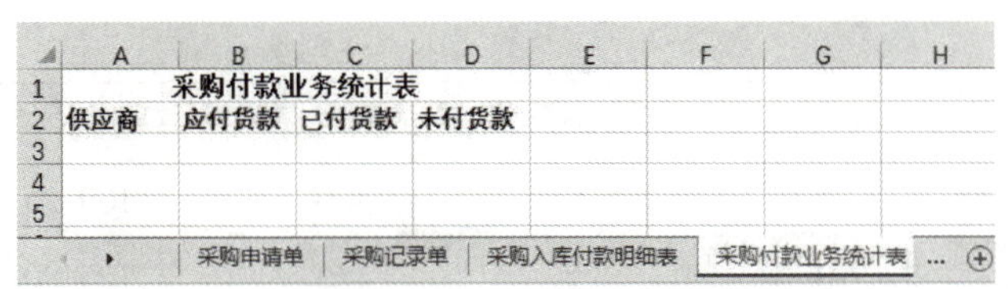

图 7-1-12　采购付款业务统计表项目及格式设置

4. 计算各项货款

在单元格 A3、A4 分别录入文字“物资”“器材”（供应商简称）。

设置“应付货款”“已付货款”“未付货款”项目的计算公式。在单元格 B3 中输入公式“=SUMIF(采购入库付款明细表!B:B,A3,采购入库付款明细表!L:L)”，并将公式向下复制到单元格 B4。在单元格 C3 中输入公式“=SUMIF(采购入库付款明细表!B:B,A3,采购入库付款明细表!O:O)”，并将公式向下复制到单元格 C4。在单元格 D3 中输入公式“=SUMIF(采购入库付款明细表!B:B,A3,采购入库付款明细表!P:P)”，并将公式向下复制到单元格 D4。计算结果如图 7-1-13 所示。

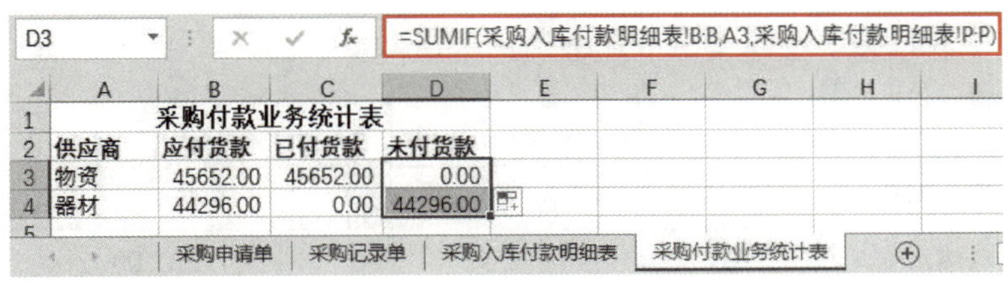

图 7-1-13　计算各项货款

任务二　制作销售管理表单

【任务导入】

为了做好销售管理工作，鸿丰公司每月都会整理销售数据，编制相关表单。2020 年 9 月，公司财务主管要求财务人员根据 2020 年 8 月的库存商品期初数据和当期的入库、出库数据，使用 Excel 编制销售记录单、销售收款业务统计表、销售毛利计算表。

鸿丰公司 2020 年 8 月库存商品期初数据见表 7-2-1。

表 7-2-1　库存商品期初数据

商品编码	商品名称	型号规格	单位	库存数量	单位成本（元）	期初余额（元）
SP001	电热水壶	A 型	个	600	110.00	66 000.00
SP002	电热水壶	B 型	个	600	125.00	75 000.00

鸿丰公司 2020 年 8 月产品完工入库数据见表 7-2-2。

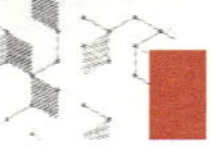

表 7-2-2　产品完工入库数据

商品编码	商品名称	型号规格	单位	入库数量	单位成本（元）	金额（元）
SP001	电热水壶	A 型	个	400	109.25	43 700.00
SP002	电热水壶	B 型	个	400	125.00	50 000.00

鸿丰公司销售部门 2020 年 8 月销售业务如下（产品销售出库计价方法为先进先出法，销售员为张河，销售部经理为王悍）：

5 日，向××家电有限公司销售电热水壶，销售发票号为 0000011，货物已出库，款项已收到。具体情况见表 7-2-3，单价和金额均不含税。

表 7-2-3　商品销售明细 1

商品编码	商品名称	型号规格	单位	数量	单价（元）	金额（元）
SP001	电热水壶	A 型	个	800	180.00	144 000.00

6 日，向××电器有限公司销售电热水壶，销售发票号为 0000012，货物已出库，款项未收到。具体情况见表 7-2-4，单价和金额均不含税。

表 7-2-4　商品销售明细 2

商品编码	商品名称	型号规格	单位	数量	单价（元）	金额（元）
SP002	电热水壶	B 型	个	800	210.00	168 000.00

【相关知识】

销售记录单是企业记录销售数据的单据，便于销售业务的管理。根据销售记录单，企业可跟踪收款情况，通过编制销售收款业务统计表对收款情况进行统计，并通过编制销售毛利计算表对销售业务数据进行分析。

【任务实施】

一、制作销售记录单

1. 创建表单

打开“鸿丰公司进销存管理”工作簿，单击“采购付款业务统计表”工作表右边的“⊕”按钮，新建一个工作表，并将其重命名为“销售记录单”。

2. 设置项目、格式与公式

按照要求设计销售记录单，输入名称和项目，如图 7-2-1 所示。

选择从单元格 A1 至 N1 的区域，将水平对齐方式设为“跨列居中”。选择从单元格

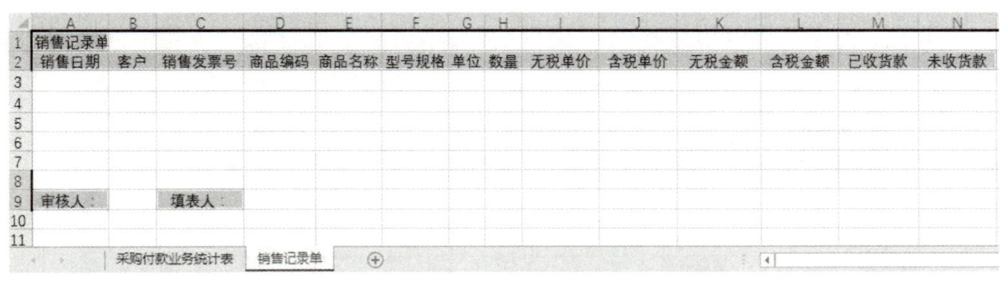

	A	B	C	D	E	F	G	H	I	J	K	L	M	N
1	销售记录单													
2	销售日期	客户	销售发票号	商品编码	商品名称	型号规格	单位	数量	无税单价	含税单价	无税金额	含税金额	已收货款	未收货款
3														
4														
5														
6														
7														
8														
9	审核人：		填表人：											
10														
11														

图 7-2-1　销售记录单名称和项目

A2 至 N2 的区域，将水平对齐方式和垂直对齐方式均设为“居中”，并将该区域设为“自动换行”。

将从单元格 A1 至 N2 区域的文字加粗。选择从单元格 A1 至 N10 的区域，将内外框线设为单实线。

在单元格 J3 中输入公式“=I3＊1. 13”（根据无税单价自动计算含税单价），在单元格 K3 中输入公式“=H3＊I3”（计算无税金额），在单元格 L3 中输入公式“=H3＊J3”（计算含税金额），在单元格 N3 中输入公式“=L3-M3”（计算未收货款），分别将这些公式向下复制至相应单元格。

将“销售发票号”项目有关单元格设为文本格式，将“无税金额”等所有涉及单价及金额项目的有关单元格均设为数值格式并保留 2 位小数。设置结果如图 7-2-2 所示。

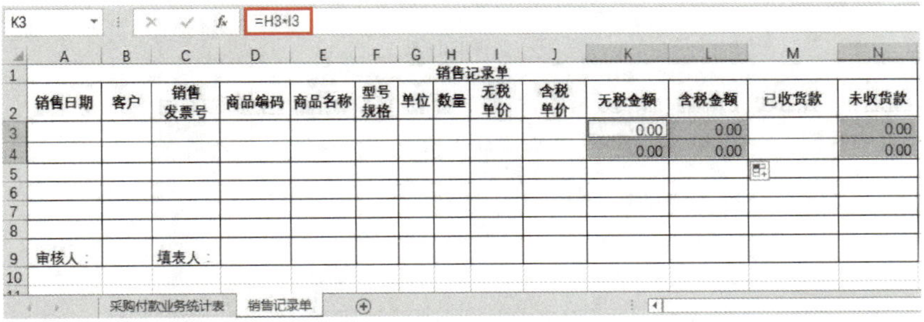

	A	B	C	D	E	F	G	H	I	J	K	L	M	N
1	销售记录单													
2	销售日期	客户	销售发票号	商品编码	商品名称	型号规格	单位	数量	无税单价	含税单价	无税金额	含税金额	已收货款	未收货款
3											0.00	0.00		0.00
4											0.00	0.00		0.00
5														
6														
7														
8														
9	审核人：		填表人：											
10														

图 7-2-2　销售记录单

3. 录入信息并调整格式

（1）录入信息

根据商品销售明细在销售记录单中录入有关信息，填表人为张河，审核人为王悍。录入结果如图 7-2-3 所示。

（2）突出显示已结清货款的单元格

选中从单元格 N3 至 N4 的区域，单击主菜单中的“开始”，在“样式”选项组中单击“条件格式”按钮，在下拉列表中依次选择“突出显示单元格规则”“等于”，如图 7-2-4 所示。在弹出的“等于”对话框中，在“为等于以下值的单元格设置格式”框中输入

“0”，并选择“黄填充色深黄色文本”，如图 7-2-5 所示。最后单击“确定”按钮即可。

销售记录单													
销售日期	客户	销售发票号	商品编码	商品名称	型号规格	单位	数量	无税单价	含税单价	无税金额	含税金额	已收货款	未收货款
2020-8-5	家电	0000011	SP001	电热水壶	A型	个	800	180.00	203.40	144000.00	162720.00	162720.00	0.00
2020-8-6	电器	0000012	SP002	电热水壶	B型	个	800	210.00	237.30	168000.00	189840.00		189840.00
审核人：	王悍	填表人：	张河										

采购付款业务统计表　销售记录单

图 7-2-3　销售记录单录入结果

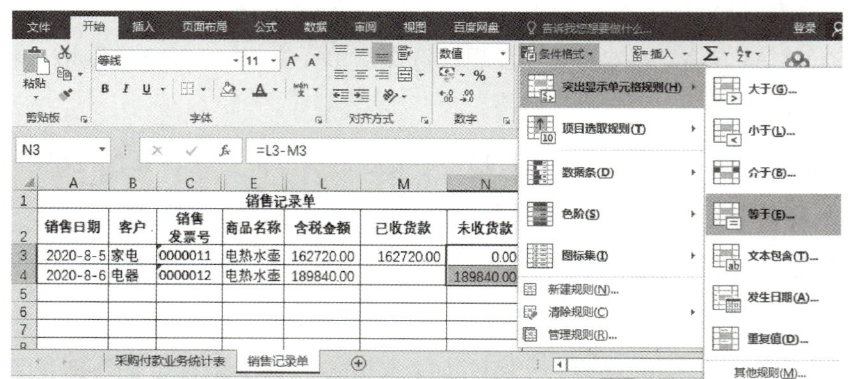

图 7-2-4　设置条件格式

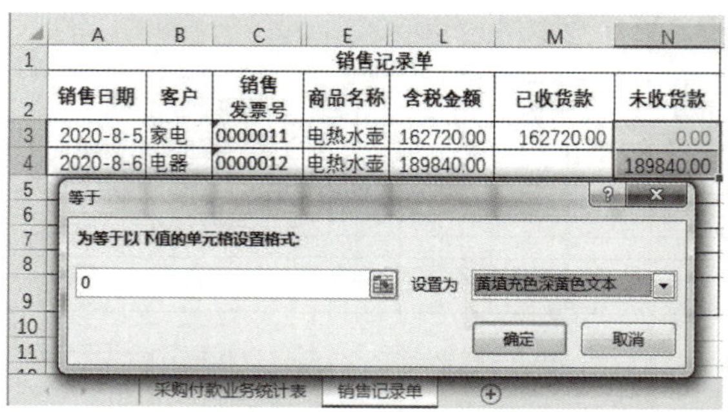

图 7-2-5　突出显示已结清货款的单元格

二、制作销售收款业务统计表

1. 建立表单

打开“鸿丰公司进销存管理”工作簿，单击“销售记录单”工作表右边的“⊕”按钮，新建一个工作表，并将其重命名为“销售收款业务统计表”。

如图 7-2-6 所示，输入销售收款业务统计表的名称、项目并设置格式。选择从单元格 A1 到 D1 的区域，将水平对齐方式设为“跨列居中”。将第一行与第二行的文字均加粗。将“应收货款”“已收货款”“未收货款”项目下有关单元格设为数值格式，并保留 2 位小数。

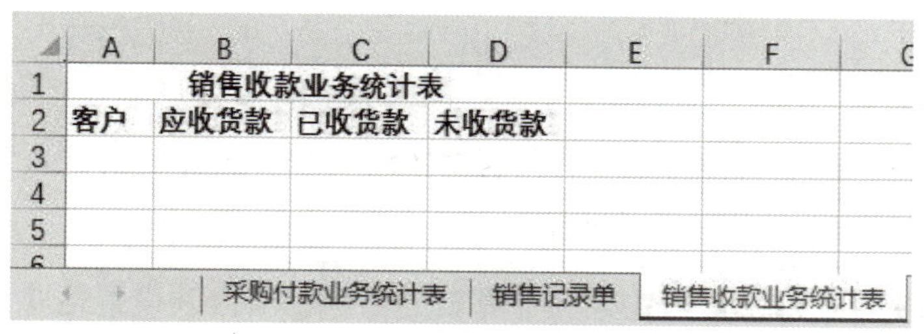

销售收款业务统计表			
客户	应收货款	已收货款	未收货款

图 7-2-6　设置表格名称、项目及格式

2. 统计销售收款数据

在单元格 A3、A4 中分别录入“家电”“电器”（客户简称）。

设置“应收货款”“已收货款”“未收货款”项目的计算公式。在单元格 B3 中输入公式“=SUMIF(销售记录单!B:B,A3,销售记录单!L:L)”，并将公式向下复制到单元格 B4，如图 7-2-7 所示。在单元格 C3 中输入公式“=SUMIF(销售记录单!B:B,A3,销售记录单!M:M)”，并将公式向下复制到单元格 C4，如图 7-2-8 所示。在单元格 D3 中输入公式“=SUMIF(销售记录单!B:B,A3,销售记录单!N:N)”，并将公式向下复制到单元格 D4，如图 7-2-9 所示。

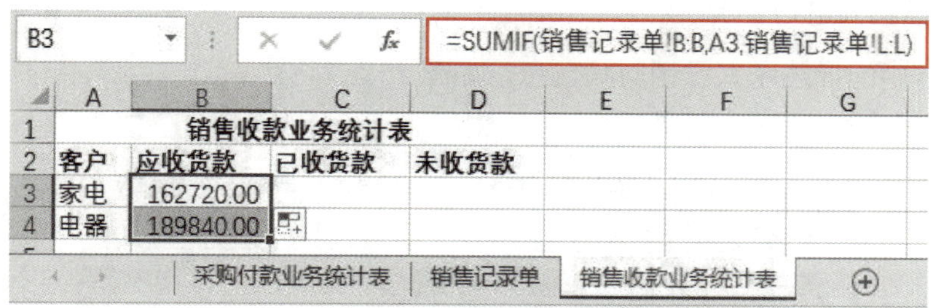

B3　=SUMIF(销售记录单!B:B,A3,销售记录单!L:L)

销售收款业务统计表			
客户	应收货款	已收货款	未收货款
家电	162720.00		
电器	189840.00		

图 7-2-7　统计应收货款

C3　=SUMIF(销售记录单!B:B,A3,销售记录单!M:M)

销售收款业务统计表			
客户	应收货款	已收货款	未收货款
家电	162720.00	162720.00	
电器	189840.00	0.00	

图 7-2-8　统计已收货款

D3　=SUMIF(销售记录单!B:B,A3,销售记录单!N:N)

销售收款业务统计表			
客户	应收货款	已收货款	未收货款
家电	162720.00	162720.00	0.00
电器	189840.00	0.00	189840.00

图 7-2-9　统计未收货款

三、制作销售毛利计算表

1. 建立表单

打开“鸿丰公司进销存管理”工作簿，单击“销售收款业务统计表”工作表右边的“⊕”按钮，新建一个工作表，并将其重命名为“销售毛利计算表”。

如图 7-2-10 所示，输入销售毛利计算表的名称、项目并设置格式。选择从单元格 A1 到 G1 的区域，将水平对齐方式设为“跨列居中”。将第一行与第二行的文字均加粗。将“销售收入”“销售成本”“销售毛利”项目下的有关单元格设为数值格式，并保留 2 位小数。将“销售毛利率”项目下的有关单元格设为百分比格式。

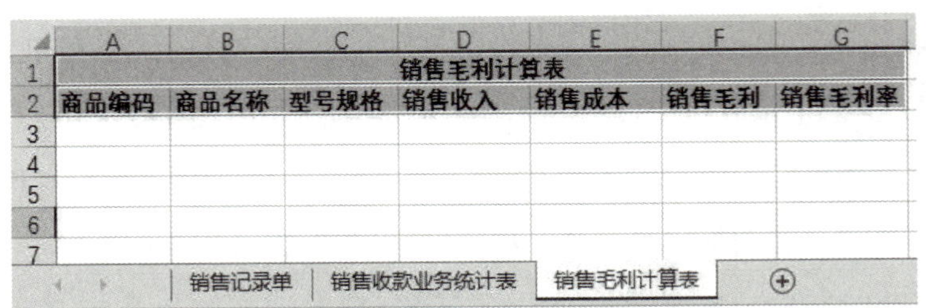

	A	B	C	D	E	F	G
1				销售毛利计算表			
2	商品编码	商品名称	型号规格	销售收入	销售成本	销售毛利	销售毛利率
3							
4							
5							
6							
7							

销售记录单 | 销售收款业务统计表 | 销售毛利计算表 | ⊕

图 7-2-10　设置表格名称、项目及格式

2. 录入信息并进行计算

根据任务中的描述录入已销商品信息，如图 7-2-11 所示。

	A	B	C	D	E	F	G
1				销售毛利计算表			
2	商品编码	商品名称	型号规格	销售收入	销售成本	销售毛利	销售毛利率
3	SP001	电热水壶	A型				
4	SP002	电热水壶	B型				
5							

销售记录单 | 销售收款业务统计表 | 销售毛利计算表 | ⊕

图 7-2-11　录入已销商品信息

在单元格 D3 中输入公式“=VLOOKUP(A3,销售记录单!$D$3:$N$4,8,0)”，并将公式向下复制到单元格 D4，如图 7-2-12 所示。该公式的含义是，查找销售记录单中的“无税金额”项目有关数据并将其填入本表中“销售收入”项目下有关单元格。

D3　=VLOOKUP(A3,销售记录单!$D$3:$N$4,8,0)

	A	B	C	D	E	F	G
1				销售毛利计算表			
2	商品编码	商品名称	型号规格	销售收入	销售成本	销售毛利	销售毛利率
3	SP001	电热水壶	A型	144000.00			
4	SP002	电热水壶	B型	168000.00			
5							

销售记录单 | 销售收款业务统计表 | 销售毛利计算表 | ⊕

图 7-2-12　查找并填入销售收入

在销售的 800 个电热水壶中，600 个为期初库存，200 个为 8 月完工入库产品，其单位成本不同。因此，根据当月库存商品期初数据和当月产品完工入库数据，在单元格 E3 中输入公式“=600＊110+200＊109.25”，在单元格 E4 中输入公式“=600＊125+200＊

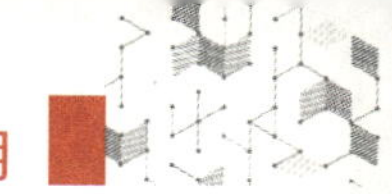

125”，即可算出两种商品的销售成本，如图 7-2-13 所示。

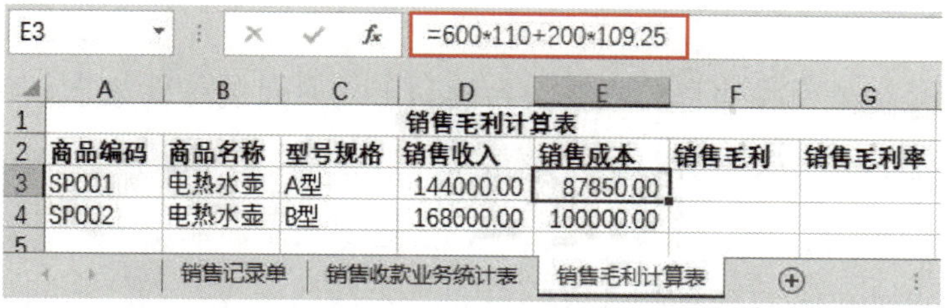

E3　=600*110+200*109.25

	A	B	C	D	E	F	G
1	销售毛利计算表						
2	商品编码	商品名称	型号规格	销售收入	销售成本	销售毛利	销售毛利率
3	SP001	电热水壶	A型	144000.00	87850.00		
4	SP002	电热水壶	B型	168000.00	100000.00		
5							

销售记录单　销售收款业务统计表　销售毛利计算表

图 7-2-13　计算销售成本

在单元格 F3 中输入公式“=D3-E3”，并将公式向下复制到单元格 F4，即可算出销售毛利，如图 7-2-14 所示。

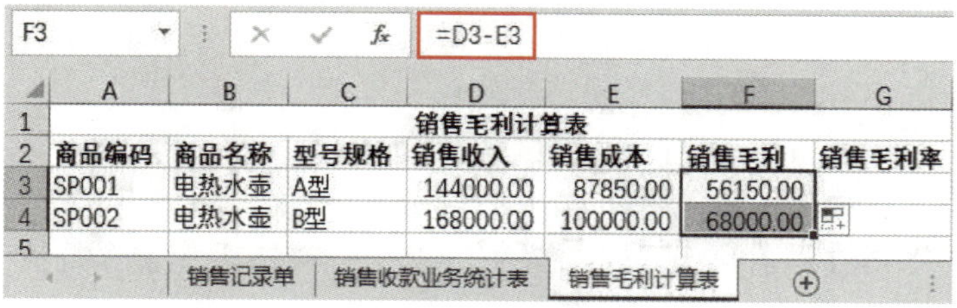

F3　=D3-E3

	A	B	C	D	E	F	G
1	销售毛利计算表						
2	商品编码	商品名称	型号规格	销售收入	销售成本	销售毛利	销售毛利率
3	SP001	电热水壶	A型	144000.00	87850.00	56150.00	
4	SP002	电热水壶	B型	168000.00	100000.00	68000.00	
5							

销售记录单　销售收款业务统计表　销售毛利计算表

图 7-2-14　计算销售毛利

在单元格 G3 中输入公式“=F3/D3”，并将公式向下复制到单元格 G4，即可算出销售毛利率，如图 7-2-15 所示。

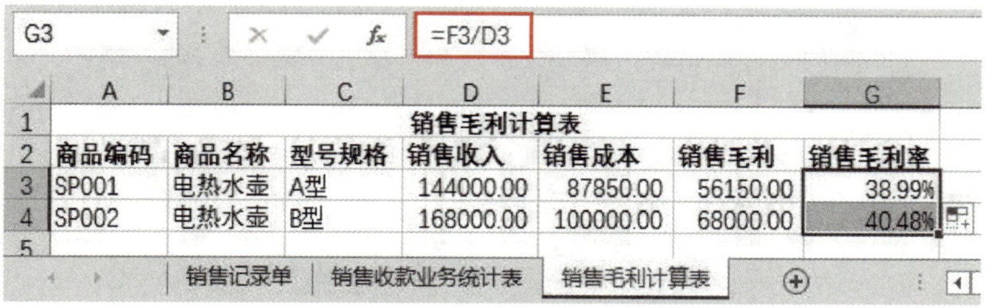

G3　=F3/D3

	A	B	C	D	E	F	G
1	销售毛利计算表						
2	商品编码	商品名称	型号规格	销售收入	销售成本	销售毛利	销售毛利率
3	SP001	电热水壶	A型	144000.00	87850.00	56150.00	38.99%
4	SP002	电热水壶	B型	168000.00	100000.00	68000.00	40.48%
5							

销售记录单　销售收款业务统计表　销售毛利计算表

图 7-2-15　计算销售毛利率

任务三　制作库存管理表单

【任务导入】

为了及时反映库存资金占用情况，并对库存的流向进行有效控制，鸿丰公司财务主管要求财务人员根据公司 2020 年 8 月库存商品的期初数据和当期入库、销售出库数据，使用 Excel 制作商品代码表、出入库单、出入库统计表和库存统计表。

鸿丰公司 2020 年 8 月的库存商品期初数据见本项目任务二中的表 7-2-1，产品完工入库数据见表 7-2-2，销售出库数据见表 7-2-3 和表 7-2-4。

【相关知识】

商品代码表是记录商品信息的表格，为商品出入库提供基础信息。商品的入库单和出库单是记录商品日常收发的凭据，主要记录了收发商品的编码、名称、型号规格、数量等基本信息。为了统计商品出入库的情况，企业须根据商品出入库单对所有商品进行登记，同时还需要通过编制库存统计表，对商品的期初库存数据、当期出入库数据和期末库存数据进行综合统计。期末，为保证资金合理占用和日常正常运营，企业应对库存量进行统计和分析，便于控制库存量。

【任务实施】

一、制作商品代码表

1. 创建表单

打开“鸿丰公司进销存管理”工作簿，单击“销售毛利计算表”工作表右边的“⊕”按钮，新建一个工作表，并将其重命名为“商品代码表”。

2. 设置项目与格式

输入商品代码表名称，设置各项目，如图 7-3-1 所示。

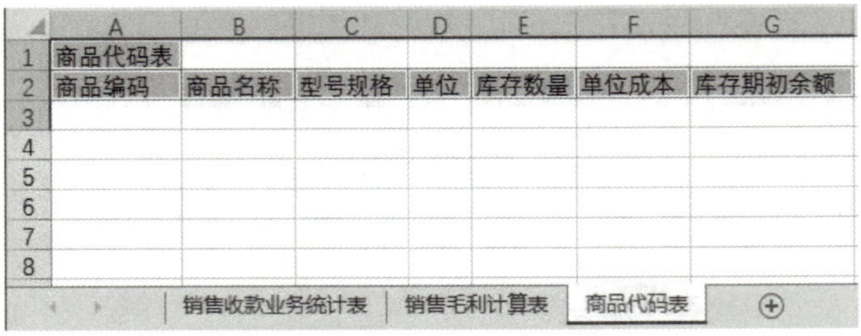

	A	B	C	D	E	F	G
1	商品代码表						
2	商品编码	商品名称	型号规格	单位	库存数量	单位成本	库存期初余额
3							
4							
5							
6							
7							
8							

销售收款业务统计表 | 销售毛利计算表 | 商品代码表 | ⊕

图 7-3-1 商品代码表名称及项目

选择从单元格 A1 到 G1 的区域，将水平对齐方式设为“跨列居中”。选择从单元格 A2 至 G2 的区域，将水平对齐方式设为“居中”。

选择 A 列，将相关单元格设为文本格式。选择 F 列和 G 列，将相关单元格设为数值格式，并保留 2 位小数。

将从单元格 A1 至 G2 区域的文字加粗。

3. 录入信息并设置公式

根据库存商品期初数据录入商品代码表的有关信息，如图 7-3-2 所示。

在单元格 G3 中输入公式“=E3 * F3”，并将公式向下复制到单元格 G4，即可生成“库存期初余额”的数据，如图 7-3-3 所示。

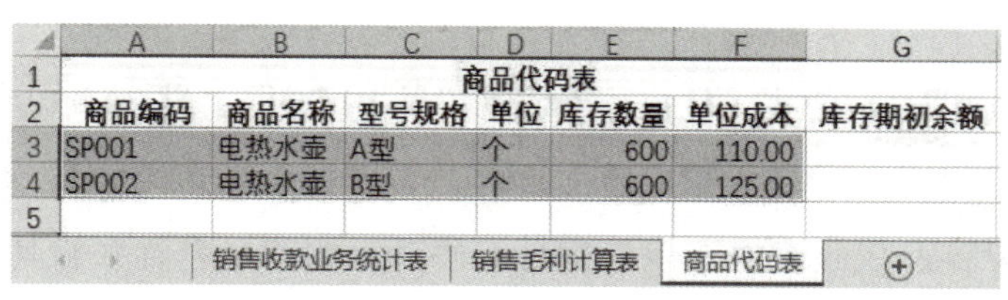

商品代码表						
商品编码	商品名称	型号规格	单位	库存数量	单位成本	库存期初余额
SP001	电热水壶	A型	个	600	110.00	
SP002	电热水壶	B型	个	600	125.00	

图 7-3-2　录入库存商品期初数据

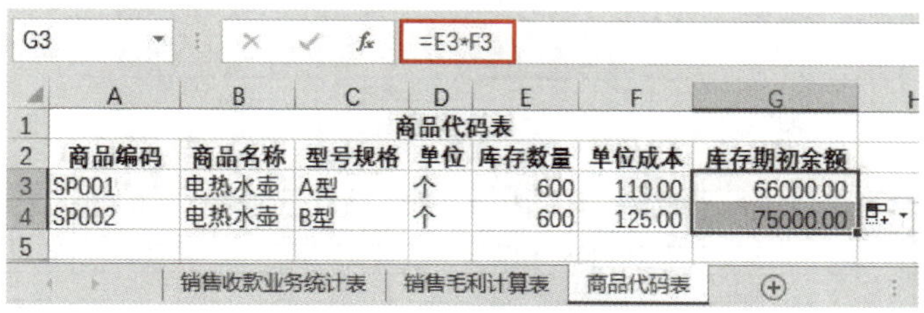

G3 =E3*F3

商品代码表						
商品编码	商品名称	型号规格	单位	库存数量	单位成本	库存期初余额
SP001	电热水壶	A型	个	600	110.00	66000.00
SP002	电热水壶	B型	个	600	125.00	75000.00

图 7-3-3　计算库存期初余额

二、制作入库单

1. 创建表单

打开“鸿丰公司进销存管理”工作簿，单击“商品代码表”工作表右边的“⊕”按钮，新建一个工作表，并将其重命名为“入库单”。

2. 设置项目与格式

输入入库单名称，设置有关项目，如图 7-3-4 所示。

	A	B	C	D	E	F	G	H	I
1		入库单							
2		入库部门			入库日期				
3		入库单号			仓库				
4									
5		序号	商品编码	商品名称	型号规格	单位	入库时间	数量	备注
6		1							
7		2							
8		3							
9		4							
10		5							
11		合计							
12		会计		出纳		保管		交货人	
13									
14									

销售毛利计算表　商品代码表　入库单

图 7-3-4　入库单名称及项目

选择从单元格 B1 至 I1 的区域，将水平对齐方式设为“跨列居中”。选择从单元格 B5 至 I5 的区域，将水平对齐方式和垂直对齐方式均设为“居中”。选择从单元格 B6 至 B11 的区域，将水平对齐方式和垂直对齐方式均设为“居中”。

将从单元格 A1 至 I11 区域的文字加粗。

选择 C 列，将相关单元格设为文本格式。

选择从单元格 C5 至 I11 的区域，将内外框线设为单实线。

3. 设置公式

在单元格 D6 中输入公式“=IF(C6="","",VLOOKUP(C6,商品代码表!A:G,2,0))”，并将公式向下复制到单元格 D10，如图 7-3-5 所示。该公式表示当商品编码非空值时，系统自动从商品代码表中查找与商品编码对应的商品名称并将其填入本表中相应单元格。

D6 =IF(C6="","",VLOOKUP(C6,商品代码表!A:G,2,0))

	A	B	C	D	E	F	G	H	I
1					入库单				
2		入库部门			入库日期				
3		入库单号			仓库				
4									
5		序号	商品编码	商品名称	型号规格	单位	入库时间	数量	备注
6		1							
7		2							
8		3							
9		4							
10		5							
11		合计							
12		会计		出纳		保管		交货人	
13									

销售毛利计算表 | 商品代码表 | 入库单

图 7-3-5　查找并填入商品名称

在单元格 E6 中输入公式“=IF(C6="","",VLOOKUP(C6,商品代码表!A:G,3,0))”，并将公式向下复制到单元格 E10，如图 7-3-6 所示。该公式含义与上文类似，作用是查找并填入型号规格数据。

E6 =IF(C6="","",VLOOKUP(C6,商品代码表!A:G,3,0))

	A	B	C	D	E	F	G	H	I
1					入库单				
2		入库部门			入库日期				
3		入库单号			仓库				
4									
5		序号	商品编码	商品名称	型号规格	单位	入库时间	数量	备注
6		1							
7		2							
8		3							
9		4							
10		5							
11		合计							
12		会计		出纳		保管		交货人	
13									

销售毛利计算表 | 商品代码表 | 入库单

图 7-3-6　查找并填入型号规格

在单元格 F6 中输入公式“=IF(C6="","",VLOOKUP(C6,商品代码表!A:G,4,0))”，并将公式向下复制到单元格 F10，如图 7-3-7 所示。该公式含义与上文类似，作用是查找并填入单位数据。

4. 录入信息

根据前述当月生产入库信息录入有关信息，入库时间为 2020 年 8 月 4 日，入库部门为生产部，入库单号为 CCP001，仓库为产成品库，其中，录入商品编码后系统会自动显

示对应的商品名称、型号规格和单位。结果如图 7-3-8 所示。

F6　=IF(C6="","",VLOOKUP(C6,商品代码表!A:G,4,0))

			入库单				
入库部门			入库日期				
入库单号			仓库				
序号	商品编码	商品名称	型号规格	单位	入库时间	数量	备注
1							
2							
3							
4							
5							
合计							
会计		出纳		保管		交货人	

销售毛利计算表　商品代码表　入库单

图 7-3-7　查找并填入单位

			入库单				
入库部门	生产部		入库日期	2020-8-4			
入库单号	CCP001		仓库	产成品库			
序号	商品编码	商品名称	型号规格	单位	入库时间	数量	备注
1	SP001	电热水壶	A型	个	2020-8-4	400	
2	SP002	电热水壶	B型	个	2020-8-4	400	
3							
4							
5							
合计							
会计		出纳		保管		交货人	

销售毛利计算表　商品代码表　入库单

图 7-3-8　制作完成的入库单

三、制作出库单

1. 创建表单

打开“鸿丰公司进销存管理”工作簿，单击“入库单”工作表右边的“⊕”按钮，新建一个工作表，并将其重命名为“出库单”。

可以直接将“入库单”工作表的内容复制，粘贴到“出库单”工作表里，再将复制过来的入库数据删除（但保留设有公式的单元格内容），将“出库单”工作表里的文字“入库”都改成“出库”，结果如图 7-3-9 所示。

			出库单				
出库部门			出库日期				
出库单号			仓库				
序号	商品编码	商品名称	型号规格	单位	出库时间	数量	备注
1							
2							
3							
4							
5							
合计							
会计		出纳		保管		交货人	

商品代码表　入库单　出库单

图 7-3-9　创建出库单

2. 录入信息

根据当月销售信息在“出库单”工作表中录入两张出库单，第二张出库单可以将第一张出库单复制粘贴后再进行修改。录入商品编码后系统会自动显示对应的商品名称、型号规格和单位，出库单号分别为 SPXS001、SPXS002，仓库为产成品库。结果分别如图 7-3-10、图 7-3-11 所示。

	A	B	C	D	E	F	G	H	I
1					出库单				
2		出库部门	销售部		出库日期	2020-8-5			
3		出库单号	SPXS001		仓库	产成品库			
4									
5		序号	商品编码	商品名称	型号规格	单位	出库时间	数量	备注
6		1	SP001	电热水壶	A型	个	2020-8-5	800	
7		2							
8		3							
9		4							
10		5							
11		合计							
12		会计		出纳		保管		交货人	

商品代码表 | 入库单 | 出库单

图 7-3-10　制作完成的出库单 1

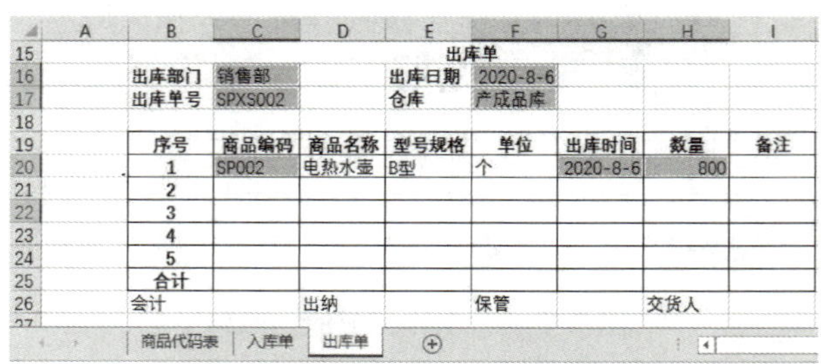

	A	B	C	D	E	F	G	H	I
15					出库单				
16		出库部门	销售部		出库日期	2020-8-6			
17		出库单号	SPXS002		仓库	产成品库			
18									
19		序号	商品编码	商品名称	型号规格	单位	出库时间	数量	备注
20		1	SP002	电热水壶	B型	个	2020-8-6	800	
21		2							
22		3							
23		4							
24		5							
25		合计							
26		会计		出纳		保管		交货人	

商品代码表 | 入库单 | 出库单

图 7-3-11　制作完成的出库单 2

四、制作入库统计表

1. 创建表单

打开“鸿丰公司进销存管理”工作簿，单击“出库单”工作表右边的“⊕”按钮，新建一个工作表，并将其重命名为“入库统计表”。

2. 设置项目与格式

输入入库统计表名称，设置有关项目，如图 7-3-12 所示。

	A	B	C	D	E	F	G	H	I
1	入库统计表								
2	入库日期	入库单号	商品编码	商品名称	型号规格	单位	数量	单位成本	金额
3									
4									
5									
6									

... | 入库单 | 出库单 | 入库统计表

图 7-3-12　入库统计表名称及项目

选择从单元格 A1 至 I1 的区域，将水平对齐方式设为“跨列居中”。选择从单元格 A2 至 I2 的区域，将水平对齐方式和垂直对齐方式均设为“居中”。

将从单元格 A1 至 I2 区域的文字加粗。

选择 B、C 两列，将其单元格设为文本格式。选择 H、I 两列，将其单元格设为数值格式，并保留 2 位小数。设置结果如图 7-3-13 所示。

	A	B	C	D	E	F	G	H	I
1	入库统计表								
2	入库日期	入库单号	商品编码	商品名称	型号规格	单位	数量	单位成本	金额
3									0.00
4									0.00
5									

入库单 | 出库单 | 入库统计表

图 7-3-13　设置入库统计表格式

3. 设置公式

在单元格 I3 中输入公式“=G3＊H3”，并将公式向下复制到单元格 I4。在单元格 D3 中输入公式“=IF(C3="","",VLOOKUP(C3,商品代码表!A:G,2,0))”，并将公式向下复制到单元格 D4。在单元格 E3 中输入公式“=IF(C3="","",VLOOKUP(C3,商品代码表!A:G,3,0))”，并将公式向下复制到单元格 E4。在单元格 F3 中输入公式“=IF(C3="","",VLOOKUP(C3,商品代码表!A:G,4,0))”，并将公式向下复制到单元格 F4。上述公式的含义与入库单中的公式含义类似。

4. 录入信息

根据“入库单”工作表的信息和当月产品完工入库数据，在入库统计表中录入有关信息。其中，输入商品编码后系统会自动显示对应的商品名称、型号规格和单位。结果如图 7-3-14 所示。

	A	B	C	D	E	F	G	H	I
1	入库统计表								
2	入库日期	入库单号	商品编码	商品名称	型号规格	单位	数量	单位成本	金额
3	2020-8-4	CCP001	SP001	电热水壶	A型	个	400	109.25	43700.00
4	2020-8-4	CCP001	SP002	电热水壶	B型	个	400	125.00	50000.00
5									

入库单 | 出库单 | 入库统计表

图 7-3-14　制作完成的入库统计表

五、制作出库统计表

1. 创建表单

打开“鸿丰公司进销存管理”工作簿，单击“入库统计表”工作表右边的“⊕”按钮，新建一个工作表，并将其重命名为“出库统计表”。

直接将“入库统计表”工作表的内容复制，粘贴到“出库统计表”工作表里。将复制过来的入库数据删除（但保留设有公式的单元格内容），将“出库统计表”工作表里的文字“入库”都改成“出库”，并新增项目“客户”，结果如图 7-3-15 所示。

2. 录入信息并计算

根据“出库单”工作表的信息和当月销售出库数据，录入出库统计表的有关信息，

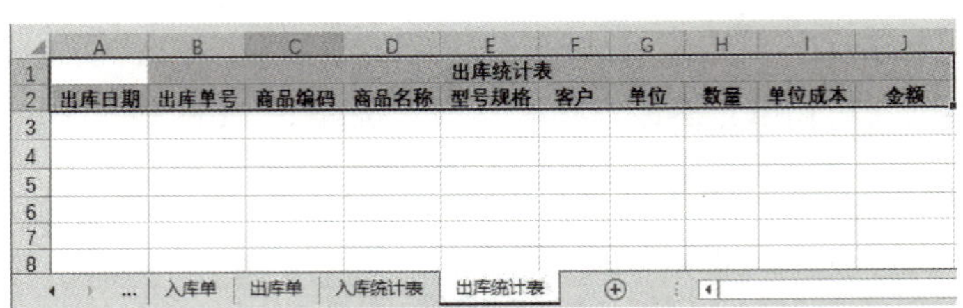

出库统计表									
出库日期	出库单号	商品编码	商品名称	型号规格	客户	单位	数量	单位成本	金额

图 7-3-15　创建出库统计表

如图 7-3-16 所示。

出库统计表									
出库日期	出库单号	商品编码	商品名称	型号规格	客户	单位	数量	单位成本	金额
2020-8-5	SPXS001	SP001	电热水壶	A型	家电	个	800		
2020-8-6	SPXS002	SP002	电热水壶	B型	电器	个	800		

图 7-3-16　录入有关信息

根据“销售毛利计算表”工作表里的“销售成本”项目信息，使用函数填入“出库统计表”工作表中“金额”项目的数据。即在单元格 J3 中输入公式“=VLOOKUP(C3,销售毛利计算表!A:G,5,0)”，并将公式向下复制到单元格 J4，如图 7-3-17 所示。

J3　=VLOOKUP(C3,销售毛利计算表!A:G,5,0)

出库统计表									
出库日期	出库单号	商品编码	商品名称	型号规格	客户	单位	数量	单位成本	金额
2020-8-5	SPXS001	SP001	电热水壶	A型	家电	个	800		87850.00
2020-8-6	SPXS002	SP002	电热水壶	B型	电器	个	800		100000.00

图 7-3-17　查找并填入“金额”项目的数据

计算“单位成本”项目的数据，即在单元格 I3 中输入公式“=J3/H3”，并将公式向下复制到单元格 I4，如图 7-3-18 所示。

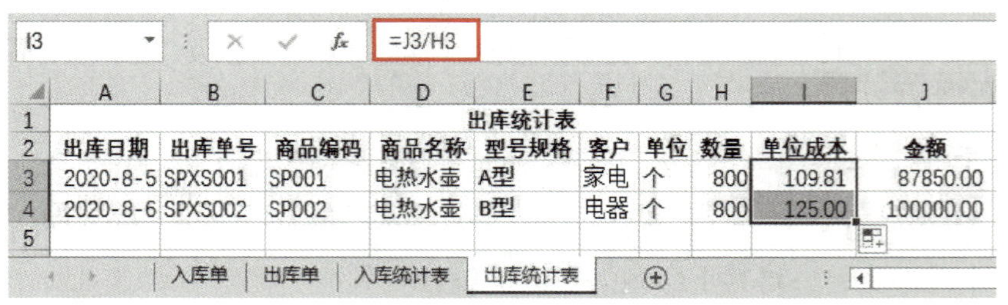

I3　=J3/H3

出库统计表									
出库日期	出库单号	商品编码	商品名称	型号规格	客户	单位	数量	单位成本	金额
2020-8-5	SPXS001	SP001	电热水壶	A型	家电	个	800	109.81	87850.00
2020-8-6	SPXS002	SP002	电热水壶	B型	电器	个	800	125.00	100000.00

图 7-3-18　计算“单位成本”项目的数据

六、制作库存统计表

1. 创建表单

打开“鸿丰公司进销存管理”工作簿，单击“出库统计表”工作表右边的“⊕”按

钮，新建一个工作表，并将其重命名为“库存统计表”。

2. 设置项目与格式

输入库存统计表名称，设置有关项目，如图 7-3-19 所示。

	A	B	C	D	E	F	G	H	I	J	K	L
1	库存统计表											
2	商品编码	商品名称	型号规格	单位	期初库存		本期入库		本期出库		期末库存	
3					数量	成本金额	数量	成本金额	数量	成本金额	数量	成本金额
4												
5												
6												
7												
8												

出库单 | 入库统计表 | 出库统计表 | 库存统计表

图 7-3-19　库存统计表名称及项目

选择从单元格 A1 至 L1 的区域，将水平对齐方式设为“跨列居中”。选择从单元格 A2 至 L3 的区域，将水平对齐方式和垂直对齐方式均设为“居中”。将从单元格 A2 至 A3 的区域、从单元格 B2 至 B3 的区域、从单元格 C2 至 C3 的区域、从单元格 D2 至 D3 的区域、从单元格 E2 至 F2 的区域、从单元格 G2 至 H2 的区域、从单元格 I2 至 J2 的区域、从单元格 K2 至 L2 的区域分别合并。将从单元格 A1 至 L3 区域的文字加粗。选择 F、H、J、L 四列，将其所属单元格设为数值格式，并保留 2 位小数。

3. 设置公式

（1）查找并填入商品信息

如图 7-3-20 所示，在单元格 B4 中输入公式“=IF(A4="","",VLOOKUP(A4,商品代码表!A:G,2,0))”，并将公式向下复制到单元格 B5。在单元格 C4 中输入公式“=IF(A4="","",VLOOKUP(A4,商品代码表!A:G,3,0))”，并将公式向下复制到单元格 C5。在单元格 D4 中输入公式“=IF(A4="","",VLOOKUP(A4,商品代码表!A:G,4,0))”，并将公式向下复制到单元格 D5。上述公式的含义可参见前面在制作入库单时所使用的类似公式。

B4　=IF(A4="","",VLOOKUP(A4,商品代码表!A:G,2,0))

	A	B	C	D	E	F	G	H	I	J	K	L
1	库存统计表											
2	商品编码	商品名称	型号规格	单位	期初库存		本期入库		本期出库		期末库存	
3					数量	成本金额	数量	成本金额	数量	成本金额	数量	成本金额
4												
5												
6												

出库单 | 入库统计表 | 出库统计表 | 库存统计表

图 7-3-20　查找并填入商品信息

（2）查找并填入期初库存数据

如图 7-3-21 所示，在单元格 E4 中输入公式“=IF(A4="","",VLOOKUP(A4,商品代码表!A:G,5,0))”，并将公式向下复制到单元格 E5。在单元格 F4 中输入公式“=

IF(A4="","",VLOOKUP(A4,商品代码表! A:G,7,0))”，并将公式向下复制到单元格 F5，即可得出期初库存数量和成本金额。

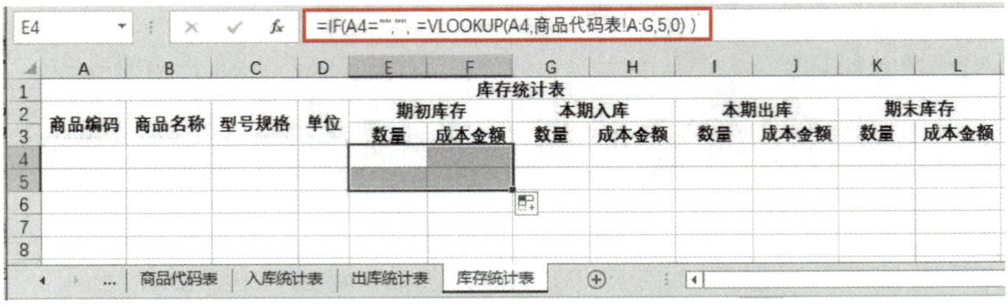

E4 =IF(A4="","", =VLOOKUP(A4,商品代码表!A:G,5,0))

库存统计表											
商品编码	商品名称	型号规格	单位	期初库存		本期入库		本期出库		期末库存	
				数量	成本金额	数量	成本金额	数量	成本金额	数量	成本金额

商品代码表 | 入库统计表 | 出库统计表 | 库存统计表

图 7-3-21　查找并填入期初库存数据

（3）统计本期入库、本期出库、期末库存数据

如图 7-3-22 所示，在单元格 G4 中输入公式“=SUMIF(入库统计表!C:C,A4,入库统计表!G:G)”，并将公式向下复制到单元格 G5。在单元格 H4 中输入公式“=SUMIF(入库统计表!C:C,A4,入库统计表!I:I)”，并将公式向下复制到单元格 H5，即可得出本期入库数量和成本金额。

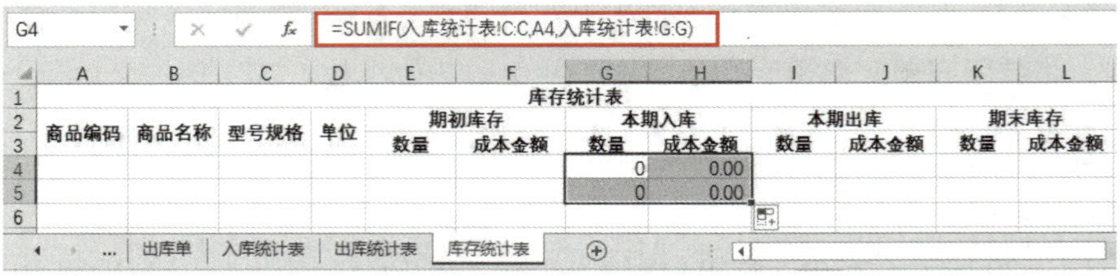

G4 =SUMIF(入库统计表!C:C,A4,入库统计表!G:G)

库存统计表											
商品编码	商品名称	型号规格	单位	期初库存		本期入库		本期出库		期末库存	
				数量	成本金额	数量	成本金额	数量	成本金额	数量	成本金额
						0	0.00				
						0	0.00				

出库单 | 入库统计表 | 出库统计表 | 库存统计表

图 7-3-22　统计本期入库数据

如图 7-3-23 所示，在单元格 I4 中输入公式“=SUMIF(出库统计表!C:C,A4,出库统计表!H:H)”，并将公式向下复制到单元格 I5。在单元格 J4 中输入公式“=SUMIF(出库统计表!C:C,A4,出库统计表!J:J)”，并将公式向下复制到单元格 J5，即可得出本期出库数量和成本金额。

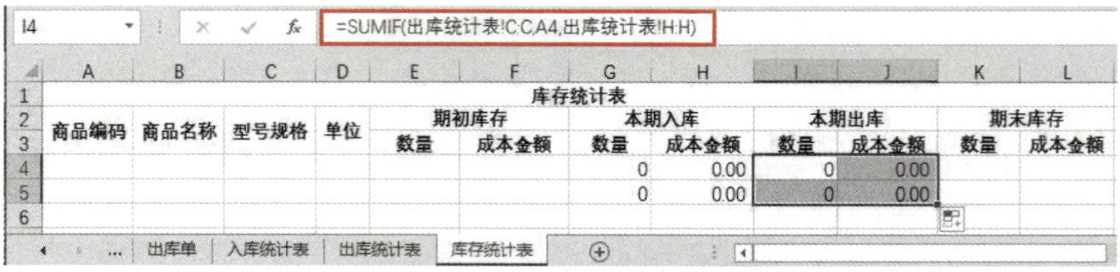

I4 =SUMIF(出库统计表!C:C,A4,出库统计表!H:H)

库存统计表											
商品编码	商品名称	型号规格	单位	期初库存		本期入库		本期出库		期末库存	
				数量	成本金额	数量	成本金额	数量	成本金额	数量	成本金额
						0	0.00	0	0.00		
						0	0.00	0	0.00		

出库单 | 入库统计表 | 出库统计表 | 库存统计表

图 7-3-23　统计本期出库数据

如图 7-3-24 所示，在单元格 K4 中输入公式“=E4+G4-I4”，并将公式向下复制到单元格 K5。在单元格 L4 中输入公式“=F4+H4-J4”，并将公式向下复制到单元格 L5，即可得出期末库存数量和成本金额。

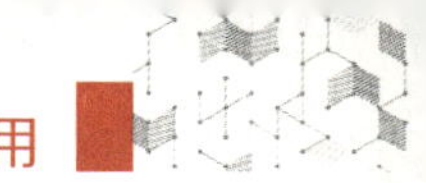

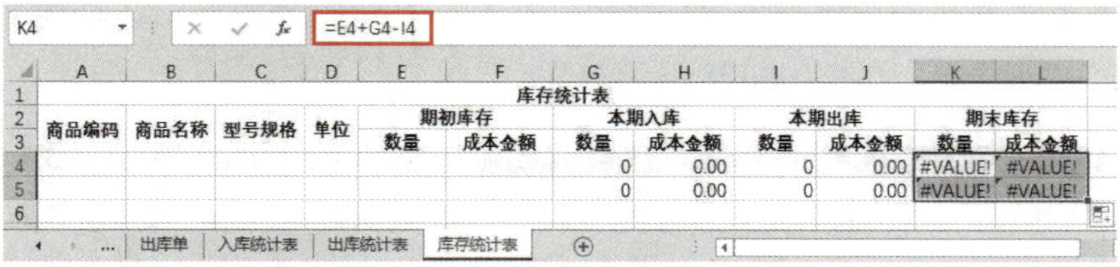

K4
=E4+G4-I4
库存统计表
商品编码 商品名称 型号规格 单位
期初库存 本期入库 本期出库 期末库存
数量 成本金额 数量 成本金额 数量 成本金额 数量 成本金额
0 0.00 0 0.00 #VALUE! #VALUE!
0 0.00 0 0.00 #VALUE! #VALUE!
出库单 入库统计表 出库统计表 库存统计表

图 7-3-24　统计期末库存数据

4. 录入信息

在单元格 A4 和 A5 中分别录入商品编码“SP001”“SP002”，系统将通过以上设置的公式自动生成其他各项数据，如图 7-3-25 所示。

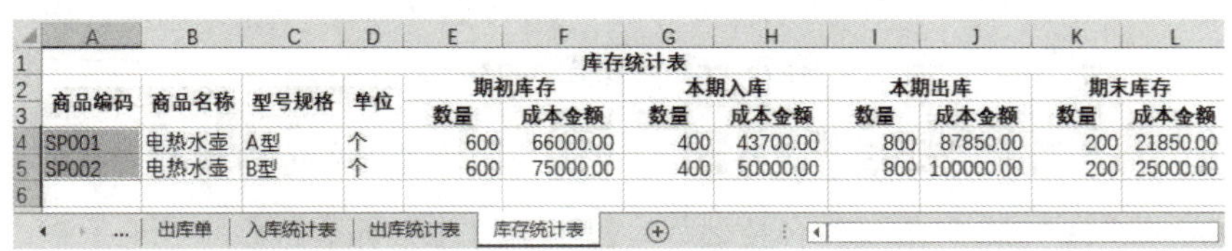

库存统计表
商品编码 商品名称 型号规格 单位
期初库存 本期入库 本期出库 期末库存
数量 成本金额 数量 成本金额 数量 成本金额 数量 成本金额
SP001 电热水壶 A型 个 600 66000.00 400 43700.00 800 87850.00 200 21850.00
SP002 电热水壶 B型 个 600 75000.00 400 50000.00 800 100000.00 200 25000.00
出库单 入库统计表 出库统计表 库存统计表

图 7-3-25　制作完成的库存统计表

七、库存量统计与突出显示

1. 库存量统计

打开“库存统计表”工作表，在单元格 A6 中输入文字“合计”，将从单元格 A6 至 D6 的区域设为“合并后居中”并将文字加粗，如图 7-3-26 所示。

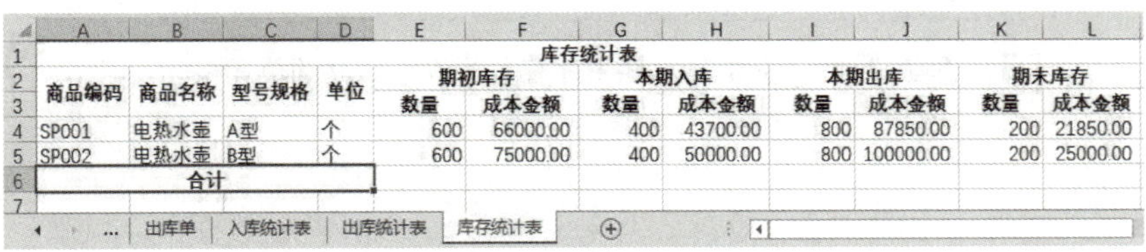

库存统计表
商品编码 商品名称 型号规格 单位
期初库存 本期入库 本期出库 期末库存
数量 成本金额 数量 成本金额 数量 成本金额 数量 成本金额
SP001 电热水壶 A型 个 600 66000.00 400 43700.00 800 87850.00 200 21850.00
SP002 电热水壶 B型 个 600 75000.00 400 50000.00 800 100000.00 200 25000.00
合计
出库单 入库统计表 出库统计表 库存统计表

图 7-3-26　新增库存统计表合计栏

在单元格 E6 中输入公式“=SUM(E4:E5)”，并将公式向右复制到单元格 L7，即可得出各项目的合计值，如图 7-3-27 所示。

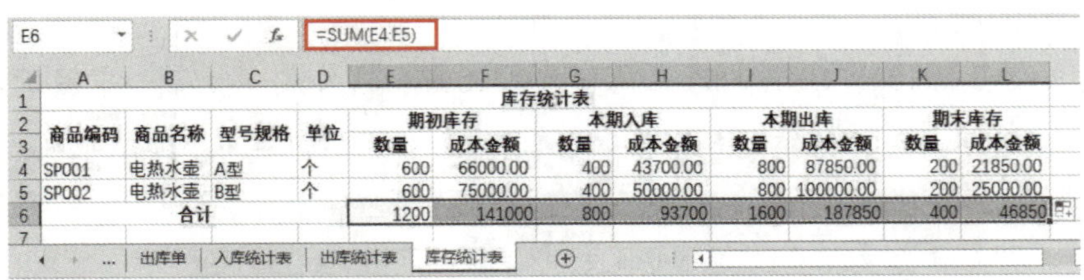

E6
=SUM(E4:E5)
库存统计表
商品编码 商品名称 型号规格 单位
期初库存 本期入库 本期出库 期末库存
数量 成本金额 数量 成本金额 数量 成本金额 数量 成本金额
SP001 电热水壶 A型 个 600 66000.00 400 43700.00 800 87850.00 200 21850.00
SP002 电热水壶 B型 个 600 75000.00 400 50000.00 800 100000.00 200 25000.00
合计 1200 141000 800 93700 1600 187850 400 46850
出库单 入库统计表 出库统计表 库存统计表

图 7-3-27　计算各项目合计值

2. 库存量突出显示

打开“库存统计表”工作表，选择从单元格 K4 至 K5 的区域，单击主菜单中的“开

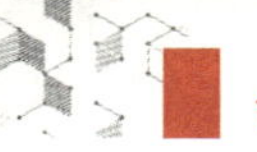

始”，在“样式”选项组中单击“条件格式”按钮，在下拉列表中依次选择“突出显示单元格规则”“大于”，如图 7-3-28 所示。

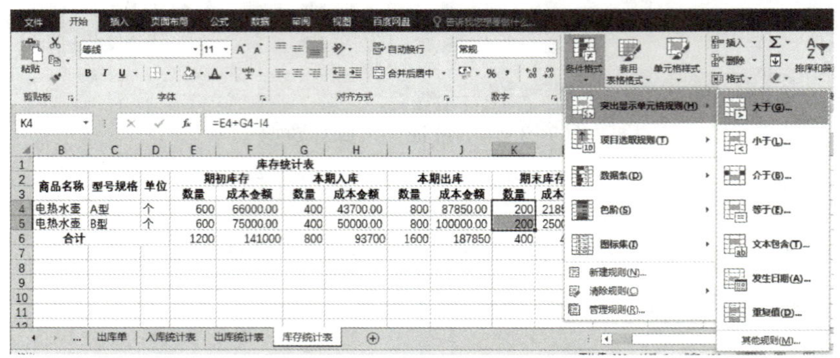

图 7-3-28　设置条件格式

在弹出的“大于”对话框中，在“为大于以下值的单元格设置格式”框中输入“300”，并选择“浅红填充色深红色文本”，如图 7-3-29 所示。

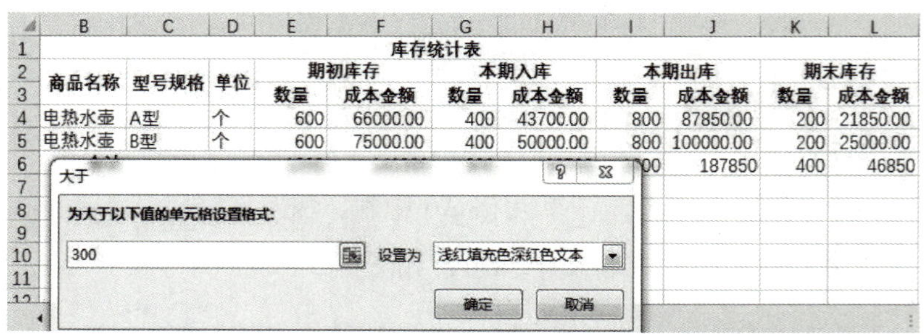

图 7-3-29　突出显示期末库存数量大于 300 的单元格

项目小结

本项目利用 Excel 制作与采购管理、销售管理和库存管理相关的多种表单，以便解决进销存管理中常见的数据统计与分析问题。

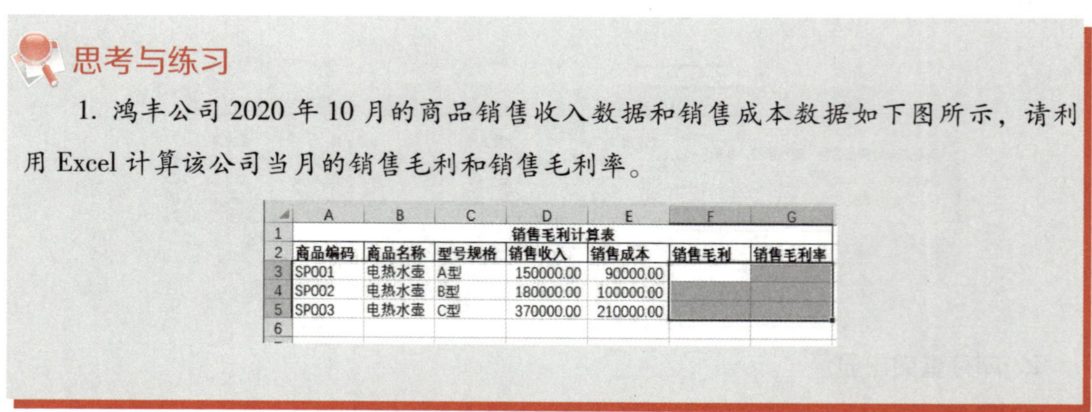

思考与练习

1. 鸿丰公司 2020 年 10 月的商品销售收入数据和销售成本数据如下图所示，请利用 Excel 计算该公司当月的销售毛利和销售毛利率。

销售毛利计算表						
商品编码	商品名称	型号规格	销售收入	销售成本	销售毛利	销售毛利率
SP001	电热水壶	A型	150000.00	90000.00		
SP002	电热水壶	B型	180000.00	100000.00		
SP003	电热水壶	C型	370000.00	210000.00		

2. 鸿丰公司 2020 年 10 月的采购入库付款明细数据如下图所示，请利用 Excel 编制采购付款业务统计表（统计表样式已在图中下方设置好）。

	A	B	C	D	E	F	G	H	I	J	K	L	M	N	O	P
1	采购入库付款明细表															
2	采购日期	供应商	采购发票号	物料编码	物料名称	型号规格	单位	数量	无税单价	含税单价	无税金额	含税金额	交货日期	交货数量	已付货款	未付货款
3	2020/10/3	物资	0000101	CL001	壶体	A型	个	300	30.00	33.90	9000.00	10170.00	2020/10/3	400	10170.00	0.00
4	2020/10/3	物资	0000101	CL002	壶体	B型	个	300	50.00	56.50	15000.00	16950.00	2020/10/3	400	16950.00	0.00
5	2020/10/3	物资	0000101	CL003	壶体	C型	个	300	100.00	113.00	30000.00	33900.00	2020/10/3	400	33900.00	0.00
6	2020/10/3	物资	0000101	CL004	壶盖	AB型	个	600	10.00	11.30	6000.00	6780.00	2020/10/3	800	6780.00	0.00
7	2020/10/3	物资	0000101	CL005	壶盖	C型	个	300	20.00	22.60	6000.00	6780.00	2020/10/3	400	6780.00	0.00
8	2020/10/4	器材	0000102	CL006	底盘	AB型	个	600	10.00	11.30	6000.00	6780.00	2020/10/4	800		6780.00
9	2020/10/4	器材	0000102	CL007	底盘	C型	个	300	20.00	22.60	6000.00	6780.00	2020/10/4	400		6780.00
10	2020/10/4	器材	0000102	CL008	底座	AB型	个	600	20.00	22.60	12000.00	13560.00	2020/10/4	800		13560.00
11	2020/10/4	器材	0000102	CL009	底座	C型	个	300	50.00	56.50	15000.00	16950.00	2020/10/4	400		16950.00
12	2020/10/4	器材	0000102	CL010	辅件	AB型	套	600	20.00	22.60	12000.00	13560.00	2020/10/4	800		13560.00
13	2020/10/4	器材	0000102	CL011	辅件	C型	套	300	50.00	56.50	15000.00	16950.00	2020/10/4	400		16950.00
14																
15	审核人：	张山	填表人：	王强												
16																
17		采购付款业务统计表														
18	供应商	应付货款	已付货款	未付货款												
19	物资															
20	器材															

项目八
固定资产管理的 Excel 应用

学习目标

知识目标

1. 掌握固定资产明细账的特点和制作方法。
2. 掌握固定资产折旧计算常用 Excel 函数的用法。

能力目标

1. 能够利用 Excel 制作固定资产卡片，进行固定资产管理。
2. 能够利用 Excel 进行固定资产折旧计算。

【项目导学】

为有效管理企业固定资产，财务人员要根据相关法规和公司固定资产管理制度在账目中设立相关固定资产项目，建立固定资产管理模板，录入固定资产基础信息数据，进行每月折旧计算，以完成固定资产明细核算。本项目主要介绍固定资产日常管理中的 Excel 应用，包括利用 Excel 制作固定资产卡片、进行固定资产折旧计算等。

本项目主要涉及各种 Excel 折旧函数的应用。

思维导图

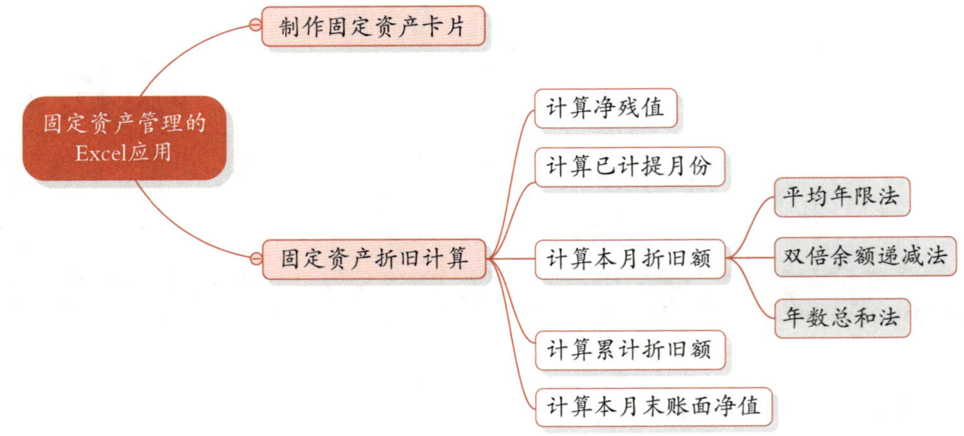

任务一　制作固定资产卡片

【任务导入】

2020 年 7 月 25 日鸿丰公司固定资产基本信息见表 8-1-1。财务人员需要利用 Excel 设置固定资产项目，制作固定资产卡片，进行固定资产基础数据管理。

表 8-1-1　鸿丰公司固定资产基本信息

编号	固定资产名称	规格型号	使用部门	使用状况	增加方式	开始使用日期	原值（元）	预计使用年限（年）	预计净残值率	折旧方法
1	办公楼	10 万平方米	管理部	在用	自建	2015/8/10	2 000 000	40	10%	年限平均法
2	仓库	80 万平方米	销售部	在用	自建	2016/10/6	6 000 000	50	10%	年限平均法
3	货车	20 吨	销售部	在用	购入	2017/11/26	200 000	10	4%	年限平均法
4	空调	格力	管理部	在用	购入	2018/2/12	22 000	5	3%	年限平均法
5	计算机	DELL	管理部	在用	购入	2019/7/25	20 000	5	3%	双倍余额递减法
6	计算机	HP	财务部	已提足折旧	购入	2016/2/1	10 000	4	3%	双倍余额递减法
7	复印机	HP	财务部	已提足折旧	购入	2016/2/1	15 000	4	3%	年数总和法

【相关知识】

固定资产明细账也叫固定资产卡片，是记载企业各类固定资产存放、使用地点及增减变化的明细账。固定资产明细账一般采用卡片的形式。

【任务实施】

一、创建表单

1. 新建表单

新建一个 Excel 工作簿，将其命名为“鸿丰公司固定资产表”，再将其中的工作表

“Sheet1”重命名为“固定资产卡片”。

2. 设置项目并输入内容

输入表的名称和日期，在工作表中设置固定资产卡片相关项目，如图 8-1-1 所示。

	A	B	C	D	E	F	G	H	I	J	K	L	M	N	O	P	Q
1	鸿丰公司固定资产																
2	日期:		2020/7/25														
3	卡片编号	固定资产名称	规格型号	使用部门	使用状况	增加方式	减少方式	开始使用日期	原值	预计使用年限	预计净残值率	净残值	折旧方法	已计提月份	至上月止累计折旧额	本月折旧额	本月末账面净值

图 8-1-1　设置固定资产卡片相关项目

根据表 8-1-1 输入固定资产卡片内容，如图 8-1-2 所示。

	A	B	C	D	E	F	G	H	I	J	K
1	鸿丰公司固定资产										
2	日期:		2020/7/25								
3	卡片编号	固定资产名称	规格型号	使用部门	使用状况	增加方式	减少方式	开始使用日期	原值	预计使用年限	预计净残值率
4	001	办公楼	10万平方米					2015/8/10	2000000	40	10%
5	002	仓库	80万平方米					2016/10/6	6000000	50	10%
6	003	货车	20吨					2017/11/26	200000	10	4%
7	004	空调	格力					2018/2/12	22000	5	3%
8	005	计算机	DELL					2019/7/25	20000	5	3%
9	006	计算机	HP					2016/2/1	10000	4	3%
10	007	复印机	HP					2016/2/1	15000	4	3%

图 8-1-2　输入固定资产卡片内容

二、设置主要内容

选中单元格 D4，单击主菜单中的“数据”，在“数据工具”选项组中单击“数据验证”按钮，在下拉列表中选择“数据验证”，弹出“数据验证”对话框，单击“设置”选项卡，在“允许”栏下拉列表中选择“序列”，然后在“来源”框中录入“管理部,销售部,财务部”（注意逗号必须为英文半角符号，下同），最后单击“确定”按钮，如图 8-1-3 所示。

选中单元格 D4，按住鼠标左键不放，向下拖至单元格 D10。最后，根据表 8-1-1 输入各使用部门名称，如图 8-1-4 所示。

用同样方法对“使用状况”“增加方式”“减少方式”“折旧方法”项目设置数据验证。对于“使用状况”项目，应在其“来源”框中录入“在用,未用,已提足折旧”。对于“增加方式”项目，应在其“来源”框中录入“自建,购入,投资,调拨”。对于“减少方式”项目，应在其“来源”框中录入“报废,损毁,出售,调拨”。对于“折旧方法”项目，应在其“来源”框中录入“年限平均法,双倍余额递减法,年数总和法”。最后，根据表 8-1-1 中的具体内容输入本表各项目明细数据，结果如图 8-1-5 所示。

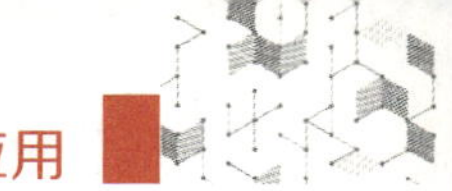

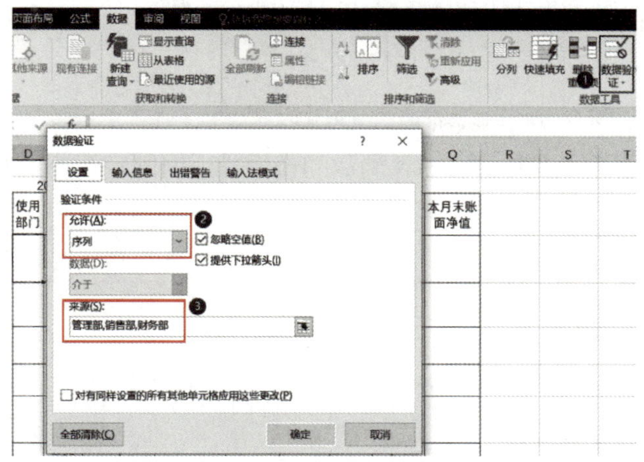

图 8-1-3　设置数据验证

	A	B	C	D
1				
2	日期:			2020/7/
3	卡片编号	固定资产名称	规格型号	使用部门
4	001	办公楼	10万平方米	管理部
5	002	仓库	80万平方米	销售部
6	003	货车	20吨	销售部
7	004	空调	格力	管理部
8	005	计算机	DELL	管理部
9	006	计算机	HP	财务部
10	007	复印机	HP	财务部

图 8-1-4　输入使用部门名称

	A	B	C	D	E	F	G	H	I	J	K	L	M
1									鸿丰公司固定资产				
2	日期:		2020/7/25										
3	卡片编号	固定资产名称	规格型号	使用部门	使用状况	增加方式	减少方式	开始使用日期	原值	预计使用年限	预计净残值率	净残值	折旧方法
4	001	办公楼	10万平方米	管理部	在用	自建		2015/8/10	2000000	40	10%		年限平均法
5	002	仓库	80万平方米	销售部	在用	自建		2016/10/6	6000000	50	10%		年限平均法
6	003	货车	20吨	销售部	在用	购入		2017/11/26	200000	10	4%		年限平均法
7	004	空调	格力	管理部	在用	购入		2018/2/12	22000	5	3%		年限平均法
8	005	计算机	DELL	管理部	在用	购入		2019/7/25	20000	5	3%		双倍余额递减法
9	006	计算机	HP	财务部	已提足折旧	购入		2016/2/1	10000	4	3%		双倍余额递减法
10	007	复印机	HP	财务部	已提足折旧	购入		2016/2/1	15000	4	3%		年数总和法

图 8-1-5　制作完成的固定资产卡片

任务二　固定资产折旧计算

【任务导入】

固定资产卡片制作完成后，财务人员需要通过 Excel 折旧函数对鸿丰公司适用年限平均法（直线法）、双倍余额递减法、年数总和法的固定资产进行折旧计算。

【相关知识】

一、年限平均法计算公式及相关函数

年限平均法相关计算公式如下：

年折旧率=（1-预计净残值率）÷预计使用年限×100%

月折旧率=年折旧率÷12

月折旧额=固定资产原值×月折旧率

在 Excel 中，可以使用 SLN 函数进行计算。SLN 函数的作用是返回固定资产的每期直线折旧额。

> 函数语法：SLN(cost,salvage,life)
>
> 说明：cost 表示资产原值，salvage 表示资产使用年限终了时的估计残值，life 表示资产的折旧期数（也称资产的生命周期）。

例如，鸿丰公司要对一批设备采用年限平均法进行折旧，设备原值 60 万元，残值 5 万元，折旧年限为 20 年，求该批设备每年的折旧额。如图 8-2-1 所示，在单元格 B5 中输入公式“=SLN(B2,B3,B4)”，即得出每期折旧额为 27 500 元。

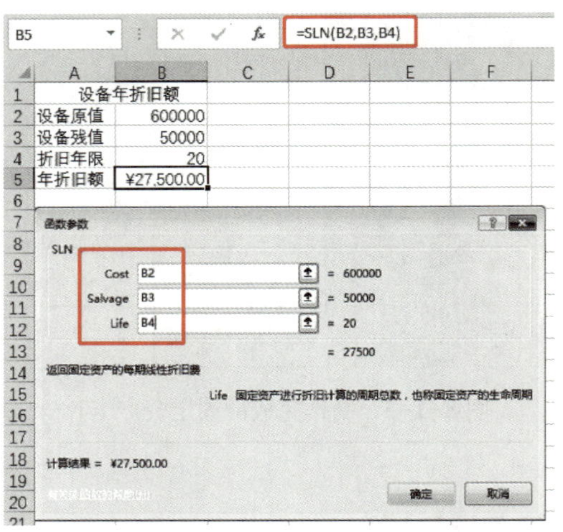

图 8-2-1　SLN 函数应用举例

二、双倍余额递减法计算公式及相关函数

双倍余额递减法的相关计算公式如下：

年折旧率=2÷预计使用年限×100%

月折旧率=年折旧率÷12

月折旧额=固定资产账面净值×月折旧率

在 Excel 中，可以使用 DDB 函数计算本期折旧，最后两年使用 SLN 函数计算折旧，还可用 VDB 函数计算累计折旧。

DDB 函数的作用是用双倍余额递减法或其他指定方法，返回指定期间某项固定资产

的折旧额。

> 函数语法：DDB(cost,salvage,life,period,[factor])
>
> 说明：cost 表示资产原值；salvage 表示资产使用年限终了时的估计残值；life 表示资产的折旧期数；period 表示折旧计算的期次，它必须与参数 life 使用相同的单位；factor 表示余额递减速率，若省略则默认值为 2（双倍余额递减）。

例如，鸿丰公司要对上例中的设备采用双倍余额递减法进行折旧，求设备每年的折旧额。如图 8-2-2 所示，在单元格 D3 中输入公式“=DDB(B3,B4,B5,C3)”，即可得出第 1 年的折旧额为 60 000 元。

再调整该函数的参数，可快速求出任意一期的折旧额。如图 8-2-3 所示，在单元格 D7 中输入公式“=DDB(B3,B4,B5,10)”，即可得出第 10 年的折旧额约为 23 245. 23 元。

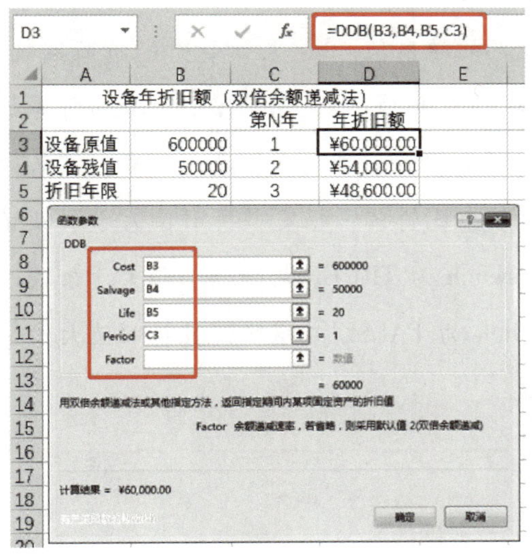

图 8-2-2　DDB 函数应用举例 1

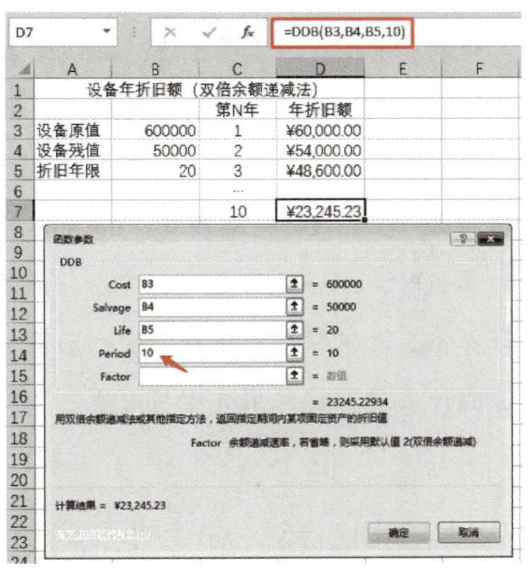

图 8-2-3　DDB 函数应用举例 2

如图 8-2-4 所示，在单元格 D3 中输入公式“=DDB(B3,B4,B5*365,C3)”，即可得出第 1 天的折旧额约为 164. 38 元。

如图 8-2-5 所示，在单元格 D3 中输入公式“=DDB(B3,B4,B5*12,C3)”，即可得出第 1 个月的折旧额为 5 000 元。

VDB 函数的作用是使用双倍余额递减法或其他指定方法，返回某项资产在给定期间（包括部分期间）的折旧值。

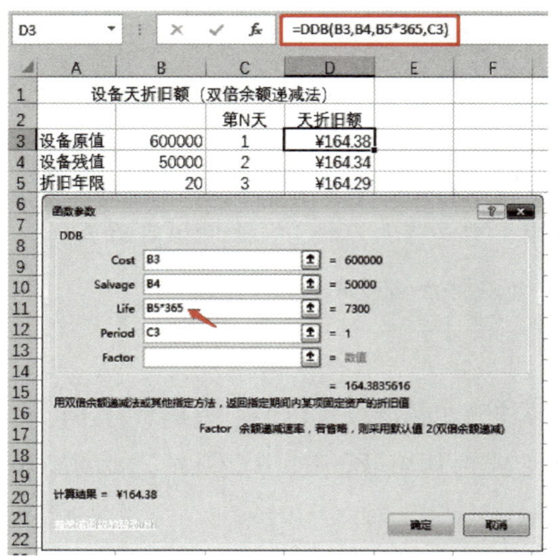

图 8-2-4　DDB 函数应用举例 3

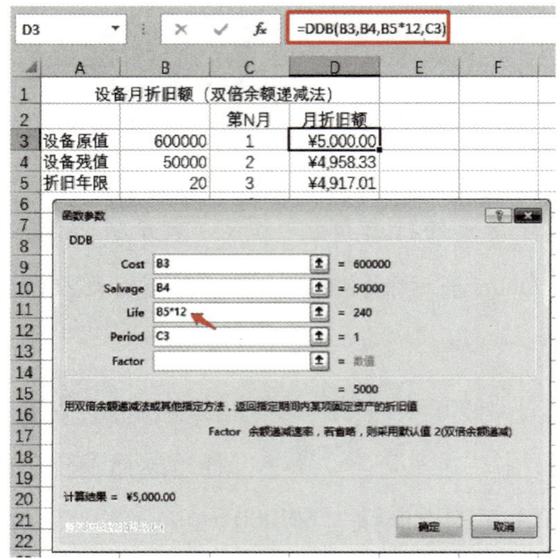

图 8-2-5　DDB 函数应用举例 4

函数语法：VDB(cost,salvage,life,start_period,end_period,[factor],[no_switch])

说明：cost 表示资产原值；salvage 表示资产的净残值；life 表示资产的折旧期数；start_period 表示计算折旧的起始时期，必须与 life 的单位相同；end_period 表示计算折旧的终止时期，必须与 life 的单位相同；factor 表示余额递减速率，是可选项，默认缺省值为 2，代表双倍余额递减；no_switch 表示一个逻辑值，指定当折旧值大于余额递减计算值时，是否转用直线折旧法。如果 no_switch 为 TRUE，即使折旧值大于余额递减计算值，也不转用直线折旧法；如果 no_switch 为 FALSE 或省略，且折旧值大于余额递减计算值，将转用直线折旧法。

三、年数总和法计算公式及相关函数

年数总和法的相关计算公式如下：

年折旧率=尚可使用年限÷预计使用年限的年数总和×100%

月折旧率=年折旧率÷12

月折旧额=（固定资产原值-预计净残值）×月折旧率

在 Excel 中，可以使用 SYD 函数进行相关计算。SYD 函数的作用是返回某项固定资产按年数总和法计算的每期折旧额。

函数语法：SYD(cost,salvage,life,per)

说明：cost 表示资产原值；salvage 表示资产使用年限终了时的估计残值；life 表示资产的折旧期数；per 表示进行折旧计算的期次，它必须与参数 life 使用相同的单位。

例如，鸿丰公司要对上例中的设备采用年数总和法进行折旧，求设备每年的折旧额。如图 8-2-6 所示，在单元格 D3 中输入公式“=SYD(B3,B4,B5,1)”，即可得出第 1 年的折旧额约为 52 380.95 元。

如图 8-2-7 所示，在单元格 D7 中输入公式“=SYD(B3,B4,B5,10)”，即可得出第 10 年的折旧额约为 28 809.52 元。

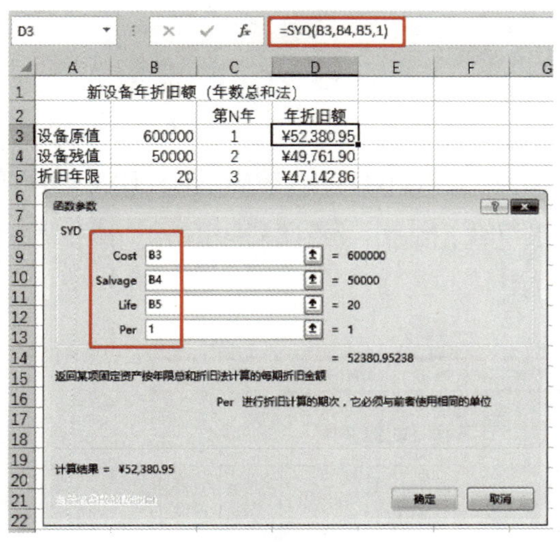

图 8-2-6　SYD 函数应用举例 1

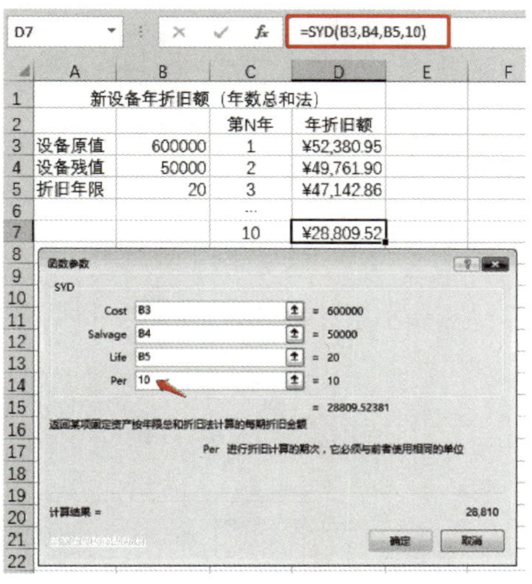

图 8-2-7　SYD 函数应用举例 2

【任务实施】

一、计算净残值

净残值的计算公式为：

净残值=固定资产原值×预计净残值率

打开固定资产卡片，选中单元格 L4，输入公式“=I4 * K4”，然后将公式向下复制至单元格 L10，即可得出结果。选中 L 列，将其相关单元格设为数值格式并将小数位数设为 0，如图 8-2-8 所示。

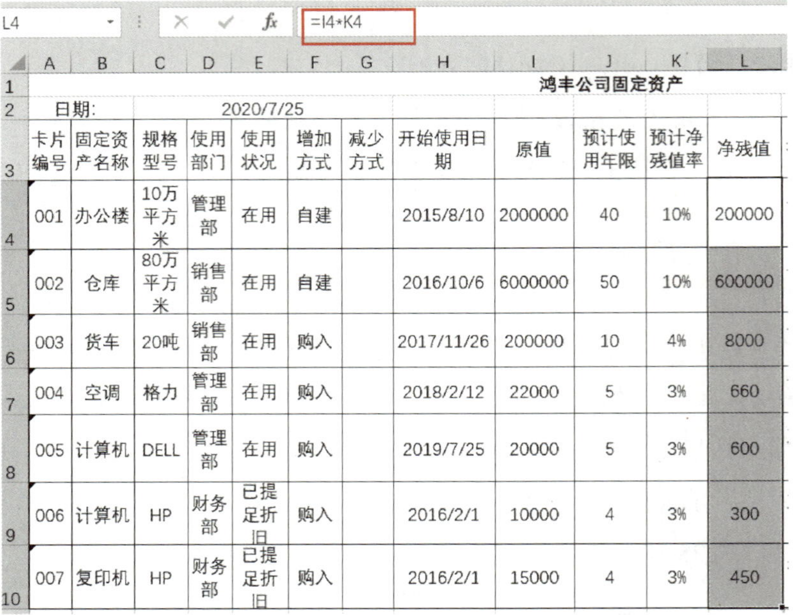

L4 =I4*K4

	A	B	C	D	E	F	G	H	I	J	K	L
1	鸿丰公司固定资产											
2	日期:		2020/7/25									
3	卡片编号	固定资产名称	规格型号	使用部门	使用状况	增加方式	减少方式	开始使用日期	原值	预计使用年限	预计净残值率	净残值
4	001	办公楼	10万平方米	管理部	在用	自建		2015/8/10	2000000	40	10%	200000
5	002	仓库	80万平方米	销售部	在用	自建		2016/10/6	6000000	50	10%	600000
6	003	货车	20吨	销售部	在用	购入		2017/11/26	200000	10	4%	8000
7	004	空调	格力	管理部	在用	购入		2018/2/12	22000	5	3%	660
8	005	计算机	DELL	管理部	在用	购入		2019/7/25	20000	5	3%	600
9	006	计算机	HP	财务部	已提足折旧	购入		2016/2/1	10000	4	3%	300
10	007	复印机	HP	财务部	已提足折旧	购入		2016/2/1	15000	4	3%	450

图 8-2-8 计算净残值

二、计算已计提月份

选中单元格 N4，输入公式“=(YEAR($C$2)-YEAR(H4))*12-MONTH(H4)+MONTH($C$2)-1”，然后将公式向下复制至单元格 N8，即可得出结果，如图 8-2-9 所示。该公式末尾的“-1”表示累计折旧计算至表中日期的上一个月。

N4 =(YEAR($C$2)-YEAR(H4))*12-MONTH(H4)+MONTH($C$2)-1

	A	B	E	H	I	J	K	L	M	N
1	鸿丰公司固定资产									
2	日期:		2020/7/25							
3	卡片编号	固定资产名称	使用状况	开始使用日期	原值	预计使用年限	预计净残值率	净残值	折旧方法	已计提月份
4	001	办公楼	在用	2015/8/10	2000000	40	10%	200000	年限平均法	58
5	002	仓库	在用	2016/10/6	6000000	50	10%	600000	年限平均法	44
6	003	货车	在用	2017/11/26	200000	10	4%	8000	年限平均法	31
7	004	空调	在用	2018/2/12	22000	5	3%	660	年限平均法	28
8	005	计算机	在用	2019/7/25	20000	5	3%	600	双倍余额递减法	11

图 8-2-9 计算已计提月份

因固定资产卡片中的第 006、007 号固定资产已提足折旧，所以选中单元格 N9，输入公式“=J9*12”，然后将公式向下复制至单元格 N10，即可得出结果，如图 8-2-10 所示。

N9　=J9*12

	A	B	E	H	I	J	K	L	M	N
1	鸿丰公司固定资产									
2	日期:		2020/7/25							
3	卡片编号	固定资产名称	使用状况	开始使用日期	原值	预计使用年限	预计净残值率	净残值	折旧方法	已计提月份
4	001	办公楼	在用	2015/8/10	2000000	40	10%	200000	年限平均法	58
5	002	仓库	在用	2016/10/6	6000000	50	10%	600000	年限平均法	44
6	003	货车	在用	2017/11/26	200000	10	4%	8000	年限平均法	31
7	004	空调	在用	2018/2/12	22000	5	3%	660	年限平均法	28
8	005	计算机	在用	2019/7/25	20000	5	3%	600	双倍余额递减法	11
9	006	计算机	已提足折旧	2016/2/1	10000	4	3%	300	双倍余额递减法	48
10	007	复印机	已提足折旧	2016/2/1	15000	4	3%	450	年数总和法	48

图 8-2-10　计算已提足折旧月份

三、计算本月折旧额

1. 采用年限平均法计算

选中单元格 P4，输入公式“=SLN(I4,L4,J4＊12)”，然后将公式向下复制至单元格 P7，即可得出结果，如图 8-2-11 所示。

P4　=SLN(I4,L4,J4*12)

	A	B	E	H	I	J	K	L	M	N	O	P
1	鸿丰公司固定资产											
2	日期:		2020/7/25									
3	卡片编号	固定资产名称	使用状况	开始使用日期	原值	预计使用年限	预计净残值率	净残值	折旧方法	已计提月份	至上月止累计折旧额	本月折旧额
4	001	办公楼	在用	2015/8/10	2000000	40	10%	200000	年限平均法	58		3750.00
5	002	仓库	在用	2016/10/6	6000000	50	10%	600000	年限平均法	44		9000.00
6	003	货车	在用	2017/11/26	200000	10	4%	8000	年限平均法	31		1600.00
7	004	空调	在用	2018/2/12	22000	5	3%	660	年限平均法	28		355.67

图 8-2-11　采用年限平均法计算

2. 采用双倍余额递减法计算

选中单元格 P8，输入公式“=DDB(I8,L8,J8＊12,N8+1)”，即可得出结果，如图 8-2-12 所示。

3. 采用年数总和法计算

由于第 006、007 号固定资产已提足折旧，所以其本月折旧额均为空。如遇到未提足折旧的情况，可以利用 SYD 函数进行计算，具体方法参照“相关知识”中的介绍。

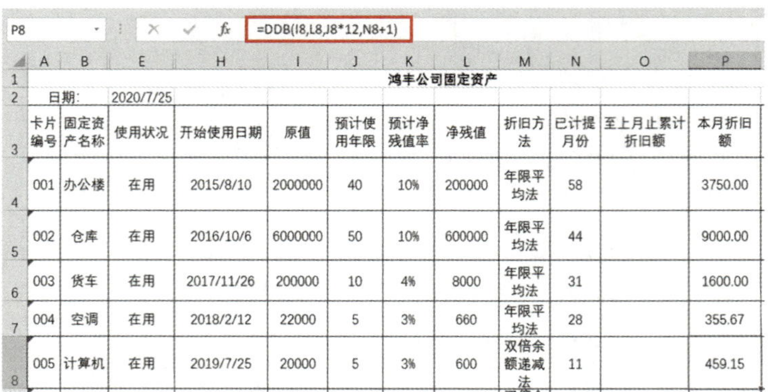

P8 =DDB(I8,L8,J8*12,N8+1)

	A	B	E	H	I	J	K	L	M	N	O	P
1	鸿丰公司固定资产											
2	日期:		2020/7/25									
3	卡片编号	固定资产名称	使用状况	开始使用日期	原值	预计使用年限	预计净残值率	净残值	折旧方法	已计提月份	至上月止累计折旧额	本月折旧额
4	001	办公楼	在用	2015/8/10	2000000	40	10%	200000	年限平均法	58		3750.00
5	002	仓库	在用	2016/10/6	6000000	50	10%	600000	年限平均法	44		9000.00
6	003	货车	在用	2017/11/26	200000	10	4%	8000	年限平均法	31		1600.00
7	004	空调	在用	2018/2/12	22000	5	3%	660	年限平均法	28		355.67
8	005	计算机	在用	2019/7/25	20000	5	3%	600	双倍余额递减法	11		459.15

图 8-2-12　采用双倍余额递减法计算

四、计算累计折旧额

1. 采用年限平均法计算的情况

选中单元格 O4，输入公式“=P4＊N4”，然后将公式向下复制至单元格 O7，即可得出结果，如图 8-2-13 所示。

O4 =P4*N4

	A	B	E	H	I	J	K	L	M	N	O	P
1	鸿丰公司固定资产											
2	日期:		2020/7/25									
3	卡片编号	固定资产名称	使用状况	开始使用日期	原值	预计使用年限	预计净残值率	净残值	折旧方法	已计提月份	至上月止累计折旧额	本月折旧额
4	001	办公楼	在用	2015/8/10	2000000	40	10%	200000	年限平均法	58	217500.00	3750.00
5	002	仓库	在用	2016/10/6	6000000	50	10%	600000	年限平均法	44	396000.00	9000.00
6	003	货车	在用	2017/11/26	200000	10	4%	8000	年限平均法	31	49600.00	1600.00
7	004	空调	在用	2018/2/12	22000	5	3%	660	年限平均法	28	9958.67	355.67

图 8-2-13　计算累计折旧额 1

2. 采用双倍余额递减法计算的情况

选中单元格 O8，输入公式“=VDB(I8,L8,J8＊12,0,N8)”，即可得出结果，如图 8-2-14 所示。

O8 =VDB(I8,L8,J8*12,0,N8)

	A	B	E	H	I	J	K	L	M	N	O
1	鸿丰公司固定资产										
2	日期:		2020/7/25								
3	卡片编号	固定资产名称	使用状况	开始使用日期	原值	预计使用年限	预计净残值率	净残值	折旧方法	已计提月份	至上月止累计折旧额
4	001	办公楼	在用	2015/8/10	2000000	40	10%	200000	年限平均法	58	217500.00
5	002	仓库	在用	2016/10/6	6000000	50	10%	600000	年限平均法	44	396000.00
6	003	货车	在用	2017/11/26	200000	10	4%	8000	年限平均法	31	49600.00
7	004	空调	在用	2018/2/12	22000	5	3%	660	年限平均法	28	9958.67
8	005	计算机	在用	2019/7/25	20000	5	3%	600	双倍余额递减法	11	6225.55

图 8-2-14　计算累计折旧额 2

3. 已提足折旧的情况

因第 006、007 号固定资产已提足折旧，故其至上月止累计折旧额为原值减去净残值。选中单元格 O9，输入公式“=I9-L9”，然后将公式向下复制至单元格 O10，即可得出结果，如图 8-2-15 所示。

O9　=I9-L9

鸿丰公司固定资产

日期:　2020/7/25

卡片编号	固定资产名称	使用状况	开始使用日期	原值	预计使用年限	预计净残值率	净残值	折旧方法	已计提月份	至上月止累计折旧额
001	办公楼	在用	2015/8/10	2000000	40	10%	200000	年限平均法	58	217500.00
002	仓库	在用	2016/10/6	6000000	50	10%	600000	年限平均法	44	396000.00
003	货车	在用	2017/11/26	200000	10	4%	8000	年限平均法	31	49600.00
004	空调	在用	2018/2/12	22000	5	3%	660	年限平均法	28	9958.67
005	计算机	在用	2019/7/25	20000	5	3%	600	双倍余额递减法	11	6225.55
006	计算机	已提足折旧	2016/2/1	10000	4	3%	300	双倍余额递减法	48	9700.00
007	复印机	已提足折旧	2016/2/1	15000	4	3%	450	年数总和法	48	14550.00

图 8-2-15　计算累计折旧额 3

五、计算本月末账面净值

选中单元格 Q4，输入公式“=I4-O4-P4”，然后将公式向下复制至单元格 Q10，即可得出结果，如图 8-2-16 所示。

Q4　=I4-O4-P4

鸿丰公司固定资产

日期:　2020/7/25

卡片编号	固定资产名称	使用状况	开始使用日期	原值	预计使用年限	预计净残值率	净残值	折旧方法	已计提月份	至上月止累计折旧额	本月折旧额	本月末账面净值
001	办公楼	在用	2015/8/10	2000000	40	10%	200000	年限平均法	58	217500.00	3750.00	1778750.00
002	仓库	在用	2016/10/6	6000000	50	10%	600000	年限平均法	44	396000.00	9000.00	5595000.00
003	货车	在用	2017/11/26	200000	10	4%	8000	年限平均法	31	49600.00	1600.00	148800.00
004	空调	在用	2018/2/12	22000	5	3%	660	年限平均法	28	9958.67	355.67	11685.67
005	计算机	在用	2019/7/25	20000	5	3%	600	双倍余额递减法	11	6225.55	459.15	13315.30
006	计算机	已提足折旧	2016/2/1	10000	4	3%	300	双倍余额递减法	48	9700.00		300.00
007	复印机	已提足折旧	2016/2/1	15000	4	3%	450	年数总和法	48	14550.00		450.00

图 8-2-16　计算本月末账面净值

项目小结

本项目利用 Excel 制作固定资产卡片，并在固定资产卡片的基础上使用 SLN 函数、

DDB 函数、VDB 函数、SYD 函数进行固定资产折旧计算，实现不同折旧方法的计算。

思考与练习

千里马公司 2020 年 3 月 30 日固定资产基本信息见下表。

编号	固定资产名称	型号规格	使用部门	使用状况	增加方式	开始使用日期	原值（元）	预计使用年限（年）	预计净残值率	折旧方法
1	办公楼	1 万平方米	办公室	在用	自建	2015/6/1	6 000 000	50	10%	双倍余额递减法
2	轿车	上海大众	总务部	在用	购入	2016/8/16	300 000	10	5%	年限平均法
3	计算机	联想	办公室	在用	购入	2017/3/20	30 000	6	4%	年限平均法
4	计算机	DELL	财务部	在用	购入	2016/9/7	20 000	6	4%	年限平均法
5	复印机	HP	财务部	在用	购入	2018/11/12	25 000	8	3%	年限平均法
6	复印机	HP	办公室	在用	购入	2017/4/1	32 000	8	3%	双倍余额递减法
7	空调	格力	办公室	在用	购入	2015/12/3	26 000	5	5%	年数总和法
8	空调	美的	财务部	在用	购入	2018/1/1	23 000	5	5%	年数总和法

请结合本项目中学习的知识和实施的任务，用不同方法计算出千里马公司固定资产本月折旧额及本月末账面净值。

项目九
会计报表的 Excel 应用

学习目标

知识目标

1. 理解会计报表的含义、分类和格式。
2. 掌握与会计报表相关的 Excel 功能的使用方法。

能力目标

1. 能够利用 Excel 编制资产负债表、利润表和现金流量表等报表。
2. 能够利用 Excel 打印会计报表。

【项目导学】

会计报表是财务报告的主要部分，是反映企业财务状况、经营成果和现金流量的报表，主要包括资产负债表、利润表和现金流量表。通过对 Excel 的应用，学生可更加熟悉“证账表”之间的数据关系，熟练掌握会计报表的编制流程和方法，能够使用 Excel 独立编制资产负债表、利润表和现金流量表，并做好会计报表的打印工作。

思维导图

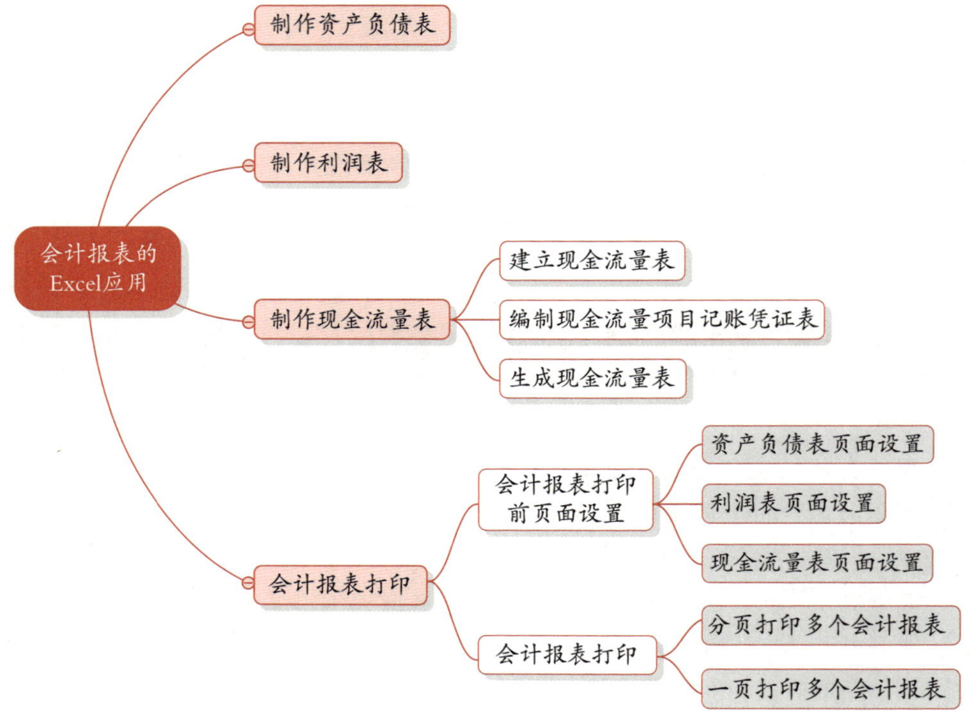

任务一 制作资产负债表

【任务导入】

鸿丰公司 2020 年 7 月的账务处理工作已经完成，该公司月末需要根据会计凭证表、科目余额表等账务处理表单编制资产负债表（本书采用简表格式）。财务人员需要利用 Excel 设计资产负债表样式，并使用公式生成资产负债表。

【相关知识】

资产负债表是反映企业在某一特定日期的财务状况的会计报表，是企业经营活动的静态体现，其编制遵循“资产=负债+所有者权益”这一基本的会计等式，其结构是账户式结构。

【任务实施】

一、建立表单

打开“项目”工作簿，单击“科目余额表”工作表右边的“⊕”按钮，新建一个工作表，并将其重命名为“资产负债表”。

按照鸿丰公司基本情况输入资产负债表名称和项目，如图 9-1-1 所示。

选择从单元格 A1 至 F1 的区域，将水平对齐方式设为“跨列居中”。

选择单元格 A16、A32、A33、D16、D24、D25、D32、D33，将其填充颜色设为橙色。

将单元格 A1 以及从单元格 A3 至 F3 区域的文字加粗。选择从单元格 A3 至 F33 的区域，将内外框线设为单实线。

将“期末数”“年初数”项目下相关单元格均设为会计专用格式，并将货币符号设为“无”，然后自行调整行高、列宽，设置结果如图 9-1-2 所示。

二、设置公式并生成资产负债表

部分项目所对应单元格的计算公式如图 9-1-3 所示，设置完毕后生成的报表如图 9-1-4 所示。

	A	B	C	D	E	F
1	资产负债表					
2	编制单位：鸿丰公司		日期	2020/7/31	单位：元	
3	资产	期末数	年初数	负债及所有者权益	期末数	年初数
4	流动资产：			流动负债：		
5	货币资金			短期借款		
6	交易性金融资产			应付票据		
7	应收票据			应付账款		
8	应收股利			预收款项		
9	应收账款			应付职工薪酬		
10	其他应收款			应付利息		
11	预付款项			应交税费		
12	应收补贴款			应付股利		
13	存货			交易性金融负债		
14	一年内到期的非流动资产			一年内到期的非流动负债		
15	其他流动资产			其他流动负债		
16	流动资产合计			流动负债合计		
17	非流动资产：			非流动负债：		
18	长期股权投资			长期借款		
19	权益工具投资			应付债券		
20	投资性房地产			长期应付款		
21	债权投资			其他长期负债		
22	固定资产			预计负债		
23	在建工程			其他非流动负债		
24	工程物资			非流动负债合计		
25	固定资产清理			负债合计		
26	生产性生物资产			所有者权益：		
27	油气资产			实收资本		
28	无形资产			资本公积		
29	开发支出			减：库存股		
30	长期待摊费用			盈余公积		
31	其他非流动资产			未分配利润		
32	非流动资产合计			所有者权益合计		
33	资产合计			负债及所有者权益合计		

会计凭证表　科目余额表　资产负债表

图 9-1-1　资产负债表名称和项目

	A	B	C	D	E	F
1			资产负债表			
2	编制单位：鸿丰公司		日期	2020/7/31	单位：元	
3	资产	期末数	年初数	负债及所有者权益	期末数	年初数
4	流动资产：			流动负债：		
5	货币资金			短期借款		
6	交易性金融资产			应付票据		
7	应收票据			应付账款		
8	应收股利			预收款项		
9	应收账款			应付职工薪酬		
10	其他应收款			应付利息		
11	预付款项			应交税费		
12	应收补贴款			应付股利		
13	存货			交易性金融负债		
14	一年内到期的非流动资产			一年内到期的非流动负债		
15	其他流动资产			其他流动负债		
16	流动资产合计			流动负债合计		
17	非流动资产：			非流动负债：		
18	长期股权投资			长期借款		
19	权益工具投资			应付债券		
20	投资性房地产			长期应付款		
21	债权投资			其他长期负债		
22	固定资产			预计负债		
23	在建工程			其他非流动负债		
24	工程物资			非流动负债合计		
25	固定资产清理			负债合计		
26	生产性生物资产			所有者权益：		
27	油气资产			实收资本		
28	无形资产			资本公积		
29	开发支出			减：库存股		
30	长期待摊费用			盈余公积		
31	其他非流动资产			未分配利润		
32	非流动资产合计			所有者权益合计		
33	资产合计			负债及所有者权益合计		

会计凭证表　科目余额表　资产负债表

图 9-1-2　设置资产负债表格式

	A	B	C	D	E	F
1		资产负债表				
2	编制单位：鸿丰公司		日期	2020/7/31	单位：元	
3	资产	期末数	年初数	负债及所有者权益	期末数	年初数
4	流动资产：			流动负债：		
5	货币资金	=科目余额表!G5+科目余额表!G6+科目余额表!G7		短期借款	=科目余额表!H40	
6	交易性金融资产			应付票据	=科目余额表!H41	
7	应收票据			应付账款		
8	应收股利			预收款项	=科目余额表!H43	
9	应收账款	=科目余额表!G10-科目余额表!H15		应付职工薪酬	=科目余额表!H44	
10	其他应收款	=科目余额表!G14		应付利息	=科目余额表!H46	
11	预付款项	=科目余额表!G11		应交税费	=科目余额表!H45	
12	应收补贴款			应付股利		
13	存货	=科目余额表!G17+科目余额表!G18+科目余额表!G20+科目余额表!G59		交易性金融负债		
14	一年内到期的非流动资产			一年内到期的非流动负债		
15	其他流动资产			其他流动负债		
16	流动资产合计	=SUM(B5:B15)		流动负债合计	=SUM(E5:E15)	
17	非流动资产：			非流动负债：		
18	长期股权投资			长期借款		
19	权益工具投资			应付债券		
20	投资性房地产			长期应付款		
21	债权投资			其他长期负债		
22	固定资产	=科目余额表!G29-科目余额表!H30		预计负债		
23	在建工程			其他非流动负债		
24	工程物资			非流动负债合计	=SUM(E18:E23)	
25	固定资产清理			负债合计	=E16+E24	
26	生产性生物资产			所有者权益：		
27	油气资产			实收资本	=科目余额表!H54	
28	无形资产			资本公积	=科目余额表!H55	
29	开发支出			减：库存股		
30	长期待摊费用			盈余公积	=科目余额表!H56	
31	其他非流动资产			未分配利润	=科目余额表!H57+科目余额表!H58	
32	非流动资产合计	=SUM(B18:B31)		所有者权益合计	=SUM(E27:E31)	
33	资产合计	=B16+B32		负债及所有者权益合计	=E25+E32	

会计凭证表　科目余额表　资产负债表

图 9-1-3　资产负债表部分项目计算公式

	A	B	C	D	E	F
1			资产负债表			
2	编制单位：鸿丰公司		日期	2020/7/31	单位：元	
3	资产	期末数	年初数	负债及所有者权益	期末数	年初数
4	流动资产：			流动负债：		
5	货币资金	949,263.00		短期借款	20,000.00	
6	交易性金融资产			应付票据	2,500.00	
7	应收票据			应付账款		
8	应收股利			预收款项	50,000.00	
9	应收账款	-		应付职工薪酬	73,000.00	
10	其他应收款	3,200.00		应付利息	-	
11	预付款项	690.00		应交税费	156,028.00	
12	应收补贴款			应付股利		
13	存货	88,000.00		交易性金融负债		
14	一年内到期的非流动资产			一年内到期的非流动负债		
15	其他流动资产			其他流动负债		
16	流动资产合计	1,041,153.00		流动负债合计	301,528.00	
17	非流动资产：			非流动负债：		
18	长期股权投资			长期借款		
19	权益工具投资			应付债券		
20	投资性房地产			长期应付款		
21	债权投资			其他长期负债		
22	固定资产	151,400.00		预计负债		
23	在建工程			其他非流动负债		
24	工程物资			非流动负债合计	-	
25	固定资产清理			负债合计	301,528.00	
26	生产性生物资产			所有者权益：		
27	油气资产			实收资本	400,000.00	
28	无形资产			资本公积	15,000.00	
29	开发支出			减：库存股		
30	长期待摊费用			盈余公积	20,000.00	
31	其他非流动资产			未分配利润	456,025.00	
32	非流动资产合计	151,400.00		所有者权益合计	891,025.00	
33	资产合计	1,192,553.00		负债及所有者权益合计	1,192,553.00	

会计凭证表　科目余额表　资产负债表

图 9-1-4　生成的资产负债表

任务二 制作利润表

【任务导入】

鸿丰公司 2020 年 7 月的账务处理工作已经完成，月末财务人员需要根据会计凭证表、科目余额表等账务处理表单编制利润表（本书采用简表格式）。

【相关知识】

利润表是反映企业在一定会计期间经营成果的会计报表，是企业经营活动的动态体现。编制利润表要遵循“利润=收入-费用”这一会计等式，其结构是多步式结构。

【任务实施】

一、建立表单

打开“项目”工作簿，单击“资产负债表”工作表右边的“⊕”按钮，新建一个工作表，并将其重命名为“利润表”。

按照鸿丰公司基本情况输入利润表名称和项目，如图 9-2-1 所示。

选择从单元格 A1 至 C1 的区域，将水平对齐方式设为“跨列居中”。

将单元格 A1、A4、A15、A18、A20 和从单元格 A3 至 C3 区域的文字加粗。

选择从单元格 A3 至 C20 的区域，将内外框线设为单实线。

将“本期金额”“上期金额”项目下相关单元格均设为会计专用格式，并将货币符号设为“无”，最后自行调整行高、列宽，设置结果如图 9-2-2 所示。

	A	B	C
1	利润表		
2	编制单位：鸿丰公司	2020年7月	单位：元
3	项目	本期金额	上期金额
4	一、营业收入		
5	减：营业成本		
6	税金及附加		
7	销售费用		
8	管理费用		
9	财务费用		
10	加：投资收益（损失以“-”号填列）		
11	公允价值变动收益（损失以“-”号填列）		
12	信用减值损失（损失以“-”号填列）		
13	资产减值损失（损失以“-”号填列）		
14	资产处置收益（损失以“-”号填列）		
15	二、营业利润		
16	加：营业外收入		
17	减：营业外支出		
18	三、利润总额		
19	减：所得税费用		
20	四、净利润		
21			

会计凭证表 | 科目余额表 | 资产负债表 | 利润表

图 9-2-1 利润表名称和项目

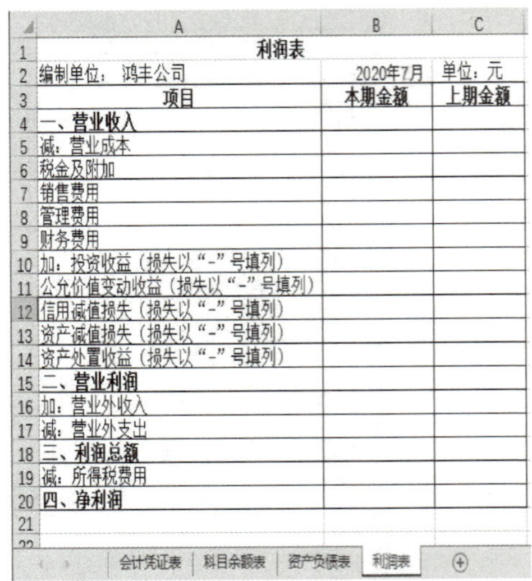

	A	B	C
1	**利润表**		
2	编制单位：鸿丰公司	2020年7月	单位：元
3	**项目**	**本期金额**	**上期金额**
4	**一、营业收入**		
5	减：营业成本		
6	税金及附加		
7	销售费用		
8	管理费用		
9	财务费用		
10	加：投资收益（损失以“-”号填列）		
11	公允价值变动收益（损失以“-”号填列）		
12	信用减值损失（损失以“-”号填列）		
13	资产减值损失（损失以“-”号填列）		
14	资产处置收益（损失以“-”号填列）		
15	**二、营业利润**		
16	加：营业外收入		
17	减：营业外支出		
18	**三、利润总额**		
19	减：所得税费用		
20	**四、净利润**		
21			

会计凭证表 | 科目余额表 | 资产负债表 | 利润表

图 9-2-2 设置利润表格式

二、设置公式并生成利润表

部分项目所对应单元格的计算公式如图 9-2-3 所示，设置完毕后生成的报表如图 9-2-4 所示。

	A	B	C
1		利润表	
2	编制单位：　鸿丰公司	2020年7月	单位：元
3	项目	本期金额	上期金额
4	**一、营业收入**	=科目余额表!F63+科目余额表!F64	
5	减：营业成本	=科目余额表!E68+科目余额表!E69	
6	税金及附加	=科目余额表!E70	
7	销售费用	=科目余额表!E71	
8	管理费用	=科目余额表!E72	
9	财务费用	=科目余额表!E73	
10	加：投资收益（损失以“-”号填列）		
11	公允价值变动收益（损失以“-”号填列）		
12	信用减值损失（损失以“-”号填列）		
13	资产减值损失（损失以“-”号填列）		
14	资产处置收益（损失以“-”号填列）		
15	**二、营业利润**	=B4-B5-B6-B7-B8-B9+B10+B11+B12+B13+B14	
16	加：营业外收入	=科目余额表!F67	
17	减：营业外支出	=科目余额表!E75	
18	**三、利润总额**	=B15+B16-B17	
19	减：所得税费用	=科目余额表!E76	
20	**四、净利润**	=B18-B19	
21			
22			
23			
24			

会计凭证表　科目余额表　资产负债表　利润表

图 9-2-3　利润表部分项目计算公式

	A	B	C
1		利润表	
2	编制单位：　鸿丰公司	2020年7月	单位：元
3	项目	本期金额	上期金额
4	**一、营业收入**	598,500.00	
5	减：营业成本	220,000.00	
6	税金及附加	-	
7	销售费用	2,500.00	
8	管理费用	21,100.00	
9	财务费用	200.00	
10	加：投资收益（损失以“-”号填列）		
11	公允价值变动收益（损失以“-”号填列）		
12	信用减值损失（损失以“-”号填列）		
13	资产减值损失（损失以“-”号填列）		
14	资产处置收益（损失以“-”号填列）		
15	**二、营业利润**	354,700.00	
16	加：营业外收入	-	
17	减：营业外支出	-	
18	**三、利润总额**	354,700.00	
19	减：所得税费用	88,675.00	
20	**四、净利润**	266,025.00	
21			

会计凭证表　科目余额表　资产负债表　利润表

图 9-2-4　生成的利润表

任务三　制作现金流量表

【任务导入】

鸿丰公司 2020 年 7 月的账务处理工作已经完成，月末财务人员需要根据会计凭证表等账务处理表单编制现金流量表（本书采用简表格式）。

【相关知识】

现金流量表是反映一定时期内企业经营活动、投资活动和筹资活动对企业现金及现金等价物所产生影响的会计报表。

【任务实施】

手工编制现金流量表难度较大，本任务利用 Excel 设计现金流量表，编制现金流量项目记账凭证表，设置公式以生成现金流量表，操作简单。

一、建立表单

打开“项目”工作簿，单击“利润表”工作表右边的“⊕”按钮，新建一个工作表，并将其重命名为“现金流量表”。

按照鸿丰公司基本情况输入现金流量表名称和项目，如图 9-3-1 所示。

	A	B	C	D
1	现金流量表			
2	编制单位：鸿丰公司	2020年7月	单位：元	
3	项 目	行次（略）	金额	
4	一、经营活动产生的现金流量：			
5	销售商品、提供劳务收到的现金			
6	收到的税费返还			
7	收到的其他与经营活动有关的现金			
8	现金流入小计			
9	购买商品、接受劳务支付的现金			
10	支付给职工以及为职工支付的现金			
11	支付的各项税费			
12	支付的其他与经营活动有关的现金			
13	现金流出小计			
14	经营活动产生的现金流量净额			
15	二、投资活动产生的现金流量：			
16	收回投资所收到的现金			
17	取得投资收益所收到的现金			
18	处置固定资产、无形资产和其他长期资产所收回的现金净额			
19	收到的其他与投资活动有关的现金			
20	现金流入小计			
21	购建固定资产、无形资产和其他长期资产所支付的现金			
22	投资所支付的现金			
23	支付的其他与投资活动有关的现金			
24	现金流出小计			
25	投资活动产生的现金流量净额			
26	三、筹资活动产生的现金流量：			
27	吸收投资所收到的现金			
28	借款所收到的现金			
29	收到的其他与筹资活动有关的现金			
30	现金流入小计			
31	偿还债务所支付的现金			
32	分配股利、利润或偿付利息所支付的现金			
33	支付的其他与筹资活动有关的现金			
34	现金流出小计			
35	筹资活动产生的现金流量净额			
36	四、汇率变动对现金的影响			
37	五、现金及现金等价物净增加额			

会计凭证表 | 资产负债表 | 利润表 | 现金流量表 | ⊕

图 9-3-1　现金流量表名称和项目

选择从单元格 A1 至 C1 的区域，将水平对齐方式设为“跨列居中”。

将单元格 A1、A4、A8、A13、A14、A15、A20、A24、A25、A26、A30 的文字，以及从单元格 A34 至 A37 区域的文字、从单元格 A3 至 C3 区域的文字加粗。

选择从单元格 A3 至 C37 的区域，将其内外框线设为单实线。

将“金额”项目下相关单元格设为会计专用格式，并将货币符号设为“无”，然后自行调整行高、列宽。

二、编制现金流量项目记账凭证表

打开“项目”工作簿，单击“现金流量表”工作表右边的“⊕”按钮，新建一个工作表，并将其重命名为“现金流量项目记账凭证表”。

打开“会计凭证表”工作表，单击主菜单中的“数据”，在“排序和筛选”选项组中单击“筛选”按钮。点击“总账科目”单元格的箭头，在下拉列表中依次勾选“库存现金”和“银行存款”，然后单击“确定”按钮，如图 9-3-2 所示。

鸿丰公司会计凭证表

			凭证编	摘要	科目代	总账科目	明细科目	借方金额	贷方金额
20	07	01	001	提			-	5,000.00	
20	07	01	001	提			工行		5,000.00
20	07	02	002	收到			工行	200,000.00	
20	07	02	002	收到			北成贸易有限公司		200,000.00
20	07	02	003	购买办			办公用品费	600.00	
20	07	02	003	购买办			-		600.00
20	07	04	004	出售不锈			工行	676,305.00	
20	07	04	004	出售不锈			A型不锈钢电热水壶		299,000.00
20	07	04	004	出售不锈			B型不锈钢电热水壶		299,500.00
20	07	04	004	出售不锈			应交增值税（销项税额）		77,805.00
20	07	05	005	付			利息费用	200.00	
20	07	05	005	付			-	400.00	
20	07	05	005	付			工行		600.00
20	07	06	006	领用			A型不锈钢电热水壶	54,000.00	
20	07	06	006	领用			B型不锈钢电热水壶	26,000.00	
20	07	06	006	领用			C型不锈钢电热水壶	6,000.00	
20	07	06	006	领用			材料费	5,000.00	
20	07	06	006	领用			A型不锈钢电热水壶		54,000.00
20	07	06	006	领用			B型不锈钢电热水壶		26,000.00
20	07	06	006	领用			C型不锈钢电热水壶		6,000.00
20	07	06	006	领用			车间一般耗用		5,000.00
20	07	06	007	收到预付款	100201	银行存款	工行	50,000.00	

图 9-3-2　筛选现金流量项目记账凭证数据

将从“会计凭证表”工作表筛选出来的与“库存现金”和“银行存款”相关的记账凭证数据复制到“现金流量项目记账凭证表”工作表，然后删除凭证编号是 001 的两行数据（因其并非该表所需列示的项目），如图 9-3-3 所示。

年	月	日	凭证编号	摘要	科目代码	总账科目	明细科目	借方金额	贷方金额
20	07	02	002	收到货款	100201	银行存款	工行	200,000.00	
20	07	02	003	购买办公用品	1001	库存现金	-		600.00
20	07	04	004	出售不锈钢水壶	100201	银行存款	工行	676,305.00	
20	07	05	005	付息	100201	银行存款	工行		600.00
20	07	06	007	收到预付款	100201	银行存款	工行	50,000.00	
20	07	07	008	缴纳税费	100201	银行存款	工行		237,500.00
20	07	08	009	收到货款	100201	银行存款	工行	60,000.00	
20	07	08	010	支付车间水电费	100201	银行存款	工行		2,000.00
20	07	10	011	支付设备维修费	100201	银行存款	工行		3,500.00
20	07	12	013	购入甲材料	100201	银行存款	工行		16,950.00
20	07	14	015	购入设备	100201	银行存款	工行		74,902.00
20	07	14	016	预付报刊费	1001	库存现金	-		690.00
20	07	20	017	预借差旅费	1001	库存现金	-		3,200.00

图 9-3-3　复制得到的现金流量项目记账凭证表数据

在“现金流量项目记账凭证表”工作表的单元格 K1 中输入“现金流量项目”，逐条判断现金流量记账凭证是属于现金流量表中的哪个项目，然后在 K 列各相关单元格依次输入对应的项目，如图 9-3-4 所示。

	D	E	F	G	H	I	J	K
1	凭证编号	摘要	科目代码	总账科目	明细科目	借方金额	贷方金额	现金流量项目
2	002	收到货款	100201	银行存款	工行	200,000.00		销售商品、提供劳务收到的现金
3	003	购买办公用品	1001	库存现金	-		600.00	支付的其他与经营活动有关的现金
4	004	出售不锈钢水壶	100201	银行存款	工行	676,305.00		销售商品、提供劳务收到的现金
5	005	付息	100201	银行存款	工行		600.00	分配股利、利润或偿付利息所支付的现金
6	007	收到预付款	100201	银行存款	工行	50,000.00		销售商品、提供劳务收到的现金
7	008	缴纳税费	100201	银行存款	工行		237,500.00	支付的各项税费
8	009	收到货款	100201	银行存款	工行	60,000.00		销售商品、提供劳务收到的现金
9	010	支付车间水电费	100201	银行存款	工行		2,000.00	支付的其他与经营活动有关的现金
10	011	支付设备维修费	100201	银行存款	工行		3,500.00	支付的其他与经营活动有关的现金
11	013	购入甲材料	100201	银行存款	工行		16,950.00	购买商品、接受劳务支付的现金
12	015	购入设备	100201	银行存款	工行		74,902.00	购建固定资产、无形资产和其他长期资产所支付的现金
13	016	预付报刊费	1001	库存现金	-		690.00	支付的其他与经营活动有关的现金
14	017	预借差旅费	1001	库存现金	-		3,200.00	支付给职工以及为职工支付的现金
15								

会计凭证表 | 资产负债表 | 利润表 | 现金流量表 | 现金流量项目记账凭证表

图 9-3-4　输入现金流量项目

三、设置公式并生成现金流量表

各项目所对应单元格的计算公式如图 9-3-5 所示（主要使用了 SUMIF 函数），设置完毕后生成的报表如图 9-3-6 所示。

	A	B	C
1		现金流量表	
2	编制单位：　鸿丰公司	2020年7　月	单位：元
3	项 目	行次（略）	金额
4	一、经营活动产生的现金流量：		
5	销售商品、提供劳务收到的现金		=SUMIF(现金流量项目记账凭证表!K:K,A5,现金流量项目记账凭证表!I:I)
6	收到的税费返还		=SUMIF(现金流量项目记账凭证表!K:K,A6,现金流量项目记账凭证表!I:I)
7	收到的其他与经营活动有关的现金		=SUMIF(现金流量项目记账凭证表!K:K,A7,现金流量项目记账凭证表!I:I)
8	现金流入小计		=SUM(C5:C7)
9	购买商品、接受劳务支付的现金		=SUMIF(现金流量项目记账凭证表!K:K,A9,现金流量项目记账凭证表!J:J)
10	支付给职工以及为职工支付的现金		=SUMIF(现金流量项目记账凭证表!K:K,A10,现金流量项目记账凭证表!J:J)
11	支付的各项税费		=SUMIF(现金流量项目记账凭证表!K:K,A11,现金流量项目记账凭证表!J:J)
12	支付的其他与经营活动有关的现金		=SUMIF(现金流量项目记账凭证表!K:K,A12,现金流量项目记账凭证表!J:J)
13	现金流出小计		=SUM(C9:C12)
14	经营活动产生的现金流量净额		=C8-C13
15	二、投资活动产生的现金流量：		
16	收回投资所收到的现金		=SUMIF(现金流量项目记账凭证表!K:K,A16,现金流量项目记账凭证表!I:I)
17	取得投资收益所收到的现金		=SUMIF(现金流量项目记账凭证表!K:K,A17,现金流量项目记账凭证表!I:I)
18	处置固定资产、无形资产和其他长期资产所收回的现金净额		=SUMIF(现金流量项目记账凭证表!K:K,A18,现金流量项目记账凭证表!I:I)
19	收到的其他与投资活动有关的现金		=SUMIF(现金流量项目记账凭证表!K:K,A19,现金流量项目记账凭证表!I:I)
20	现金流入小计		=SUM(C16:C19)
21	购建固定资产、无形资产和其他长期资产所支付的现金		=SUMIF(现金流量项目记账凭证表!K:K,A21,现金流量项目记账凭证表!J:J)
22	投资所支付的现金		=SUMIF(现金流量项目记账凭证表!K:K,A22,现金流量项目记账凭证表!J:J)
23	支付的其他与投资活动有关的现金		=SUMIF(现金流量项目记账凭证表!K:K,A23,现金流量项目记账凭证表!J:J)
24	现金流出小计		=SUM(C21:C23)
25	投资活动产生的现金流量净额		=C20-C24
26	三、筹资活动产生的现金流量：		
27	吸收投资所收到的现金		=SUMIF(现金流量项目记账凭证表!K:K,A27,现金流量项目记账凭证表!I:I)
28	借款所收到的现金		=SUMIF(现金流量项目记账凭证表!K:K,A28,现金流量项目记账凭证表!I:I)
29	收到的其他与筹资活动有关的现金		=SUMIF(现金流量项目记账凭证表!K:K,A29,现金流量项目记账凭证表!I:I)
30	现金流入小计		=SUM(C27:C29)
31	偿还债务所支付的现金		=SUMIF(现金流量项目记账凭证表!K:K,A31,现金流量项目记账凭证表!J:J)
32	分配股利、利润或偿付利息所支付的现金		=SUMIF(现金流量项目记账凭证表!K:K,A32,现金流量项目记账凭证表!J:J)
33	支付的其他与筹资活动有关的现金		=SUMIF(现金流量项目记账凭证表!K:K,A33,现金流量项目记账凭证表!J:J)
34	现金流出小计		=SUM(C31:C33)
35	筹资活动产生的现金流量净额		=C30-C34
36	四、汇率变动对现金的影响		
37	五、现金及现金等价物净增加额		=C14+C25+C35

会计凭证表 | 资产负债表 | 利润表 | 现金流量表 | 现金流量项目记账凭证表

图 9-3-5　现金流量表项目计算公式

	A	B	C
1	现金流量表		
2	编制单位：　鸿丰公司	2020年7月	单位：元
3	项 目	行次（略）	金额
4	一、经营活动产生的现金流量：		
5	销售商品、提供劳务收到的现金		986,305.00
6	收到的税费返还		-
7	收到的其他与经营活动有关的现金		-
8	现金流入小计		986,305.00
9	购买商品、接受劳务支付的现金		16,950.00
10	支付给职工以及为职工支付的现金		3,200.00
11	支付的各项税费		237,500.00
12	支付的其他与经营活动有关的现金		6,790.00
13	现金流出小计		264,440.00
14	经营活动产生的现金流量净额		721,865.00
15	二、投资活动产生的现金流量：		
16	收回投资所收到的现金		-
17	取得投资收益所收到的现金		-
18	处置固定资产、无形资产和其他长期资产所收回的现金净额		-
19	收到的其他与投资活动有关的现金		-
20	现金流入小计		-
21	购建固定资产、无形资产和其他长期资产所支付的现金		74,902.00
22	投资所支付的现金		-
23	支付的其他与投资活动有关的现金		-
24	现金流出小计		74,902.00
25	投资活动产生的现金流量净额		-74,902.00
26	三、筹资活动产生的现金流量：		
27	吸收投资所收到的现金		-
28	借款所收到的现金		-
29	收到的其他与筹资活动有关的现金		-
30	现金流入小计		-
31	偿还债务所支付的现金		-
32	分配股利、利润或偿付利息所支付的现金		600.00
33	支付的其他与筹资活动有关的现金		-
34	现金流出小计		600.00
35	筹资活动产生的现金流量净额		-600.00
36	四、汇率变动对现金的影响		
37	五、现金及现金等价物净增加额		646,363.00

会计凭证表　资产负债表　利润表　现金流量表

图 9-3-6　生成的现金流量表

任务四　会计报表打印

【任务导入】

鸿丰公司 2020 年 7 月的月度会计报表已经编制完成，财务人员需要将报表打印出来，以便对外提供。

【相关知识】

企业需要定期向投资者、债权人等相关外部人员提供会计报表，需要将会计报表打印出来。本任务利用 Excel 设置会计报表页面，然后对多个会计报表执行分页和单页打印的操作。

【任务实施】

一、会计报表打印前的页面设置

1. 资产负债表页面设置

打开“项目”工作簿，切换到“资产负债表”工作表，单击主菜单中的“页面布局”，在“页面设置”选项组中单击右下角小箭头，打开“页面设置”对话框，如图 9-4-1 所示。

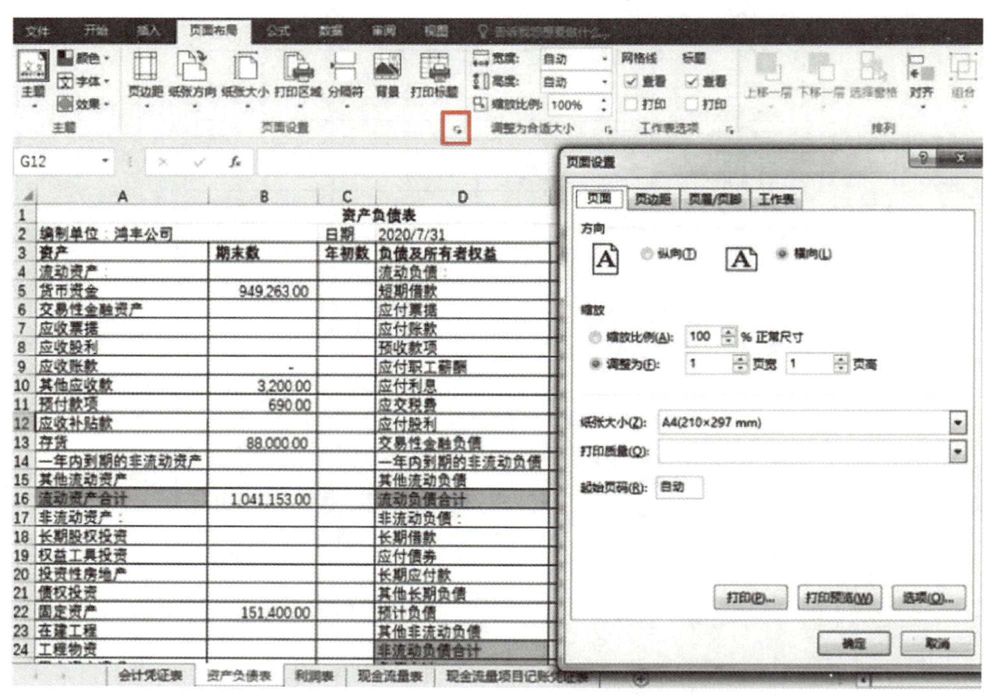

图 9-4-1 “页面设置”对话框

在“页面”选项卡中，“方向”选择“横向”，“缩放”选择“调整为 1 页宽 1 页高”。在“页边距”选项卡中，将居中方式勾选为“水平”。

在“页眉/页脚”选项卡中，单击“自定义页眉”按钮，弹出“页眉”对话框。单击“中”框，再单击其上方的“插入数据表名称”按钮 ，然后单击“格式文本”按钮 A ，如图 9-4-2 所示。在弹出的“字体”对话框中，设置字体为楷体，字形为加粗，大小为 12，单击“确定”按钮，返回“页眉”对话框，此时在“中”框中的文本字体已经发生改变。单击“确定”按钮，返回“页面设置”对话框，单击“页脚”下拉按钮，在下拉列表中选择“第 1 页，共？页”选项。

在“工作表”选项卡中，在“打印区域”中输入“$A$1：$F$33”，然后单击“打印预

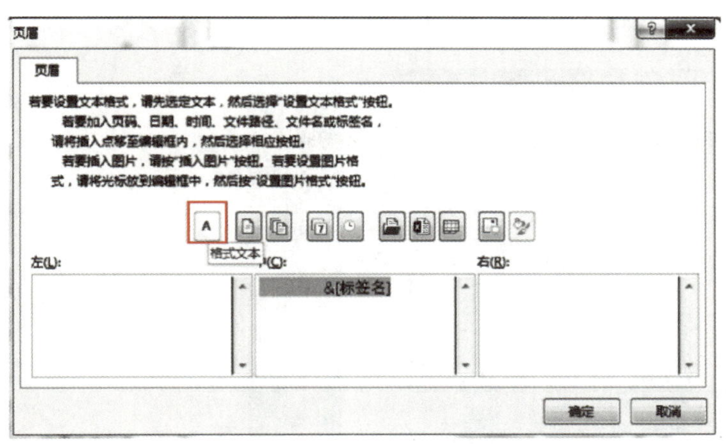

图 9-4-2　设置页眉

览”按钮，预览打印效果，如图 9-4-3 所示。

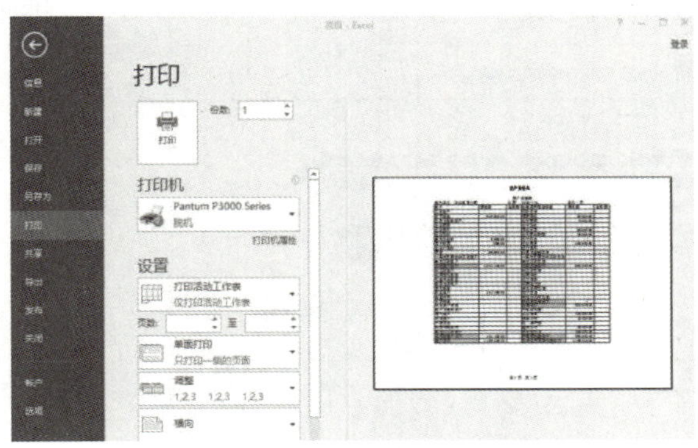

图 9-4-3　资产负债表打印预览

如无问题则进行打印。

2. 利润表页面设置

打开“项目”工作簿，切换到“利润表”工作表，选中从单元格 A1 至 C20 的区域，单击主菜单中的“页面布局”，在“页面设置”选项组中单击“打印区域”按钮，然后在下拉列表中单击“设置打印区域”按钮，如图 9-4-4 所示。

单击主菜单中的“文件”，然后在弹出的左侧菜单中单击“打印”，则会显示打印预览效果，如图 9-4-5 所示。

单击预览界面左下方“页面设置”按钮，弹出“页面设置”对话框，在其中的“页边距”选项卡中，将居中方式设为“水平”。

在“页眉/页脚”选项卡中，单击“自定义页眉”按钮，弹出“页眉”对话框，此时鼠标光标定位在“左”框中，在其上方单击“插入数据表名称”按钮，此时在框中会显示“&［标签名］”字样，单击“确定”按钮，如图 9-4-6 所示。回到“页面设置”对话框，单击“确定”按钮，回到打印预览界面，直接单击“打印”，即可开始打印。

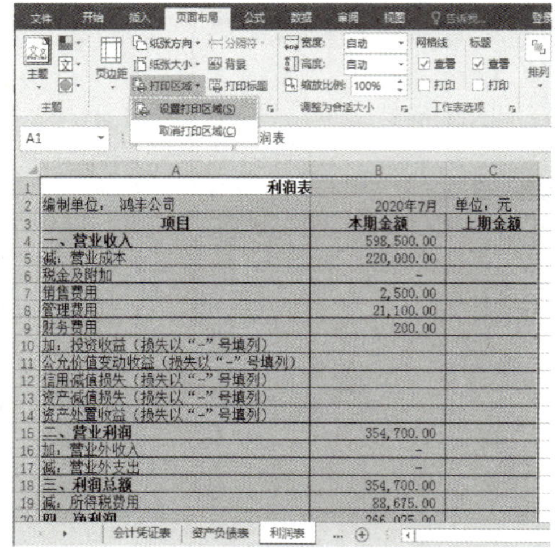

图 9-4-4　设置打印区域

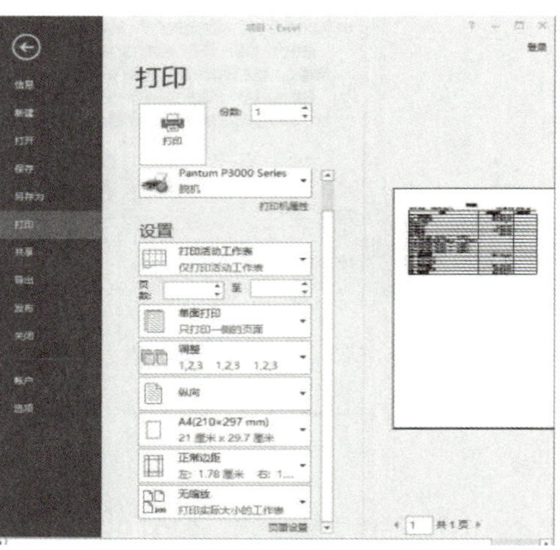

图 9-4-5　利润表打印预览

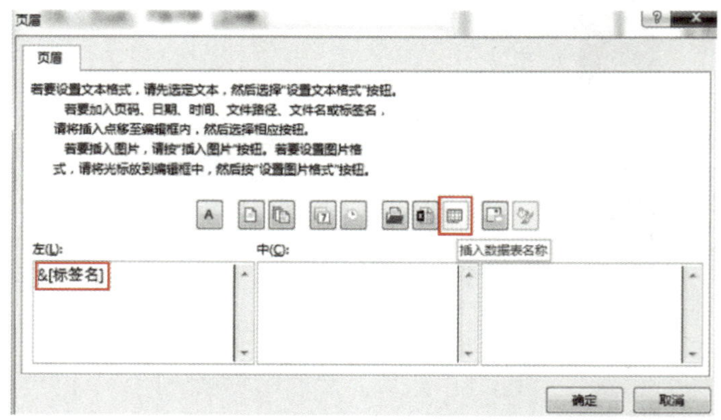

图 9-4-6　设置页眉

3. 现金流量表页面设置

打开“项目”工作簿，切换到“现金流量表”工作表，选中从单元格 A1 至 C37 的区域，单击主菜单中的“页面布局”，在“页面设置”选项组中单击“打印区域”按钮，然后在下拉列表中单击“设置打印区域”按钮，如图 9-4-7 所示。

单击主菜单中的“文件”，然后在弹出的左侧菜单中单击“打印”，则会显示打印预览效果，如图 9-4-8 所示。

单击预览界面左下方“页面设置”按钮，弹出“页面设置”对话框，在其中的“页边距”选项卡中，将居中方式设为“水平”。

在“页眉/页脚”选项卡中，单击“自定义页眉”按钮，弹出“页眉”对话框，此时鼠标光标定位在“左”框中，在其上方单击“插入日期”按钮 7 ，此时在框中会显示“&［日期］”字样，单击“确定”按钮，如图 9-4-9 所示。回到“页面设置”对话框，单击“确定”按钮，回到打印预览界面，直接单击“打印”，即可开始打印。

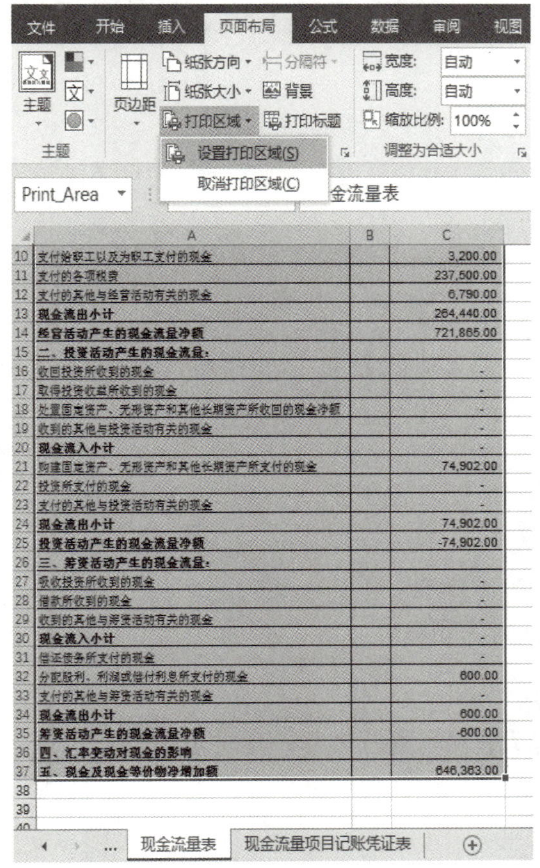

	A	B	C
10	支付给职工以及为职工支付的现金		3,200.00
11	支付的各项税费		237,500.00
12	支付的其他与经营活动有关的现金		6,790.00
13	现金流出小计		264,440.00
14	经营活动产生的现金流量净额		721,865.00
15	二、投资活动产生的现金流量：		
16	收回投资所收到的现金		-
17	取得投资收益所收到的现金		-
18	处置固定资产、无形资产和其他长期资产所收回的现金净额		-
19	收到的其他与投资活动有关的现金		-
20	现金流入小计		-
21	购建固定资产、无形资产和其他长期资产所支付的现金		74,902.00
22	投资所支付的现金		-
23	支付的其他与投资活动有关的现金		-
24	现金流出小计		74,902.00
25	投资活动产生的现金流量净额		-74,902.00
26	三、筹资活动产生的现金流量：		
27	吸收投资所收到的现金		-
28	借款所收到的现金		-
29	收到的其他与筹资活动有关的现金		-
30	现金流入小计		-
31	偿还债务所支付的现金		
32	分配股利、利润或偿付利息所支付的现金		600.00
33	支付的其他与筹资活动有关的现金		-
34	现金流出小计		600.00
35	筹资活动产生的现金流量净额		-600.00
36	四、汇率变动对现金的影响		
37	五、现金及现金等价物净增加额		646,363.00
38			
39			

图 9-4-7　设置打印区域

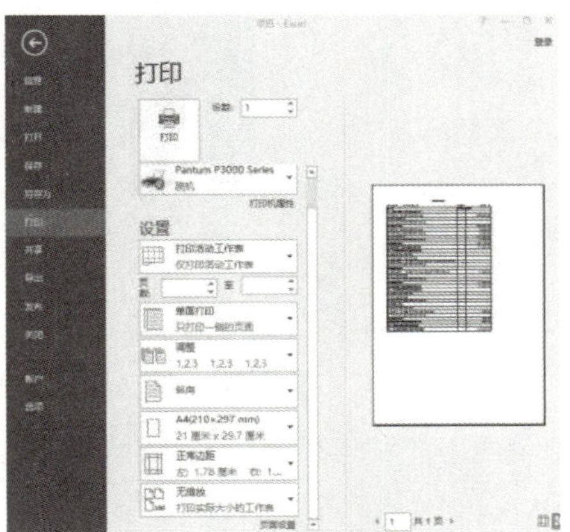

图 9-4-8　现金流量表打印预览

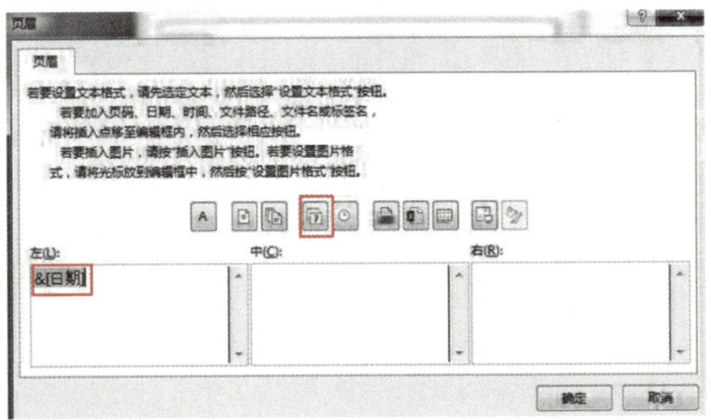

图 9-4-9　设置页眉

二、会计报表打印

1. 分页打印多个会计报表

打开“项目”工作簿，单击“资产负债表”工作表标签，按住 Ctrl 键后依次单击

“利润表”和“现金流量表”工作表标签。

单击主菜单中的“文件”，然后在弹出的左侧菜单中单击“打印”，则会显示打印预览效果。可以在打印预览区通过上下翻页预览 3 个工作表的打印效果，如图 9-4-10 所示。

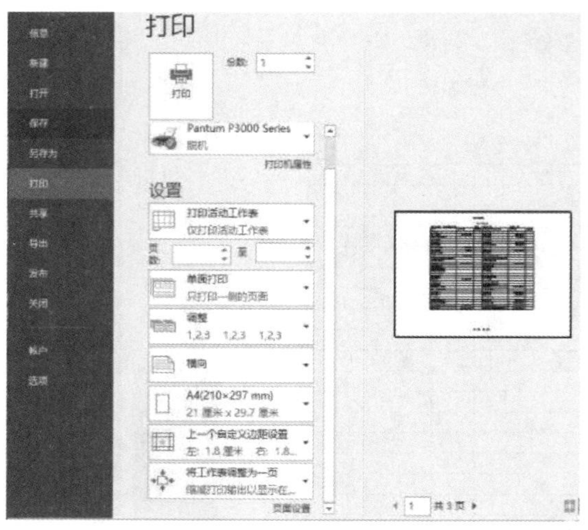

图 9-4-10　打印预览

2. 一页打印多个会计报表

打开“项目”工作簿，插入一个新工作表，将其重命名为“会计报表打印”，然后单击主菜单中的“视图”，在“显示”选项组中将“网格线”复选框勾选为空白状态，如图 9-4-11 所示。

图 9-4-11　将“网格线”复选框勾选为空白状态

单击主菜单中的“文件”，然后在弹出的左侧菜单中单击“选项”，弹出“Excel 选项”对话框。单击左侧列表中的“快速访问工具栏”，在右侧的“从下列位置选择命令”

下拉列表中选择“所有命令”，然后在下面的列表中选择“照相机”，再单击中间的“添加”按钮，将“照相机”功能添加到“自定义快速访问工具栏”列表中，最后单击“确定”按钮，如图 9-4-12 所示。返回工作表，可以看到“照相机”按钮已经出现在快速访问工具栏中。

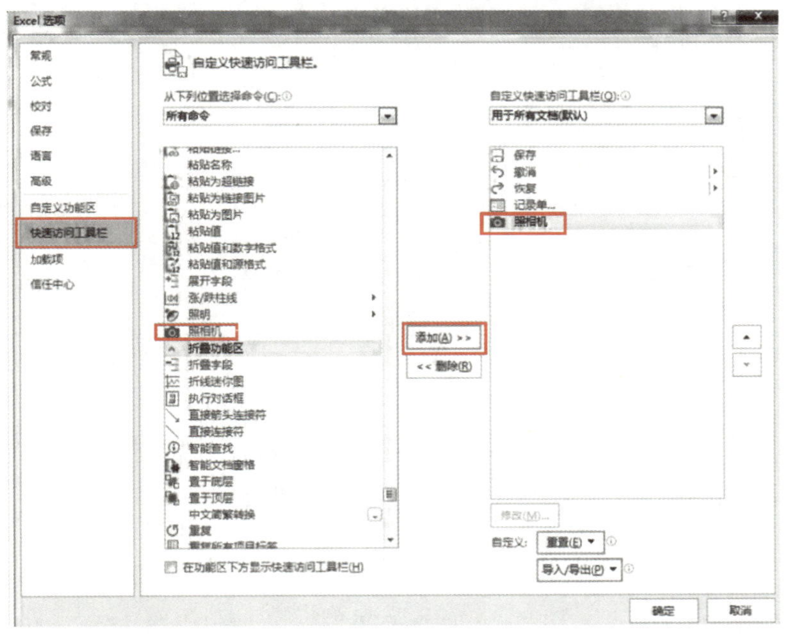

图 9-4-12　添加“照相机”功能

切换到“资产负债表”工作表，选中从单元格 A1 至 F33 的区域，单击快速访问工具栏中的“照相机”按钮，即可截取所需的界面图片，如图 9-4-13 所示。

项目 - Excel

文件　开始　插入　页面布局　公式　数据　审阅　视图　告诉我...　登录　共享

普通　分页预览　页面布局　自定义视图　工作簿视图　显示　显示比例　100%　缩放到选定区域　显示比例　新建窗口　全部重排　冻结窗格　窗口　切换窗口　宏　宏

Print_Area　资产负债表

	A	B	C	D	E	F
1			资产负债表			
2	编制单位：鸿丰公司		日期	2020/7/31	单位：元	
3	资产	期末数	年初数	负债及所有者权益	期末数	年初数
4	流动资产：			流动负债：		
5	货币资金	949,263.00		短期借款	20,000.00	
6	交易性金融资产			应付票据	2,500.00	
7	应收票据			应付账款		
8	应收股利			预收款项	50,000.00	

资产负债表　会计报表打印　利润表　现金流量表

图 9-4-13　截取图片

切换到“会计报表打印”工作表，单击工作表区域的目标单元格，即可将截取的图片粘贴到这里。该图片内容与原始数据自动保持同步，若原始数据发生变化，则图片内容也会发生相应变化。接下来，采用同样的方法将利润表和现金流量表的目标区域截取图片并粘贴到“会计报表打印”工作表中，自行调整三张图片的位置和大小，如图 9-4-14 所示。

资产负债表

编制单位：鸿丰公司		日期	2020/7/31	单位：元	
资产	期末数	年初数	负债及所有者权益	期末数	年初数
流动资产：			流动负债：		
货币资金	949,263.00		短期借款	20000.00	
交易性金融资产			应付票据	2500.00	
应收票据			应付账款		
应收股利			预收款项	50000.00	
应收账款	-		应付职工薪酬	73000.00	
其他应收款	3,200.00		应付利息	-	
预付款项	690.00		应交税费	156028.00	
应收补贴款			应付股利		
存货	88,000.00		交易性金融负债		
一年内到期的非流动资产			一年内到期的非流动负债		
其他流动资产			其他流动负债		
流动资产合计	1,041,153.00		流动负债合计	301528.00	
非流动资产：			非流动负债：		
长期股权投资			长期借款		
权益工具投资			应付债券		
投资性房地产			长期应付款		
债权投资			其他长期负债		
固定资产	151,400.00		预计负债		
在建工程			其他非流动负债		
工程物资			非流动负债合计	-	
固定资产清理			负债合计	301528.00	
生产性生物资产			所有者权益：		
油气资产			实收资本	400000.00	
无形资产			资本公积	15000.00	
开发支出			减：库存股		
长期待摊费用			盈余公积	20000.00	
其他非流动资产			未分配利润	456025.00	
非流动资产合计	151,400.00		所有者权益合计	891025.00	
资产合计	1,192,553.00		负债及所有者权益合计	1192553.00	

利润表

编制单位：鸿丰公司	2020年7月	单位：元
项目	本期金额	上期金额
一、营业收入	598,500.00	
减：营业成本	220,000.00	
税金及附加	-	
销售费用	2,500.00	
管理费用	21,100.00	
财务费用	200.00	
加：投资收益（损失以"-"号填列）		
公允价值变动收益（损失以"-"号填列）		
信用减值损失（损失以"-"号填列）		
资产减值损失（损失以"-"号填列）		
资产处置收益（损失以"-"号填列）		
二、营业利润	354,700.00	
加：营业外收入	-	
减：营业外支出	-	
三、利润总额	354,700.00	
减：所得税费用	88,675.00	
四、净利润	266,025.00	

现金流量表

编制单位：鸿丰公司	2020年	单位：元
项目	行次	金额
一、经营活动产生的现金流量：		
销售商品、提供劳务收到的现金		986,305.00
收到的税费返还		-
收到的其他与经营活动有关的现金		-
现金流入小计		986,305.00
购买商品、接受劳务支付的现金		16,950.00
支付给职工以及为职工支付的现金		3,200.00
支付的各项税费		237,500.00
支付的其他与经营活动有关的现金		6,790.00
现金流出小计		264,440.00
经营活动产生的现金流量净额		721,865.00
二、投资活动产生的现金流量：		
收回投资所收到的现金		-
取得投资收益所收到的现金		-
处置固定资产、无形资产和其他长期资产所收回的现金净额		-
收到的其他与投资活动有关的现金		-
现金流入小计		-
购建固定资产、无形资产和其他长期资产所支付的现金		74,902.00
投资所支付的现金		-
支付的其他与投资活动有关的现金		-
现金流出小计		74,902.00
投资活动产生的现金流量净额		-74,902.00
三、筹资活动产生的现金流量：		
吸收投资所收到的现金		-
借款所收到的现金		-
收到的其他与筹资活动有关的现金		-
现金流入小计		-
偿还债务所支付的现金		-
分配股利、利润或偿付利息所支付的现金		600.00
支付的其他与筹资活动有关的现金		-
现金流出小计		600.00
筹资活动产生的现金流量净额		-600.00
四、汇率变动对现金的影响		
五、现金及现金等价物净增加额		646,363.00

资产负债表　会计报表打印　利润表　现金流量表　现金流量项目记账凭证表

图 9-4-14　粘贴三张截图到同一工作表中

单击主菜单中的“页面布局”，在“页面设置”选项组中单击右下角小箭头，打开“页面设置”对话框。在“页面”选项卡中将“方向”设为“横向”，然后单击“确定”按钮。单击主菜单中的“文件”，然后在弹出的左侧菜单中单击“打印”，再单击右侧的“打印”按钮，即可开始打印。

项目小结

本项目使用 Excel 编制资产负债表、利润表和现金流量表，设置各会计报表的页面并进行打印，实现了账务处理程序“证账表”流程和数据的一体化。

思考与练习

打开“项目”工作簿，根据“会计凭证表”工作表的信息，完成以下任务：

1. 编制现金流量表。要求按本项目运用的 Excel 功能编制。
2. 打印现金流量表。要求使用“页面设置”相关选项卡设置打印选项。
3. 运用 Excel“照相机”功能将多个会计报表打印在同一页。

项目十
合同台账管理的 Excel 应用

学习目标

知识目标

理解合同台账的作用。

能力目标

1. 能够利用 Excel 制作采购合同管理台账和销售合同管理台账。
2. 能够利用 Excel 制作项目合同管理台账。
3. 能够利用 Excel 制作员工劳动合同管理台账。

【项目导学】

台账不属于会计核算中的账簿系统，是一种明细记录表，它是企业为了加强某方面的管理、更加详细地了解某方面的信息而设置的一种辅助账簿。台账的作用主要体现在台账资料的记录、整理和积累过程中加强自我督促、强化管理。

合同台账就是用表格的方式将合同中的一些信息进行登记、编号，与合同归类存档相配合，方便日常查找及信息查询。合同台账要及时登记，全面填写。

企业一般会根据自身业务需要，自行设计合同台账以便更好地管理合同。台账通常分层级进行管理。合同综合管理部门负责按合同类别建立健全合同汇总台账，分管单位（部门）应建立健全分类台账。

做好合同台账管理的关键是勤快、细心，合同来了及时编号、登记、存档。定期对合同台账进行检查，对遗漏的信息进行补充，并根据合同台账监督合同履约情况，发现违约风险时及时提示。

合同台账包括合同登记台账、合同检查台账、合同统计台账、合同法律法规学习（培训）台账、合同专用章使用登记台账、合同文本领用登记台账、授权委托书使用登记台账。本项目介绍运用 Excel 进行企业合同台账管理的几种常见业务。

思维导图

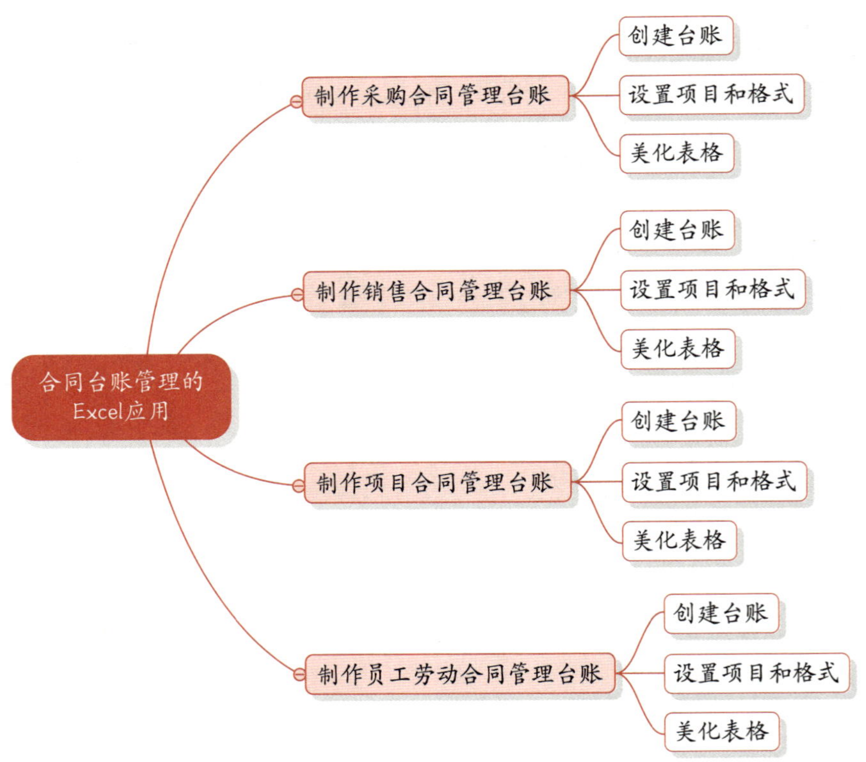

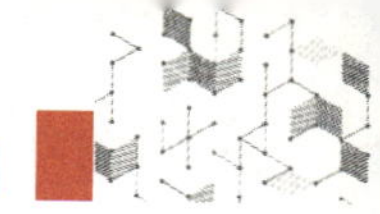

任务一 制作采购合同管理台账

【任务导入】

为细化合同台账资料，规范采购合同台账的管理，根据鸿丰公司合同管理制度，财务人员需要利用 Excel 制作采购合同管理台账。

鸿丰公司采购合同采用统一编号格式“CG-xxxx 年-xx”。其中，“CG”表示合同性质，“xx”为按合同签订时间顺序所编的号码。

【相关知识】

采购合同是一种经济合同，是企业与供应商经过谈判协商一致同意而签订的体现供需关系的法律性文件，合同双方都应遵守和履行，它是双方业务联系的基础。

【任务实施】

一、创建台账

新建一个 Excel 工作簿，将其命名为“鸿丰公司采购合同管理台账”，再将其中的工作表“Sheet1”重命名为“采购合同管理台账”。

二、设置项目和格式

选择从单元格 A1 至 K1 的区域，单击主菜单中的“开始”，在“对齐方式”选项组中单击“合并后居中”按钮。选中单元格 A1，输入文字“采购合同台账记录表”，再将其字体设为宋体、10 号字、加粗，如图 10-1-1 所示。

图 10-1-1 输入台账名称

根据合同主要条款，在对应单元格分别设置“序号”“经办人”等项目。单击主菜单中的“开始”，在“字体”选项组中将这些文字字体设为宋体、11 号字、居中，如图 10-1-2 所示。

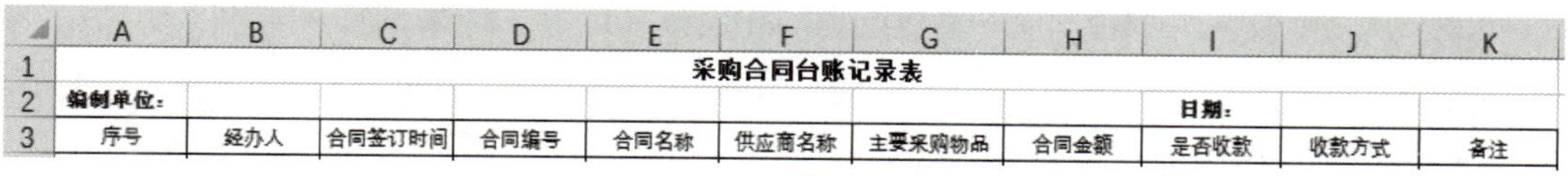

	A	B	C	D	E	F	G	H	I	J	K
1	采购合同台账记录表										
2	编制单位：								日期：		
3	序号	经办人	合同签订时间	合同编号	合同名称	供应商名称	主要采购物品	合同金额	是否收款	收款方式	备注

图 10-1-2 设置台账项目

选中从单元格 A3 至 K3 的区域，单击主菜单中的“开始”，在“字体”选项组中设置所需的填充颜色（如浅蓝色）。再按住 Shift 键向下选中适当的多行单元格，在“字体”选项组中将其内外框线均设为单实线，如图 10-1-3 所示。

	A	B	C	D	E	F	G	H	I	J	K
1	采购合同台账记录表										
2	编制单位：								日期：		
3	序号	经办人	合同签订时间	合同编号	合同名称	供应商名称	主要采购物品	合同金额	是否付款	付款方式	备注

图 10-1-3　设置单元格填充颜色和边框

在单元格 J2 中输入公式“=TODAY()”，得出当前日期，如图 10-1-4 所示。

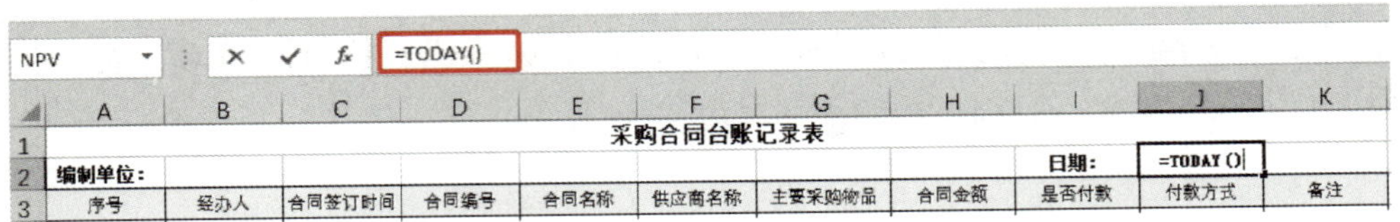

NPV　=TODAY()

	A	B	C	D	E	F	G	H	I	J	K
1	采购合同台账记录表										
2	编制单位：								日期：	=TODAY()	
3	序号	经办人	合同签订时间	合同编号	合同名称	供应商名称	主要采购物品	合同金额	是否付款	付款方式	备注

图 10-1-4　设置日期

选中“合同签订时间”项目所在列即 C 列，调出“设置单元格格式”对话框，单击“数字”选项卡，在其中的“分类”栏中选择“日期”，然后在右侧的“类型”栏中选择“2012-03-14”，如图 10-1-5 所示。

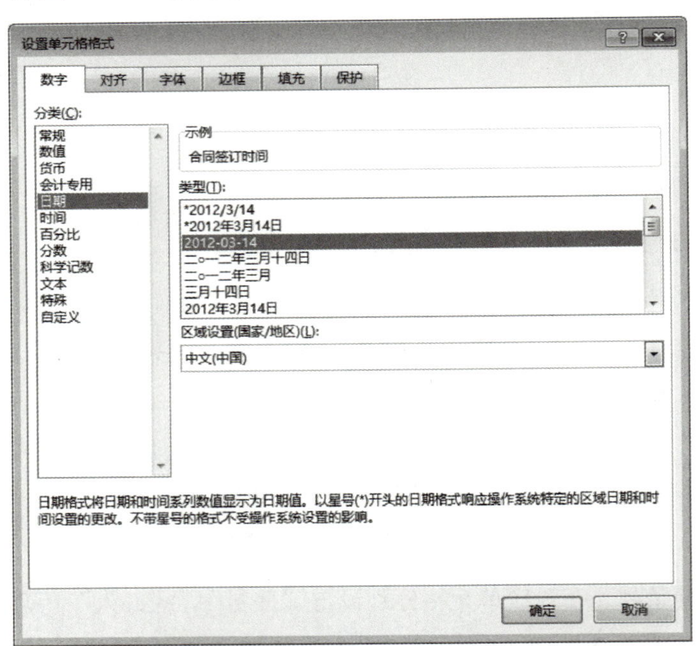

图 10-1-5　设置“合同签订时间”项目有关单元格格式

选中“合同金额”项目所在列即 H 列，调出“设置单元格格式”对话框，单击“数字”选项卡，在其中的“分类”栏中选择“货币”，然后在右侧将小数位数设为 2，在“负数”栏中选择第 3 项，如图 10-1-6 所示。

选中单元格 I4，单击主菜单中的“数据”，在“数据工具”选项组中单击“数据验证”按钮，在下拉列表中选择“数据验证”，如图 10-1-7 所示。

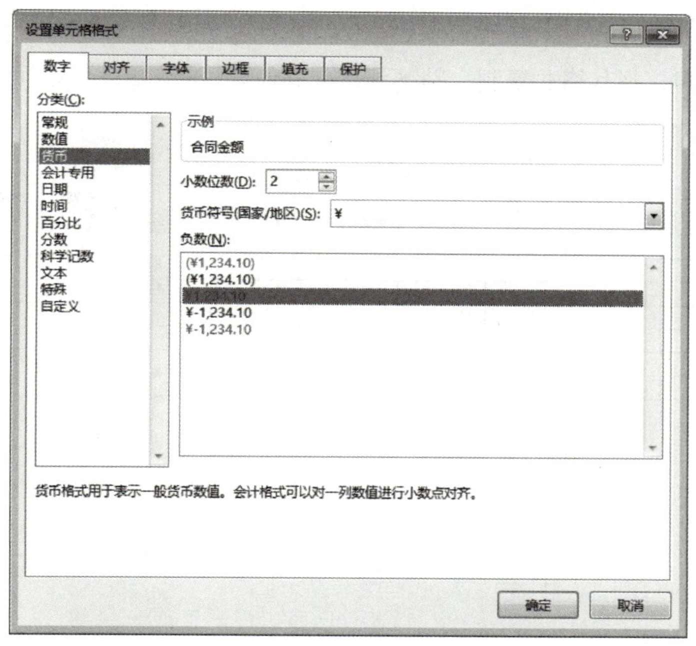

图 10-1-6　设置“合同金额”项目有关单元格格式

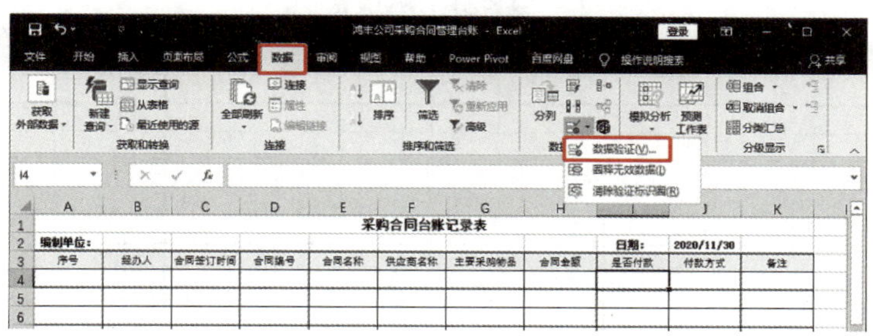

图 10-1-7　设置数据验证

弹出“数据验证”对话框，单击“设置”选项卡，在“允许”下拉列表中选择“序列”，在“来源”框中填入“是，否”（逗号须为英文半角符号），如图 10-1-8 所示。

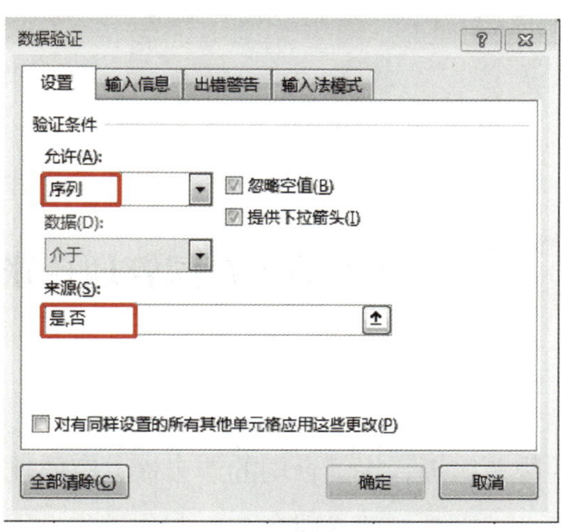

图 10-1-8　设置数据验证具体条件

单击“确定”按钮，工作表中即显示在单元格 I4 右侧出现下拉列表，如图 10-1-9 所示。选中单元格 I4，将其格式复制、粘贴到该列其他要设置的单元格即可。

	A	B	C	D	E	F	G	H	I	J	K
1	采购合同台账记录表										
2	编制单位：								日期：	2020/11/30	
3	序号	经办人	合同签订时间	合同编号	合同名称	供应商名称	主要采购物品	合同金额	是否付款	付款方式	备注
4											
5									是		
6									否		
7											
8											
9											
10											

图 10-1-9　数据验证结果

三、美化表格

根据需要调整各单元格高度、宽度和边框等，对表格加以美化，最终结果如图 10-1-10 所示。

	A	B	C	D	E	F	G	H	I	J	K
1	采购合同台账记录表										
2	编制单位：								日期：	2020/11/30	
3	序号	经办人	合同签订时间	合同编号	合同名称	供应商名称	主要采购物品	合同金额	是否付款	付款方式	备注
4											
5											
6											
7											
8											
9											
10											
11											
12											
13											
14											
15											
16											
17											
18											
19											
20											
21											

采购合同管理台账

图 10-1-10　制作完成的采购合同管理台账

任务二　制作销售合同管理台账

【任务导入】

为了加强销售合同的规范管理，保证合同的严肃性、有效性，规避销售风险，减少销售损失，降低销售成本，鸿丰公司要求财务部门制作销售合同管理台账，该台账要契

合鸿丰公司产品及业务内容，并能体现合同执行进度的动态更新状况。

鸿丰公司销售合同采用统一编号格式“XS-xxxx 年-xx”，其中，“XS”表示合同性质，“xx”为按合同签订时间顺序所编的号码。

【相关知识】

销售合同是指一方将货物的所有权或经营管理权转移给对方，由对方支付价款，双方为此签订的协议。销售合同管理台账应根据合同内容及关键事项进行设计。

【任务实施】

一、创建台账

新建一个 Excel 工作簿，将其命名为“鸿丰公司销售合同管理台账”，再将其中的工作表“Sheet1”重命名为“销售合同管理台账”。

二、设置项目和格式

选择从单元格 A1 至 K1 的区域，单击主菜单中的“开始”，在“对齐方式”选项组中单击“合并后居中”按钮。单击单元格 A1，输入文字“销售合同台账记录表”，再将其字体设为宋体、10 号字、加粗，如图 10-2-1 所示。

图 10-2-1　输入台账名称

根据合同主要条款，在对应单元格分别设置“序号”“客户经理”“合同编号”“客户简称”等项目。单击主菜单中的“开始”，在“字体”选项组中将这些文字字体设为宋体、11 号字、居中，如图 10-2-2 所示。

	A	B	C	D	E	F	G	H	I	J	K
1	销售合同台账记录表										
2	编制单位：								日期：		
3	序号	客户经理	合同编号	客户简称	交货日期	结算方式	主要销售物品	规格型号	订货单价	是否收款	备注

图 10-2-2　设置台账项目

选中从单元格 A3 至 S3 的区域，单击主菜单中的“开始”，在“字体”选项组中设置所需的填充颜色，参照上一任务中的方法设置相关单元格的边框，如图 10-2-3 所示。在单元格 J2 中输入公式“=TODAY()”，得出当前日期。

	A	B	C	D	E	F	G	H	I	J	K
1	销售合同台账记录表										
2	编制单位：								日期：		
3	序号	客户经理	合同编号	客户简称	交货日期	结算方式	主要销售物品	规格型号	订货单价	是否收款	备注

图 10-2-3　设置单元格填充颜色和边框

选中单元格 C4，输入文字“XS-2020-01”。选中该单元格，按住鼠标左键向下拖动，即可自动按顺序填入合同编号。

	A	B	C	D	E	F	G	H	I	J	K
1	销售合同台账记录表										
2	编制单位：								日期：	2020/11/30	
3	序号	客户经理	合同编号	客户简称	交货日期	结算方式	主要销售物品	规格型号	订货单价	是否收款	备注
4			XS-2020-01								
5			XS-2020-02								
6			XS-2020-03								
7											
8											
9											
10											

图 10-2-4　设置合同编号

选中单元格 F4，单击主菜单中的“数据”，在“数据工具”选项组中单击“数据验证”按钮，在下拉列表中选择“数据验证”，弹出数据验证对话框，方法与上一任务中的相关设置相同。

单击“设置”选项卡，在“允许”下拉列表中选择“序列”，在“来源”框中填入“汇票，本票，支票，现金，转账，信用卡”（逗号须为英文半角符号），如图 10-2-5 所示。

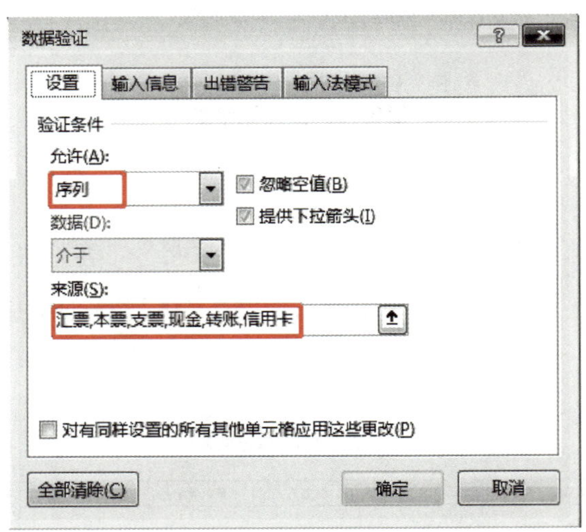

图 10-2-5　设置数据验证具体条件

单击“确定”按钮，工作表中即显示在单元格 F4 右侧出现下拉列表，如图 10-2-6 所示。选中单元格 F4，将其格式复制、粘贴到该列其他要设置的单元格即可。

三、美化表格

根据需要调整各单元格高度、宽度和边框等，对表格加以美化，最终结果如图 10-2-7 所示。

	A	B	C	D	E	F	G	H	I	J	K
1	销售合同台账记录表										
2	编制单位：								日期：	2020/11/30	
3	序号	客户经理	合同编号	客户简称	交货日期	结算方式	主要销售物品	规格型号	订货单价	是否收款	备注
4			XS-2020-01								
5			XS-2020-02			汇票					
6			XS-2020-03			本票					
7						支票					
8						现金					
9						转账					
10						信用卡					
11											
12											

销售合同管理台账

图 10-2-6　数据验证结果

	A	B	C	D	E	F	G	H	I	J	K
1	销售合同台账记录表										
2	编制单位：								日期：	2020/11/30	
3	序号	客户经理	合同编号	客户简称	交货日期	结算方式	主要销售物品	规格型号	订货单价	是否收款	备注
4											
5											
6											
7											
8											
9											
10											
11											
12											
13											
14											
15											
16											
17											
18											
19											
20											
21											

销售合同管理台账

图 10-2-7　制作完成的销售合同管理台账

任务三　制作项目合同管理台账

【任务导入】

为了加强项目合同的规范管理，鸿丰公司要求财务部门制作项目合同管理台账，该台账要契合鸿丰公司业务内容。

鸿丰公司项目合同采用统一编号格式“XM-xxxx 年-xx”，其中，“XM”表示合同性质，“xx”为按合同签订时间顺序所编的号码。

【相关知识】

企业项目合同管理是指对项目合同的订立、履行、变更、终止、违约、索赔、争议处理等进行的管理。企业项目合同管理业务较多时，应由专人整理保管合同、附件、补

充协议、变更记录等文件。

【任务实施】

一、创建台账

新建一个 Excel 工作簿，将其命名为“鸿丰公司项目合同管理台账”，再将其中的工作表“Sheet1”重命名为“项目合同管理台账”。

二、设置项目和格式

选择从单元格 A1 至 T1 的区域，单击主菜单中的“开始”，在“对齐方式”选项组中单击“合并后居中”按钮。选中单元格 A1，输入文字“项目合同台账记录表”，再将其字体设为宋体、10 号字、加粗，如图 10-3-1 所示。

根据合同主要条款，在对应单元格分别设置“序号”“合同编号”“项目名称简称”“合同名称”等项目。分别将单元格 A3 和 A4、B3 和 B4、C3 和 C4 等合并。单击主菜单中的“开始”，在“字体”选项组中将这些文字字体设为宋体、11 号字、居中，如图 10-3-2 所示。

H	I	J	K	L	M	N
项目合同台账记录表						

图 10-3-1　输入台账名称

	A	B	C	D	E	F	G	H	I	J	K	L	M	N	O	P	Q	R	S	T
1	项目合同台账记录表																			
2	编制单位：															日期：				
3	序号	合同编号	项目名称简称	合同名称	合同内容	合同方名称	类别	合同金额		款项执行		发票执行		执行差异				付款方式	备注	项目公司
4								销售合同额	采购合同额	收款	付款	开发票	收发票	未收款	未付款	未开票	未收票			

图 10-3-2　设置台账项目

选中从单元格 A3 至 T4 的区域，单击主菜单中的“开始”，在“字体”选项组中设置所需的填充颜色，参照本项目任务一中的方法设置相关单元格的边框，如图 10-3-3 所示。在单元格 Q2 中输入公式“=TODAY( )”，得出当前日期。

	A	B	C	D	E	F	G	H	I	J	K	L	M	N	O	P	Q	R	S	T
1	项目合同台账记录表																			
2	编制单位：															日期：				
3	序号	合同编号	项目名称简称	合同名称	合同内容	合同方名称	类别	合同金额		款项执行		发票执行		执行差异				付款方式	备注	项目公司
4								销售合同额	采购合同额	收款	付款	开发票	收发票	未收款	未付款	未开票	未收票			

图 10-3-3　设置单元格填充颜色和边框

选中单元格 B5，输入文字“XM-2020-01”。选中该单元格，按住鼠标左键向下拖动，即可自动按顺序填入合同编号，如图 10-3-4 所示。

选中单元格 J5，单击主菜单中的“数据”，在“数据工具”选项组中单击“数据验

	A	B	C	D	E	F	G	H	I	J	K	L	M	N	O	P	Q	R	S	T
1	项目合同台账记录表																			
2	编制单位：															日期：				
3	序号	合同编号	项目名称简称	合同名称	合同内容	合同方名称	类别	合同金额		款项执行		发票执行		执行差异				付款方式	备注	项目公司
4								销售合同额	采购合同额	收款	付款	开发票	收发票	未收款	未付款	未开票	未收票			
5		XM-2020-01																		
6		XM-2020-02																		
7		XM-2020-03																		
8																				
9																				

图 10-3-4　设置合同编号

证”按钮，在下拉列表中选择“数据验证”，弹出“数据验证”对话框，方法与本项目任务一中的相关设置相同。

单击“设置”选项卡，在“允许”下拉列表中选择“序列”，在“来源”框中填入“√”，如图 10-3-5 所示。

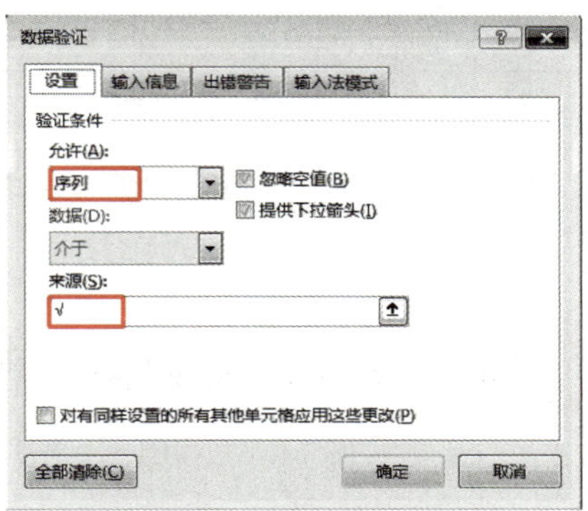

图 10-3-5　设置数据验证具体条件

单击“确定”按钮，工作表中即显示在单元格 J5 右侧出现下拉列表，如图 10-3-6 所示。选中单元格 J5，将其格式复制、粘贴到从 J 列到 Q 列要设置的单元格，即可快速设置好“款项执行”“发票执行”“执行差异”项目有关单元格的数据验证格式。

J5

	A	B	C	D	E	F	G	H	I	J	K	L	M	N	O	P	Q	R	S	T
1	项目合同台账记录表																			
2	编制单位：															日期：				
3	序号	合同编号	项目名称简称	合同名称	合同内容	合同方名称	类别	合同金额		款项执行		发票执行		执行差异				付款方式	备注	项目公司
4								销售合同额	采购合同额	收款	付款	开发票	收发票	未收款	未付款	未开票	未收票			
5		XM-2020-01																		
6		XM-2020-02							√											
7		XM-2020-03																		
8																				
9																				
10																				

项目合同管理台账

图 10-3-6　数据验证结果

三、美化表格

根据需要调整各单元格高度、宽度和边框等，对表格加以美化，最终结果如图 10-3-7 所示。

	A	B	C	D	E	F	G	H	I	J	K	L	M	N	O	P	Q	R	S	T
1	项目合同台账记录表																			
2	编制单位：															日期：		2020/11/30		
3	序号	合同编号	项目名称简称	合同名称	合同内容	合同方名称	类别	合同金额		款项执行		发票执行		执行差异				付款方式	备注	项目公司
4								销售合同额	采购合同额	收款	付款	开发票	收发票	未收款	未付款	未开票	未收票			
5																				
6																				
7																				
8																				
9																				
10																				
11																				
12																				
13																				
14																				
15																				
16																				
17																				
18																				
19																				

项目合同管理台账

图 10-3-7　制作完成的销售合同管理台账

任务四　制作员工劳动合同管理台账

【任务导入】

为了加强员工劳动合同的规范管理，鸿丰公司要求财务部门制作员工劳动合同管理台账。

鸿丰公司员工劳动合同采用统一编号格式“YG-xx”，其中，“YG”表示合同性质，“xx”为按合同签订时间顺序所编的号码。

【相关知识】

企业员工劳动合同管理是指对员工劳动合同的订立、履行、变更、终止、违约、索赔、争议处理等进行的管理。

本任务用到 MID 函数。

【任务实施】

一、创建台账

新建一个 Excel 工作簿，将其命名为“鸿丰公司员工劳动合同管理台账”，再将其中

的工作表“Sheet1”重命名为“员工劳动合同管理台账”。

二、设置项目和格式

选择从单元格 A1 至 S1 的区域，单击主菜单中的“开始”，在“对齐方式”选项组中单击“合并后居中”按钮。选中单元格 A1，输入文字“员工劳动合同台账记录表”，再将其字体设为宋体、10 号字、加粗，如图 10-4-1 所示。

图 10-4-1　输入台账名称

根据合同主要条款，在对应单元格分别设置“序号”“合同编号”“姓名”“性别”等项目。单击主菜单中的“开始”，在“字体”选项组中将这些文字字体设为宋体、11 号字、居中，如图 10-4-2 所示。

	A	B	C	D	E	F	G	H	I	J	K	L	M	N	O	P	Q	R	S
1	员工劳动合同台账记录表																		
2	编制单位：																日期：		
3	序号	合同编号	姓名	性别	所属部门	职位	身份证号码	出生年月	年龄	联系电话	进公司时间	试用期（月）	本企业工龄	合同起始	合同期限（年）	合同终止	合同提示	转正时间	备注

图 10-4-2　设置台账项目

选中从单元格 A3 至 S3 的区域，单击主菜单中的“开始”，在“字体”选项组中设置所需的填充颜色，参照本项目任务一中的方法设置相关单元格的边框，如图 10-4-3 所示。

	A	B	C	D	E	F	G	H	I	J	K	L	M	N	O	P	Q	R	S
1	员工劳动合同台账记录表																		
2	编制单位：																日期：		
3	序号	合同编号	姓名	性别	所属部门	职位	身份证号码	出生年月	年龄	联系电话	进公司时间	试用期（月）	本企业工龄	合同起始	合同期限（年）	合同终止	合同提示	转正时间	备注

图 10-4-3　设置单元格填充颜色和边框

选中单元格 B4，输入文字“YG-0001”。选中该单元格，按住鼠标左键向下拖动，即可自动按顺序填入合同编号，如图 10-4-4 所示。

	A	B	C	D	E	F	G	H	I	J	K	L	M	N	O	P	Q	R	S
1	员工劳动合同台账记录表																		
2	编制单位：																日期：		
3	序号	合同编号	姓名	性别	所属部门	职位	身份证号码	出生年月	年龄	联系电话	进公司时间	试用期（月）	本企业工龄	合同起始	合同期限（年）	合同终止	合同提示	转正时间	备注
4		YG-0001																	
5		YG-0002																	
6		YG-0003																	
7																			

图 10-4-4　设置合同编号

选中 G 列，调出“设置单元格格式”对话框，单击“数字”选项卡，在其中的“分类”栏中选择“文本”，单击“确定”按钮，即设置好“身份证号码”项目的数据格式。

选中单元格 H4，输入公式“=MID(G4,7,4)&"年"&MID(G4,11,2)&"月"”，即可

根据身份证号码自动获取“出生年月”项目的数据。将公式向下复制，即可得到其他单元格的出生年月数据。

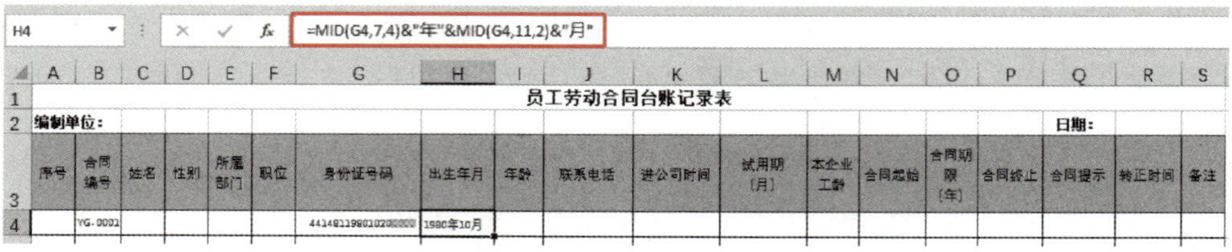

H4 =MID(G4,7,4)&"年"&MID(G4,11,2)&"月"

	A	B	C	D	E	F	G	H	I	J	K	L	M	N	O	P	Q	R	S
1	员工劳动合同台账记录表																		
2	编制单位：																日期：		
3	序号	合同编号	姓名	性别	所属部门	职位	身份证号码	出生年月	年龄	联系电话	进公司时间	试用期（月）	本企业工龄	合同起始	合同期限（年）	合同终止	合同提示	转正时间	备注
4		YG-0001					44148119801020[illegible]	1980年10月											

图 10-4-5　自动获取出生年月数据

选中单元格 I4，输入公式“=（TODAY（）-H4）/365”，即可根据当前日期自动计算员工年龄，如图 10-4-6 所示。调出“设置单元格格式”对话框，将该单元格设为数值格式并将小数位数设为 0。然后，单击单元格 I4，将其公式和格式向下复制，即可得到其他单元格的年龄数据。

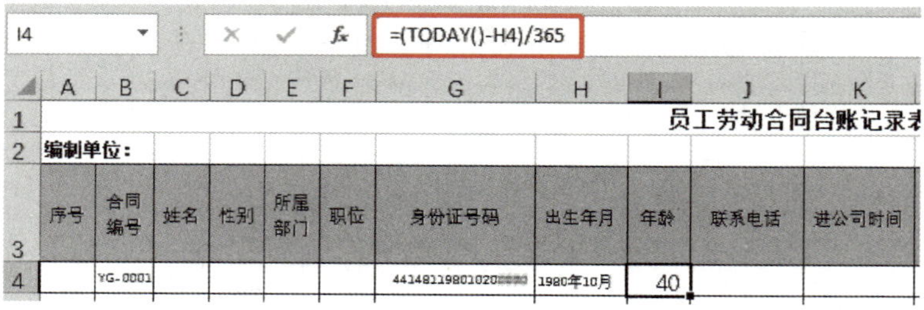

I4 =(TODAY()-H4)/365

	A	B	C	D	E	F	G	H	I	J	K
1	员工劳动合同台账记录表										
2	编制单位：										
3	序号	合同编号	姓名	性别	所属部门	职位	身份证号码	出生年月	年龄	联系电话	进公司时间
4		YG-0001					44148119801020[illegible]	1980年10月	40		

图 10-4-6　自动计算年龄

同时选中单元格 K4、N4、P4 和 R4（分别对应“进公司时间”“合同起始”“合同终止”“转正时间”项目），调出“设置单元格格式”对话框，单击“数字”选项卡，在其中的“分类”栏中选择“日期”，然后在右侧的“类型”栏中选择“2012-03-14”，如图 10-4-7 所示，然后单击“确定”按钮，即可设置好这些单元格的格式。

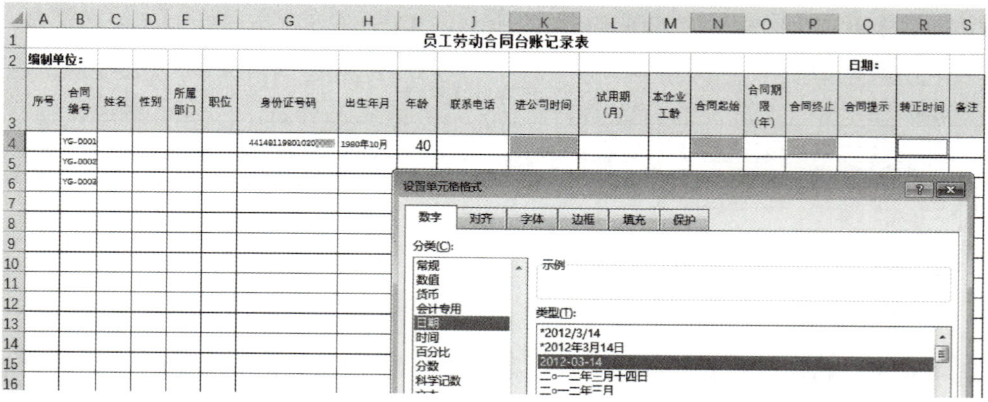

	A	B	C	D	E	F	G	H	I	J	K	L	M	N	O	P	Q	R	S
1	员工劳动合同台账记录表																		
2	编制单位：																日期：		
3	序号	合同编号	姓名	性别	所属部门	职位	身份证号码	出生年月	年龄	联系电话	进公司时间	试用期（月）	本企业工龄	合同起始	合同期限（年）	合同终止	合同提示	转正时间	备注
4		YG-0001					44148119801020[illegible]	1980年10月	40										
5		YG-0002																	
6		YG-0003																	

设置单元格格式

数字　对齐　字体　边框　填充　保护

分类(C)：常规　数值　货币　会计专用　日期　时间　百分比　分数　科学记数

示例

类型(T)：*2012/3/14　*2012年3月14日　2012-03-14　二○一二年三月十四日　二○一二年三月

图 10-4-7　设置日期格式

选中单元格 Q4（对应“合同提示”项目），输入公式“=IF(EDATE(N4,O4 * 12)-

TODAY()<0,"合同到期","合同未到期")”，再将公式向下复制到有关单元格，即可完成“合同提示”项目内容设置，如图 10-4-8 所示。式中 EDATE 函数的作用是返回指定日期之前或之后的月数。

Q4　=IF(EDATE(N4,O4*12)-TODAY()<0,"合同到期","合同未到期")

	A	B	C	D	E	F	G	H	I	J	K	L	M	N	O	P	Q	R	S
1	员工劳动合同台账记录表																		
2	编制单位：																日期：		
3	序号	合同编号	姓名	性别	所属部门	职位	身份证号码	出生年月	年龄	联系电话	进公司时间	试用期(月)	本企业工龄	合同起始	合同期限(年)	合同终止	合同提示	转正时间	备注
4														2020-01-01	5		合同未到期		

图 10-4-8　“合同提示”项目内容设置

三、美化表格

根据需要调整各单元格高度、宽度和边框等，对表格加以美化，最终结果如图 10-4-9 所示。

	A	B	C	D	E	F	G	H	I	J	K	L	M	N	O	P	Q	R	S
1	员工劳动合同台账记录表																		
2	编制单位：																日期：		
3	序号	合同编号	姓名	性别	所属部门	职位	身份证号码	出生年月	年龄	联系电话	进公司时间	试用期(月)	本企业工龄	合同起始	合同期限(年)	合同终止	合同提示	转正时间	备注
4																			
5																			
6																			
7																			
8																			
9																			
10																			
11																			
12																			
13																			
14																			
15																			
16																			
17																			
18																			
19																			

员工劳动合同管理台账

图 10-4-9　制作完成的员工劳动合同管理台账

项目小结

本项目使用 Excel 制作了多种台账管理表格，可方便日常查找及信息查询。

思考与练习

宏达公司财务人员要用 Excel 建立宏达公司员工劳动合同管理台账，台账要包含“编制单位”“日期”“序号”“合同编号”“姓名”“性别”等信息，文本字体为宋体、11 号字、居中。宏达公司员工劳动合同编号统一采用“YG-xxxx”格式（“xxxx”表示顺序号）。请按要求制作该台账。

项目十一
财务分析的 Excel 应用

学习目标

知识目标

1. 理解财务分析的概念和作用。
2. 掌握财务分析的方法。

能力目标

1. 能够利用 Excel 对会计报表进行计算和分析。
2. 能够利用 Excel 将财务分析的过程和结果以表格和图片等形式呈现。

【项目导学】

财务分析是以会计核算结果、报表资料及其他相关资料为依据，采用一系列专门的分析技术和方法，对企业等经济组织过去和现在有关筹资活动、投资活动、经营活动、分配活动中体现的各项能力状况等进行分析与评价的经济管理活动，它为企业的投资者、债权人、经营者及其他关心企业的组织或个人了解企业过去、评价企业现状、预测企业未来、做出正确决策提供准确的信息和依据。本项目重点介绍财务比率分析、财务比较分析、财务趋势分析和财务综合分析中的 Excel 应用。

学习本项目时，学生应具有一定的财务分析专业理论知识，可通过搜索资料自学。

思维导图

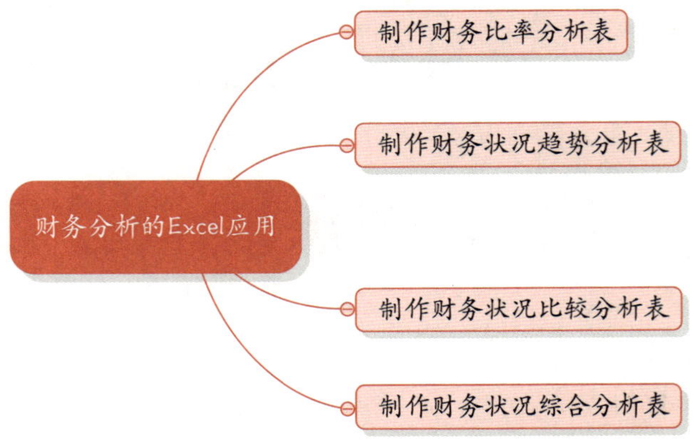

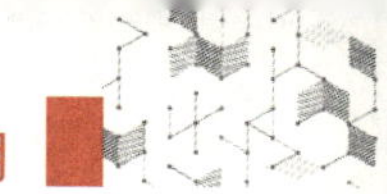

任务一　制作财务比率分析表

【任务导入】

鸿丰公司2020年7月的账务处理工作已经完成并编制了月度会计报表，2020年7月的资产负债表见表11-1-1，利润表见表11-1-2。财务人员要对本月的会计报表进行财务比率分析。

表 11-1-1　鸿丰公司 2020 年 7 月资产负债表

编制单位：鸿丰公司　　　　日期：2020 年 7 月 31 日　　　　单位：元

资产	期末数	期初数	负债及所有者权益	期末数	期初数
流动资产：			流动负债：		
货币资金	949 263.00	302 900.00	短期借款	20 000.00	20 000.00
交易性金融资产			应付票据	2 500.00	
应收票据			应付账款		
应收股利			预收款项	50 000.00	
应收账款	—	260 000.00	应付职工薪酬	73 000.00	
其他应收款	3 200.00		应付利息	—	400.00
预付款项	690.00		应交税费	156 028.00	237 500.00
应收补贴款			应付股利		
存货	88 000.00	230 000.00	交易性金融负债		
一年内到期的非流动资产			一年内到期的非流动负债		
其他流动资产			其他流动负债		
流动资产合计	1 041 153.00	792 900.00	流动负债合计	301 528.00	257 900.00
非流动资产：			非流动负债：		
长期股权投资			长期借款		
权益工具投资			应付债券		
投资性房地产			长期应付款		
债权投资			其他长期负债		
固定资产	151 400.00	90 000.00	预计负债		
在建工程			其他非流动负债		

续表

资产	期末数	期初数	负债及所有者权益	期末数	期初数
工程物资			非流动负债合计	—	—
固定资产清理			负债合计	301 528.00	257 900.00
生产性生物资产			所有者权益：		
油气资产			实收资本	400 000.00	400 000.00
无形资产			资本公积	15 000.00	15 000.00
开发支出			减：库存股		
长期待摊费用			盈余公积	20 000.00	20 000.00
其他非流动资产			未分配利润	456 025.00	190 000.00
非流动资产合计	151 400.00	90 000.00	所有者权益合计	891 025.00	625 000.00
资产合计	1 192 553.00	882 900.00	负债及所有者权益合计	1 192 553.00	882 900.00

表 11-1-2　鸿丰公司 2020 年 7 月利润表

编制单位：鸿丰公司　　2020 年 7 月　　单位：元

项目	本期金额	上期金额
一、营业收入	598 500.00	600 000.00
减：营业成本	220 000.00	300 000.00
税金及附加	—	
销售费用	2 500.00	3 800.00
管理费用	21 100.00	20 000.00
财务费用	200.00	200.00
加：投资收益（损失以“-”号填列）		
公允价值变动收益（损失以“-”号填列）		
信用减值损失（损失以“-”号填列）		
资产减值损失（损失以“-”号填列）		
资产处置收益（损失以“-”号填列）		
二、营业利润	354 700.00	276 000.00
加：营业外收入	—	
减：营业外支出	—	216 000.00
三、利润总额	354 700.00	60 000.00
减：所得税费用	88 675.00	15 000.00
四、净利润	266 025.00	45 000.00

【相关知识】

财务比率分析是通过对会计报表中相互关联的项目加以对比，以及借助财务数据的关联性计算得出一系列比率指标，据此确定企业经济活动变动程度的一种分析方法。比率指标具有计算过程简单、计算结果较易判断等特点，在财务分析中占据重要地位。

【任务实施】

本任务使用 Excel 设计财务比率分析表，设置财务比率分析指标的计算公式，生成财务比率分析数据。

一、建立表单

打开“项目”工作簿，新建一个工作表，并将其重命名为“财务比率分析表”。

首先，在 A 列各单元格输入财务比率分析表名称及项目（指标），在 B 列各单元格输入各指标对应的计算公式，如图 11-1-1 所示。

	A	B	C
1	常用财务比率分析表		
2	财务指标	计算公式	计算结果
3	一、变现能力指标		
4	流动比率	流动资产/流动负债	
5	速动比率	（流动资产-存货）/流动负债	
6			
7	二、长期偿债能力指标		
8	资产负债率	负债总额/资产总额	
9	产权比率	负债总额/所有者权益总额	
10	权益乘数	资产总额/所有者权益总额	
11	已获利息倍数	（利润总额+利息费用）/利息费用	
12			
13	三、运营能力指标		
14	存货周转率	营业成本/（存货年初数+存货年末数)*2	
15	应收账款周转率	营业收入/（应收账款余额年初数+应收账款余额年末数)*2	
16	流动资产周转率	营业收入/（流动资产总额年初数+流动资产总额年末数)*2	
17	总资产周转率	营业收入/（资产总额年初数+资产总额年末数)*2	
18			
19	四、获利能力指标		
20	营业利润率	营业利润/营业收入	
21	营业净利率	净利润/营业收入	
22	总资产净利率	净利润/（资产总额年初数+资产总额年末数)*2	
23			
24	五、发展能力指标		
25	营业收入增长率	本年营业收入增长额/上年营业收入总额	
26	营业利润增长率	本年营业利润增长额/上年营业利润总额	
27	利润增长率	本年利润总额增长额/上年利润总额	
28	总资产增长率	本年总资产增长额/年初资产总额	

… 资产负债表 | 利润表 | 财务比率分析表 | 财务比率比较分析表

图 11-1-1　输入分析表名称、项目及指标计算公式

然后，设置各单元格格式。选择从单元格 A1 至 C1 的区域，将水平对齐方式设为“跨列居中”。

选择 C 列，将单元格设为数值格式，并保留 4 位小数。

将单元格 A1、A3、A7、A12、A19、A24 以及从单元格 A2 至 C2 区域的文字加粗。

自行调整行高、列宽。

二、设置计算公式并生成表单

在 C 列各单元格设置各指标计算公式，如图 11-1-2 所示，设置完毕后生成的财务比率分析表如图 11-1-3 所示。

	A	B	C
1		常用财务比率分析表	
2	**财务指标**	**计算公式**	**计算结果**
3	**一、变现能力指标**		
4	流动比率	流动资产/流动负债	=资产负债表!B16/资产负债表!E16
5	速动比率	（流动资产-存货）/流动负债	=(资产负债表!B16-资产负债表!B13)/资产负债表!E16
6			
7	**二、长期偿债能力指标**		
8	资产负债率	负债总额/资产总额	=资产负债表!E25/资产负债表!B33
9	产权比率	负债总额/所有者权益总额	=资产负债表!E25/资产负债表!E32
10	权益乘数	资产总额/所有者权益总额	=资产负债表!B33/资产负债表!E32
11	已获利息倍数	（利润总额+利息费用）/利息费用	=(利润表!B18+利润表!B9)/利润表!B9
12			
13	**三、运营能力指标**		
14	存货周转率	营业成本/（存货年初数+存货年末数)*2	=利润表!B5/(资产负债表!C13+资产负债表!B13)*2
15	应收账款周转率	营业收入/（应收账款余额年初数+应收账款余额年末数)*2	=利润表!B4/(资产负债表!C9+资产负债表!B9)*2
16	流动资产周转率	营业收入/（流动资产总额年初数+流动资产总额年末数)*2	=利润表!B4/(资产负债表!C16+资产负债表!B16)*2
17	总资产周转率	营业收入/（资产总额年初数+资产总额年末数)*2	=利润表!B4/(资产负债表!C33+资产负债表!B33)*2
18			
19	**四、获利能力指标**		
20	营业利润率	营业利润/营业收入	=利润表!B15/利润表!B4
21	营业净利率	净利润/营业收入	=利润表!B20/利润表!B4
22	总资产净利率	净利润/（资产总额年初数+资产总额年末数)*2	=利润表!B20/(资产负债表!C33+资产负债表!B33)*2
23			
24	**五、发展能力指标**		
25	营业收入增长率	本年营业收入增长额/上年营业收入总额	=(利润表!B4-利润表!C4)/利润表!C4
26	营业利润增长率	本年营业利润增长额/上年营业利润总额	=(利润表!B15-利润表!C15)/利润表!C15
27	利润增长率	本年利润总额增长额/上年利润总额	=(利润表!B18-利润表!C18)/利润表!C18
28	总资产增长率	本年总资产增长额/年初资产总额	=(资产负债表!B33-资产负债表!C33)/资产负债表!C33

… | 资产负债表 | 利润表 | 财务比率分析表 | 财务比率比较分析表 | ⊕

图 11-1-2　设置计算公式

	A	B	C
1		常用财务比率分析表	
2	**财务指标**	**计算公式**	**计算结果**
3	**一、变现能力指标**		
4	流动比率	流动资产/流动负债	3.4529
5	速动比率	（流动资产-存货）/流动负债	3.1611
6			
7	**二、长期偿债能力指标**		
8	资产负债率	负债总额/资产总额	0.2528
9	产权比率	负债总额/所有者权益总额	0.3384
10	权益乘数	资产总额/所有者权益总额	1.3384
11	已获利息倍数	（利润总额+利息费用）/利息费用	1774.5000
12			
13	**三、运营能力指标**		
14	存货周转率	营业成本/（存货年初数+存货年末数)*2	1.3836
15	应收账款周转率	营业收入/（应收账款余额年初数+应收账款余额年末数)*2	4.6038
16	流动资产周转率	营业收入/（流动资产总额年初数+流动资产总额年末数)*2	0.6527
17	总资产周转率	营业收入/（资产总额年初数+资产总额年末数)*2	0.5767
18			
19	**四、获利能力指标**		
20	营业利润率	营业利润/营业收入	0.5926
21	营业净利率	净利润/营业收入	0.4445
22	总资产净利率	净利润/（资产总额年初数+资产总额年末数)*2	0.2564
23			
24	**五、发展能力指标**		
25	营业收入增长率	本年营业收入增长额/上年营业收入总额	-0.0025
26	营业利润增长率	本年营业利润增长额/上年营业利润总额	0.2851
27	利润增长率	本年利润总额增长额/上年利润总额	4.9117
28	总资产增长率	本年总资产增长额/年初资产总额	0.3507

… | 资产负债表 | 利润表 | 财务比率分析表 | 财务比率比较分析表 | ⊕

图 11-1-3　生成财务比率分析表

任务二　制作财务状况趋势分析表

【任务导入】

鸿丰公司 2020 年 5 月—7 月的营业收入分别为 560 000.00 元、600 000.00 元、598 500.00 元。公司 2020 年 7 月的会计报表已经制作完成，财务人员月末需要对会计报表反映的财务状况趋势进行分析。

【相关知识】

财务状况趋势分析是指将实际达到的结果同不同时期的历史数据进行比较，从而确定财务状况、经营成果和现金流量的变化趋势和变化规律的一种常用财务分析方法，具体包括定比和环比两种方法。定比是以某一时期的数据为基数，其他各期均与该期的基数进行比较；环比是分别以上一时期的数据为基数，将下一时期与上一时期的基数进行比较。

【任务实施】

本任务使用 Excel 对各期的营业收入进行定比比较并形成图表，以分析营业收入的趋势。

一、建立表单

打开“项目”工作簿，单击“财务比率分析表”工作表右边的“⊕”按钮，新建一个工作表，并将其重命名为“营业收入趋势分析表”。

首先，根据各期营业收入数据，输入营业收入趋势分析表名称和项目，如图 11-2-1 所示。

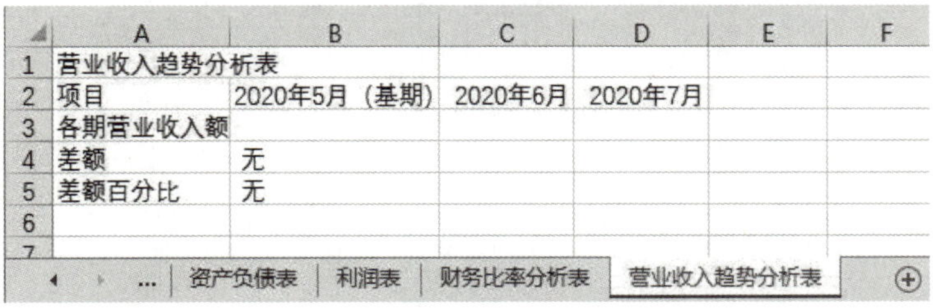

	A	B	C	D	E	F
1	营业收入趋势分析表					
2	项目	2020年5月（基期）	2020年6月	2020年7月		
3	各期营业收入额					
4	差额	无				
5	差额百分比	无				
6						
7						

… 资产负债表 | 利润表 | 财务比率分析表 | 营业收入趋势分析表 | ⊕

图 11-2-1　输入营业收入趋势分析表名称和项目

然后，设置各单元格格式。选择从单元格 A1 至 D1 的区域，将水平对齐方式设为“跨列居中”。

将从单元格 A1 至 D2 区域的文字加粗。

将从单元格 B3 至 D4 的区域设为会计专用格式，并将货币符号设为“无”。将从单元格 B5 至 D5 的区域设为百分比格式。自行调整列宽。

二、录入数据并设置公式

根据任务中的描述录入各期营业收入数据。

设置差额计算公式。在单元格 C4 中输入公式“=C3-$B$3”，并将公式向右复制到单元格 D4，如图 11-2-2 所示。

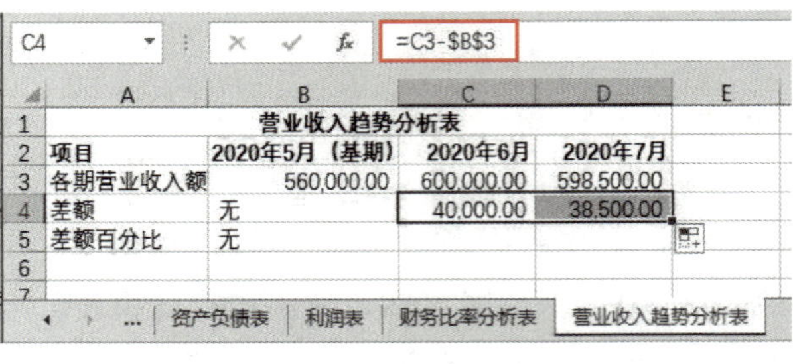

C4 =C3-$B$3

	A	B	C	D	E
1	营业收入趋势分析表				
2	项目	2020年5月（基期）	2020年6月	2020年7月	
3	各期营业收入额	560,000.00	600,000.00	598,500.00	
4	差额	无	40,000.00	38,500.00	
5	差额百分比	无			

资产负债表 利润表 财务比率分析表 营业收入趋势分析表

图 11-2-2　设置差额计算公式

设置差额百分比计算公式。在单元格 C5 中输入公式“=C4/$B$3”，并将公式向右复制到单元格 D5，如图 11-2-3 所示。

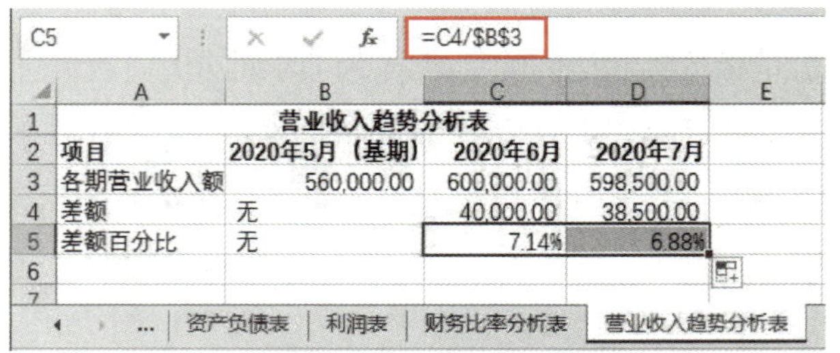

C5 =C4/$B$3

	A	B	C	D	E
1	营业收入趋势分析表				
2	项目	2020年5月（基期）	2020年6月	2020年7月	
3	各期营业收入额	560,000.00	600,000.00	598,500.00	
4	差额	无	40,000.00	38,500.00	
5	差额百分比	无	7.14%	6.88%	

资产负债表 利润表 财务比率分析表 营业收入趋势分析表

图 11-2-3　设置差额百分比计算公式

三、插入折线图

选中从单元格 A1 至 D3 的区域，单击主菜单中的“插入”，在“图表”选项组中单击“插入折线图或面积图”按钮，在下拉列表中选择“二维折线图”中的“折线图”，即可在工作表中插入相应的折线图。自行调整图的位置，如图 11-2-4 所示。

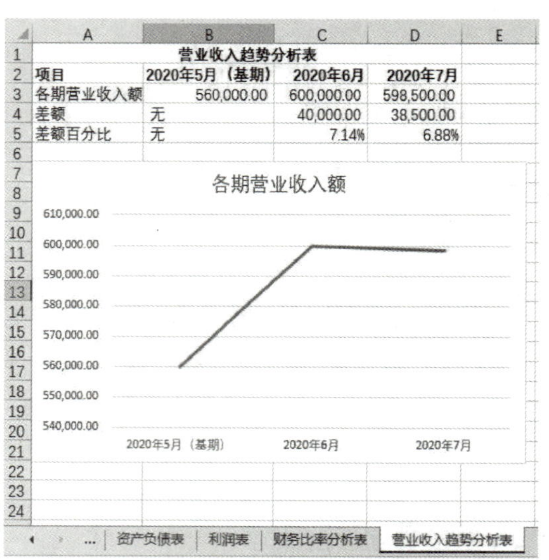

	A	B	C	D	E
1	营业收入趋势分析表				
2	项目	2020年5月（基期）	2020年6月	2020年7月	
3	各期营业收入额	560,000.00	600,000.00	598,500.00	
4	差额	无	40,000.00	38,500.00	
5	差额百分比	无	7.14%	6.88%	

图 11-2-4　插入折线图

任务三　制作财务状况比较分析表

【任务导入】

鸿丰公司 2020 年 7 月已编制完成会计报表和财务比率分析表，财务人员需要将公司的财务比率与标准财务比率进行对比，找出差异。

企业标准财务比率见表 11-3-1。

表 11-3-1　企业标准财务比率

项目	标准财务比率	项目	标准财务比率
流动比率	2. 58	应收账款周转率	8. 58
速动比率	1. 75	总资产周转率	1. 43
资产负债率	0. 48	营业利润率	0. 25
已获利息倍数	2. 46		

【相关知识】

财务状况比较分析法又称财务状况对比分析法，是将相同财务指标的本期实际数与本期计划数、基期数或行业数等进行对比，找出差异，对指标完成情况做出一般评价的分析方法，它是财务分析中常见的方法之一。

【任务实施】

本任务使用 Excel 建立财务比率比较分析表，并将有关财务比率与标准财务比率进行对比。

一、建立表单

打开“项目”工作簿，单击“营业收入趋势分析表”工作表右边的“⊕”按钮，新建一个工作表，并将其重命名为“财务比率比较分析表”。

首先，输入表格名称和项目，在 B 列各有关单元格输入标准财务比率，如图 11-3-1 所示。

然后，设置各单元格格式。选择从单元格 A1 至 D1 的区域，将水平对齐方式设为“跨列居中”。

选择 C 列，将单元格设为数值格式，保留 4 位小数。

将从单元格 A1 至 D2 区域的文字加粗。自行调整行高、列宽。

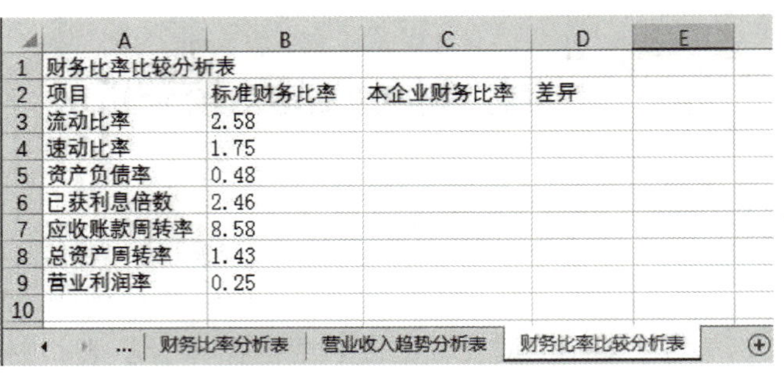

	A	B	C	D	E
1	财务比率比较分析表				
2	项目	标准财务比率	本企业财务比率	差异	
3	流动比率	2.58			
4	速动比率	1.75			
5	资产负债率	0.48			
6	已获利息倍数	2.46			
7	应收账款周转率	8.58			
8	总资产周转率	1.43			
9	营业利润率	0.25			
10					

财务比率分析表　营业收入趋势分析表　财务比率比较分析表

图 11-3-1　输入名称、项目和有关数据

二、设置公式并生成表单

在 C 列各有关单元格设置“本企业财务比率”项目计算公式，在 D 列各有关单元格设置“差异”项目计算公式，如图 11-3-2 所示。设置完成后，生成的表单如图 11-3-3 所示。

	A	B	C	D
2	项目	标准财务比率	本企业财务比率	差异
3	流动比率	2.58	=财务比率分析表!C4	=C3-B3
4	速动比率	1.75	=财务比率分析表!C5	=C4-B4
5	资产负债率	0.48	=财务比率分析表!C8	=C5-B5
6	已获利息倍数	2.46	=财务比率分析表!C10	=C6-B6
7	应收账款周转率	8.58	=财务比率分析表!C14	=C7-B7
8	总资产周转率	1.43	=财务比率分析表!C16	=C8-B8
9	营业利润率	0.25	=财务比率分析表!C20	=C9-B9
10				
11				

财务比率分析表　营业收入趋势分析表　财务比率比较分析表

图 11-3-2　设置公式

	A	B	C	D
1	财务比率比较分析表			
2	项目	标准财务比率	本企业财务比率	差异
3	流动比率	2.58	3.4529	0.8729
4	速动比率	1.75	3.1611	1.4111
5	资产负债率	0.48	0.2528	-0.2272
6	已获利息倍数	2.46	1774.5000	1772.0400
7	应收账款周转率	8.58	4.6038	-3.9762
8	总资产周转率	1.43	0.5767	-0.8533
9	营业利润率	0.25	0.5926	0.3426

资产负债表　利润表　财务比率分析表　财务比率比较分析表

图 11-3-3　生成财务比率比较分析表

任务四　制作财务状况综合分析表

【任务导入】

鸿丰公司 2020 年 7 月已编制完成会计报表和财务比率分析表，财务人员需要对本公司财务状况进行综合分析。

【相关知识】

财务状况综合分析法以前面编制的会计报表和财务指标数据为基础，它是利用几种主要的财务比率之间的关系综合分析企业财务状况的一种分析方法。杜邦分析法是其中较常用的一种。

【任务实施】

一、建立表单

打开“项目”工作簿，单击“财务比率比较分析表”工作表右边的“⊕”按钮，新建一个工作表，并将其重命名为“财务状况综合分析表”。

首先，输入表格名称、项目。然后，将各项目下需要设置公式的单元格填充颜色设为黄色，再将这些单元格的内外框线均设为单实线，如图 11-4-1 所示。

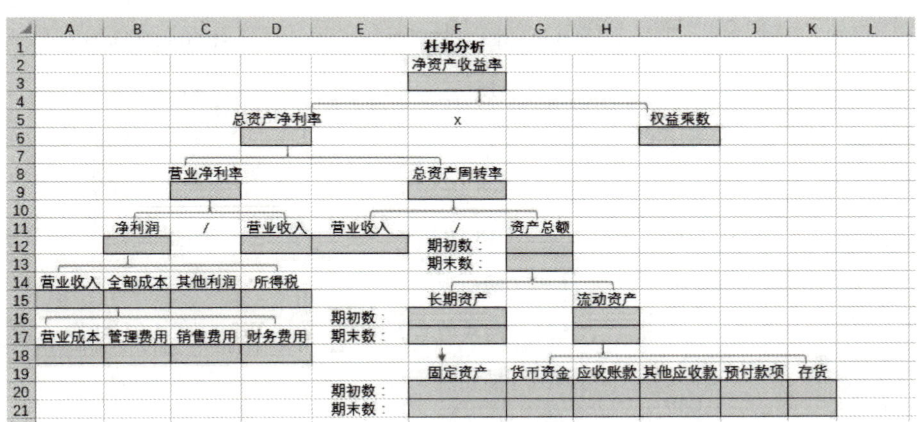

图 11-4-1　设置财务状况综合分析表格式

二、设置公式并生成表单

在表中各相关单元格输入公式，各项目名称、位置以及对应的公式位置和内容见表 11-4-1。

表 11-4-1　财务状况综合分析表公式

项目名称	项目位置	公式位置	公式内容
净资产收益率	F2	F3	=D6 * I6
总资产净利率	D5	D6	=C9 * F9
权益乘数	I5	I6	=资产负债表!B33/资产负债表!E32
营业净利率	C8	C9	=B12/D12
总资产周转率	F8	F9	=E12/(G12+G13) * 2

续表

项目名称	项目位置	公式位置	公式内容
净利润	B11	B12	=A15-B15+C15-D15
营业收入	D11	D12	=利润表!B4
营业收入	E11	E12	=利润表!B4
资产总额	G11	G12（期初数）	=F16+H16
		G13（期末数）	=F17+H17
营业收入	A14	A15	=利润表!B4
全部成本	B14	B15	=SUM(A18:D18)
其他利润	C14	C15	=利润表!B16-利润表!B17
所得税	D14	D15	=利润表!B19
长期资产	F15	F16（期初数）	=F20
		F17（期末数）	=F21
流动资产	H15	H16（期初数）	=SUM(G20:K20)
		H17（期末数）	=SUM(G21:K21)
营业成本	A17	A18	=利润表!B5
管理费用	B17	B18	=利润表!B8
销售费用	C17	C18	=利润表!B7
财务费用	D17	D18	=利润表!B9
固定资产	F19	F20（期初数）	=90 000
		F21（期末数）	=资产负债表!B22
货币资金	G19	G20（期初数）	=302 900
		G21（期末数）	=资产负债表!B5
应收账款	H19	H20（期初数）	=260 000
		H21（期末数）	=资产负债表!B9
其他应收款	I19	I20（期初数）	=0
		I21（期末数）	=资产负债表!B10
预付款项	J19	J20（期初数）	=0
		J21（期末数）	=资产负债表!B11
存货	K19	K20（期初数）	=230 000
		K21（期末数）	=资产负债表!B13

设置完毕后生成的表单如图 11-4-2 所示。

	A	B	C	D	E	F	G	H	I	J	K
1						杜邦分析法					
2						净资产收益率					
3						0.3431					
4											
5				总资产净利率		x			权益乘数		
6				0.2564					1.3384		
7											
8			营业净利率	x		总资产周转率					
9			0.4445			0.58					
10											
11		净利润	/	营业收入	营业收入	/	资产总额				
12		266,025.00		598,500.00	598,500.00	期初数：	882,900.00				
13						期末数：	1,192,553.00				
14	营业收入	全部成本	其他利润	所得税							
15	598,500.00	243,800.00	-	88,675.00		长期资产		流动资产			
16					期初数：	90,000.00		792,900.00			
17	营业成本	管理费用	销售费用	财务费用	期末数：	151,400.00		1,041,153.00			
18	220,000.00	21,100.00	2,500.00	200.00							
19						固定资产	货币资金	应收账款	其他应收款	预付款项	存货
20					期初数：	90,000.00	302,900.00	260,000.00	-	-	230,000.00
21					期末数：	151,400.00	949,263.00	-	3,200.00	690.00	88,000.00
22											

… | 财务比率分析表 | 营业收入趋势分析表 | 财务比率比较分析表 | 财务状况综合分析表 | ⊕

图 11-4-2　生成财务状况综合分析表

项目小结

本项目利用 Excel 制作财务分析的一系列表单，进行财务比率分析、财务比较分析、财务趋势分析和财务综合分析，从而为了解和评价企业的财务状况和经营成果提供依据。

思考与练习

教师对表 11-1-1 和表 11-1-2 中的数据进行适当调整，制成嘉华公司资产负债表和利润表，然后由学生使用 Excel 编制嘉华公司财务比率分析表和财务状况综合分析表。

项目十二
发票管理与费用管理的 Excel 应用

学习目标

知识目标

1. 掌握发票管理台账的内容。
2. 了解费用管理表格的类型。

能力目标

1. 能够利用 Excel 制作发票管理台账及各项费用管理表格。
2. 能够利用 Excel 对发票管理台账和各项费用管理表格中的数据进行管理和分析。

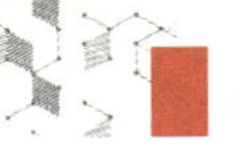

【项目导学】

企业内外部数据的分析管理是管理会计的重点，可以使企业管理者了解过去的经营业绩和当前的财务管理水平，从而进行科学决策。为此，企业需要建立数据收集系统，而利用 Excel 可以便捷地进行数据收集管理。

本项目主要介绍发票管理台账及各类费用管理表格的制作。

思维导图

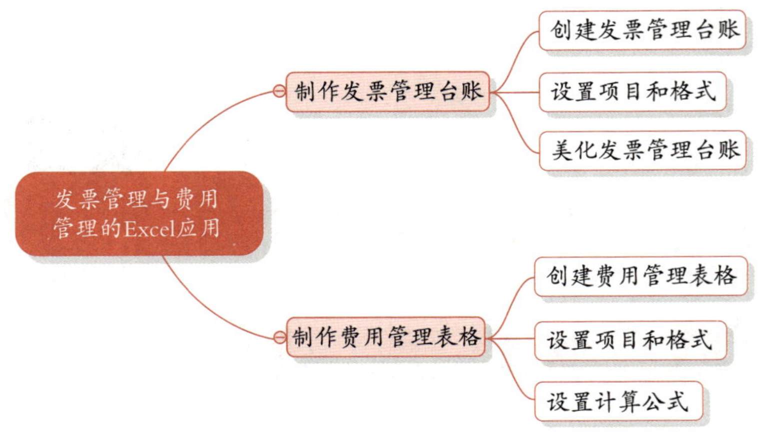

任务一　制作发票管理台账

【任务导入】

为加强对发票的管理，鸿丰公司财务主管要求财务人员制作一个发票管理台账，台账内容要全面，格式要准确、美观。

【相关知识】

发票管理台账就是对企业领购的发票的进、销、存情况进行详细登记的记录表，可以全面反映企业发票的领购、使用情况。

如果是使用类的台账，其项目应包括开票日期、发票号码、品名、数量、单价、金额、税额等，有些项目可以根据需要增减。如果是领购类的台账，其项目应该有购票日期、购入份数、购票人、领用日期、领用份数、领用人、库存发票份数等。

【任务实施】

一、创建发票管理台账

新建一个 Excel 工作簿，将其命名为“鸿丰公司发票管理台账”，再将其中的工作表“Sheet1”重命名为“发票管理台账”。

二、设置项目和格式

选择从单元格 A1 至 L1 的区域，单击主菜单中的“开始”，在“对齐方式”选项组中单击“合并后居中”按钮。单击单元格 A1，输入文字“发票管理台账”，将其字体设为宋体、10 号字、加粗，如图 12-1-1 所示。

图 12-1-1　输入台账名称

在表中相应单元格设置“序号”“开票日期”等项目，单击主菜单中的“开始”，在“字体”选项组中将这些文字的字体设为宋体、11 号字，将“编制单位:”“日期:”加粗并设为居中对齐，如图 12-1-2 所示。

	A	B	C	D	E	F	G	H	I	J	K	L
1	**发票管理台账**											
2	**编制单位:**				**日期:**							
3	序号	开票日期	付款方	开票单位	开票内容	发票编号	张数	金额	对应收据	对应合同	是否入账	备注

图 12-1-2　设置项目

选中从单元格 A3 至 L3 的区域，单击主菜单中的“开始”，将其水平对齐方式设为“居中”，在“字体”选项组中将填充颜色设为蓝色，将内外框线均设为单实线，再将待记录台账具体数据的单元格的内外框线也设为单实线，如图 12-1-3 所示。

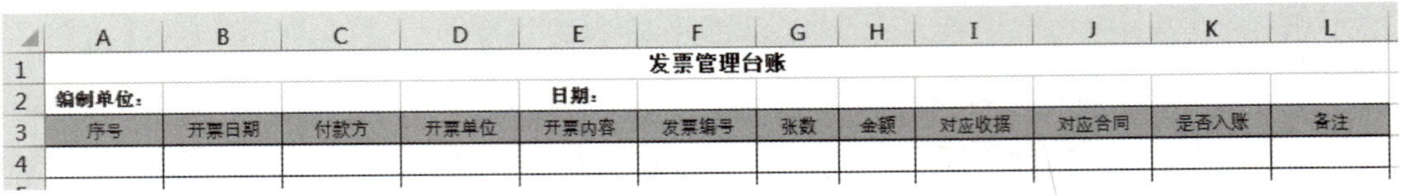

	A	B	C	D	E	F	G	H	I	J	K	L
1						发票管理台账						
2	编制单位：				日期：							
3	序号	开票日期	付款方	开票单位	开票内容	发票编号	张数	金额	对应收据	对应合同	是否入账	备注
4												

图 12-1-3　设置单元格填充颜色和边框

在单元格 F2 中输入公式“=TODAY( )”，即可显示当前日期，如图 12-1-4 所示。

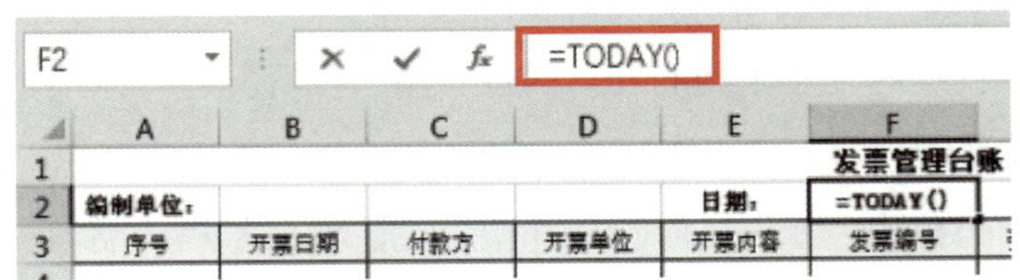

图 12-1-4　设置日期

选中 B 列（即“开票日期”项目所在列），调出“设置单元格格式”对话框，将其设为日期格式，如图 12-1-5 所示。

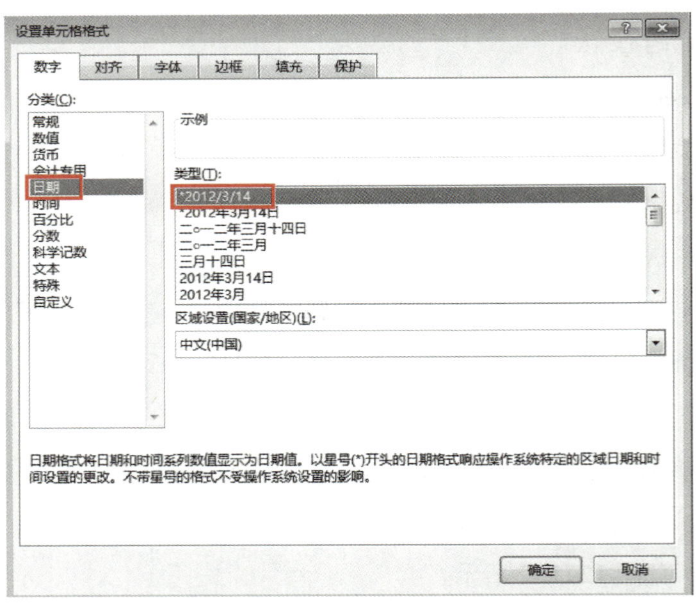

图 12-1-5　设置“开票日期”项目有关单元格格式

选中 H 列（即“金额”项目所在列），调出“设置单元格格式”对话框，将其设为货币格式，如图 12-1-6 所示。

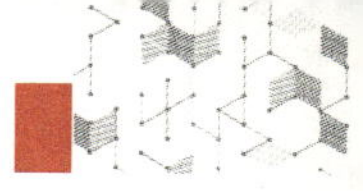

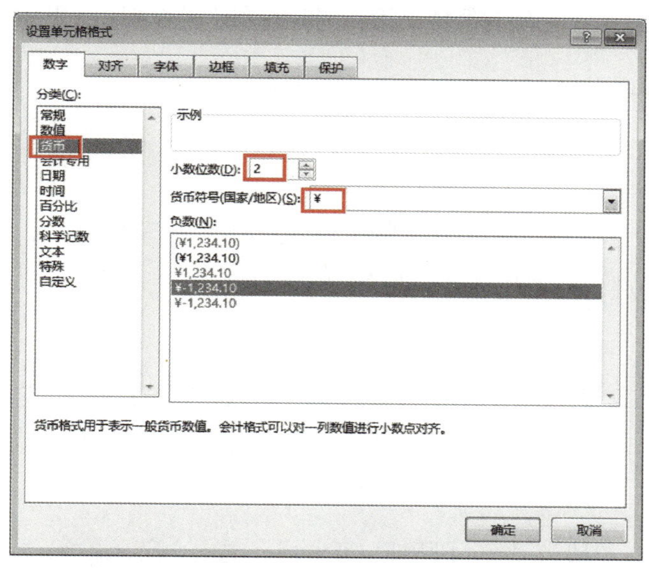

图 12-1-6　设置“金额”项目有关单元格格式

三、美化发票管理台账

鼠标右键单击工作表标签，在弹出的菜单中单击“工作表标签颜色”，选择黄色，工作表标签即变为黄色，如图 12-1-7 所示。

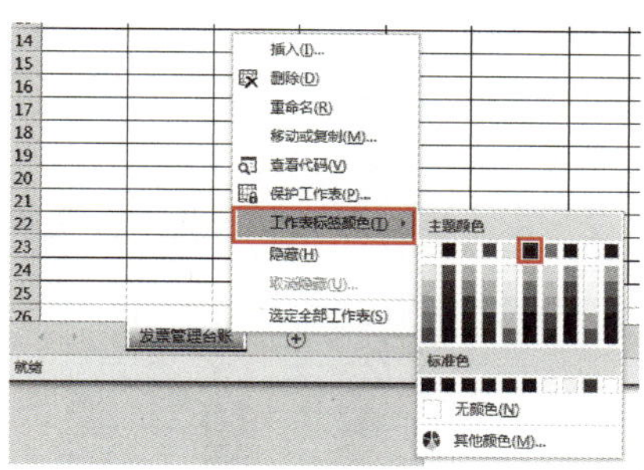

图 12-1-7　更改工作表标签颜色

任务二　制作费用管理表格

【任务导入】

为了对企业运营相关数据进行系统的管理和分析，鸿丰公司要求财务部门建立管理费用计划表、分摊表、登记表等管理表格，为经营决策提供数据支持。

【相关知识】

企业一般通过建立各种表格如费用计划表、分摊表、登记表等进行各项费用的管理和分析，便于管理者做出正确的经营决策，同时有利于控制费用支出。

【任务实施】

一、创建表单

新建一个 Excel 工作簿，将其命名为“鸿丰公司费用管理表格”，再将其中的工作表“Sheet1”重命名为“管理费用计划表”。

二、设置项目和格式

选择从单元格 C2 至 P2 的区域，单击主菜单中的“开始”，在“对齐方式”选项组中单击“合并后居中”按钮，输入文字“管理费用计划表”，将其字体设为隶书、10 号字、加粗。

在表中相应单元格设置“科目明细”等项目，单击主菜单中的“开始”，在“字体”选项组中将这些文字的字体设为宋体、11 号字，并分别设置对齐方式，如图 12-2-1 所示。

	A	B	C	D	E	F	G	H	I	J	K	L	M	N	O	P
1																
2			管理费用计划表													
3		单位类别：			年度：									单位：	元	
4		科目明细	年实际发生数	年费用额	各 月 费 用 拟 定 数											
5					一月	二月	三月	四月	五月	六月	七月	八月	九月	十月	十一月	十二月
6		用人费用														
7		间接人工														
8		训练及服装费														
9		设备费用														
10		折旧														
11		维修费														
12		保险费														
13		税捐														
14		租金支出														
15		事务费用														
16		招待费														
17		通信费														
18		交通费														
19		书报杂志费														
20		差旅费														
21		伙食费														
22		医药费														
23		水电费														
24		运费														
25		其他费用														
26		劳务报酬														
27		自由捐赠														
28		各项捕提														
29		总管理处分摊费用														
30		合计														
31																

图 12-2-1　设置项目和格式

将表的名称及各项目的字体颜色设为蓝色。选中横向表头栏中从单元格 B4 到 P5 的区域，将其填充颜色设为浅蓝色。选中纵向表头栏中的“用人费用”“设备费用”“事务费用”“其他费用”“总管理处分摊费用”等项目，将其单元格填充颜色设为浅黄色。选中“合计”项目，将其单元格填充颜色设为深黄色。

选中从单元格 B4 至 P31 的区域，单击主菜单中的“开始”，在“字体”选项组中单击“所有框线”按钮，在下拉列表中选择“粗外侧框线”，设置结果如图 12-2-2 所示。

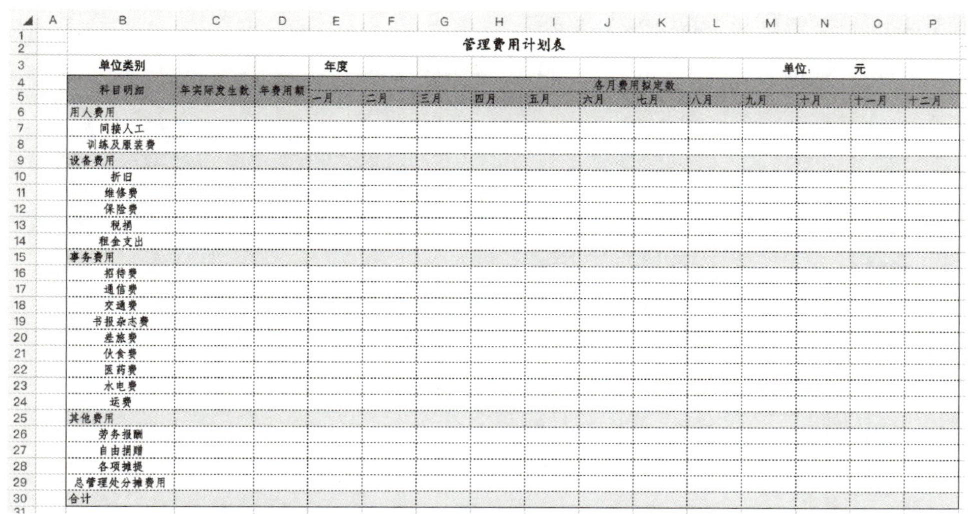

图 12-2-2 设置字体颜色、单元格填充颜色及边框

为了使表格看起来更加美观一些，单击主菜单中的“视图”，在“显示”选项组中将“网格线”复选框勾选为空白状态，如图 12-2-3 所示。

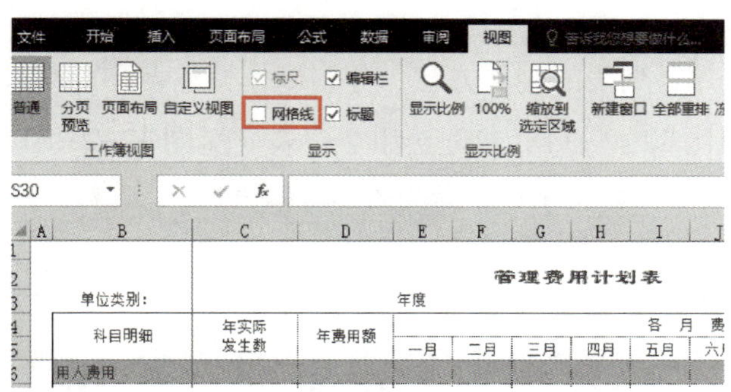

图 12-2-3 取消网格线

三、设置计算公式

设置求和公式，计算每一科目总的费用。例如，用人费用包括间接人工、训练及服装费，则在单元格 C6 中输入公式“=SUM(C7:C8)”，如图 12-2-4 所示。

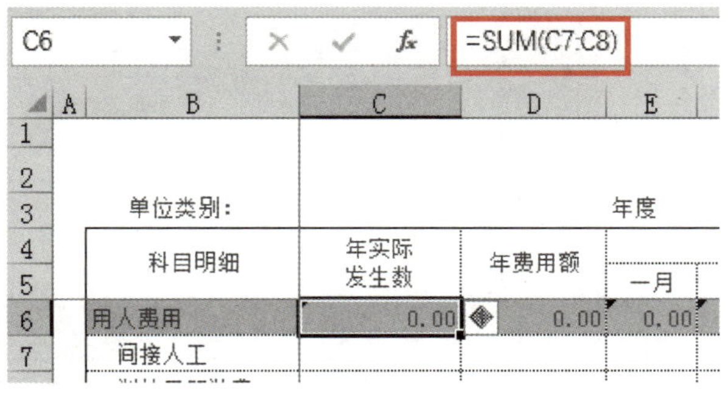

图 12-2-4 设置求和公式

按照同样方法，在“合计”项目各相关单元格中设置求和公式，计算各项费用的总额。整个表格的设置结果如图 12-2-5 所示。

管理费用计划表													
单位类别		年度									单位:	元		
科目明细	年实际发生数	年费用额	各月费用拟定数											
			一月	二月	三月	四月	五月	六月	七月	八月	九月	十月	十一月	十二月
用人费用	0.00	0.00	0.00	0.00	0.00	0.00	0.00	0.00	0.00	0.00	0.00	0.00	0.00	0.00
间接人工														
训练及服装费														
设备费用	0.00	0.00	0.00	0.00	0.00	0.00	0.00	0.00	0.00	0.00	0.00	0.00	0.00	0.00
折旧														
维修费														
保险费														
税捐														
租金支出														
事务费用	0.00	0.00	0.00	0.00	0.00	0.00	0.00	0.00	0.00	0.00	0.00	0.00	0.00	0.00
招待费														
通信费														
交通费														
书报杂志费														
差旅费														
伙食费														
医药费														
水电费														
运费														
其他费用	0.00	0.00	0.00	0.00	0.00	0.00	0.00	0.00	0.00	0.00	0.00	0.00	0.00	0.00
劳务报酬														
自由捐赠														
各项摊提														
总管理处分摊费用														
合计	0.00	0.00	0.00	0.00	0.00	0.00	0.00	0.00	0.00	0.00	0.00	0.00	0.00	0.00

图 12-2-5　表格设置结果

四、制作其他表格

参考上述管理费用计划表的制作方法，分别制作销售费用计划表（见图 12-2-6）、销售费用分配表（见图 12-2-7）、管理费用登记表（见图 12-2-8）和制造费用分摊表（见图 12-2-9）。因其方法基本类似，在此不一一赘述。

销售费用计划表							
科　目				年度合计		(1月)	
				金额	销售比重（%）	金额	销售比重（%）
销售费用合计	销售变动费用		(1) 销售佣金				
			(2) 运费				
			(3) 包装费				
			(4) 保管费				
			(5) 燃料费				
			(6) 促销费				
			(7) 广告宣传费				
			(8) 消耗品费				
			(9) 其他费用				
			小　计	0.00	0.00	0.00	0.00
	销售固定费用	销售人件费	工资				
			奖金				
			福利费				
			劳保费				
			其他费用				
			小　计	0.00	0.00	0.00	0.00
		销售固定经费	交通费				
			招待费				
			通信费				
			折旧费				
			修缮费				
			保险费				
			利息费用				
			小　计	0.00	0.00	0.00	0.00
		合　计		0.00	0.00	0.00	0.00
	合　计			0.00	0.00	0.00	0.00

图 12-2-6　销售费用计划表

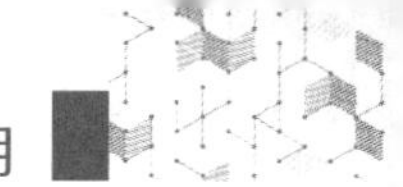

销售费用分配表

年　月

费用类别	甲类产品销售费用	乙类产品销售费用	丙类产品销售费用	其他销售费用	总计
推销员薪金					0.00
佣　金					0.00
差 旅 费					0.00
广 告 费					0.00
运　费					0.00
职员薪金					0.00
工人工资					0.00
文具用品					0.00
通 信 费					0.00
水 电 费					0.00
保 险 费					0.00
房　租					0.00
折　旧					0.00
合　计	0.00	0.00	0.00	0.00	0.00

其他销售费用分配	费用类别	甲类产品分摊	乙类产品分摊	丙类产品分摊	合　计	分摊原则
					0.00	
					0.00	
					0.00	
					0.00	
					0.00	
					0.00	
					0.00	
	合 计	0.00	0.00	0.00	0.00	
总　计		0.00	0.00	0.00	0.00	

图 12-2-7　销售费用分配表

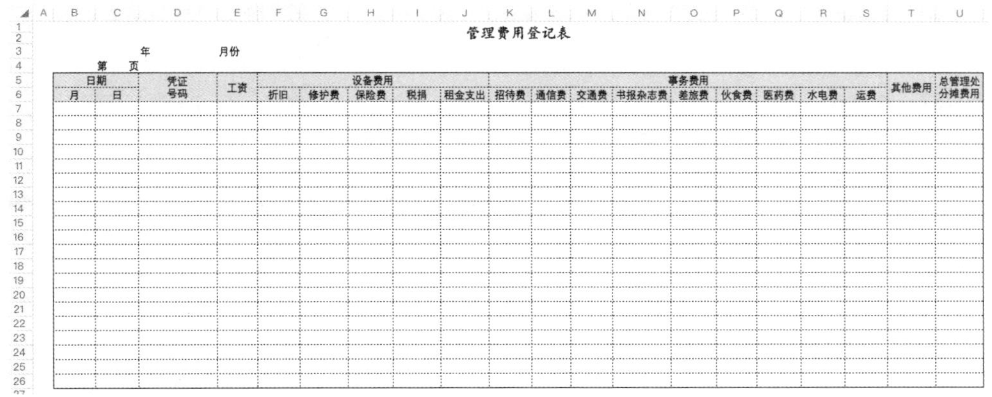

管理费用登记表

年　　月份

第　页

日期		凭证号码	工资	设备费用					事务费用									其他费用	总管理处分摊费用
月	日			折旧	修护费	保险费	税捐	租金支出	招待费	通信费	交通费	书报杂志费	差旅费	伙食费	医药费	水电费	运费		

图 12-2-8　管理费用登记表

制造费用分摊表

月份

费用类别	分摊方式及标准化	金额	%	金额	%	金额	%	金额	%	金额	%
合　计		0.00		0.00		0.00		0.00		0.00	

图 12-2-9　制造费用分摊表

项目小结

本项目使用 Excel 制作发票管理台账及各类费用管理表格，以便对发票领购、使用进行管理，对各项费用进行管理和分析。

思考与练习

使用 Excel 创建“月份工资、生产费用分摊表”并美化修饰，最终效果如下图所示。

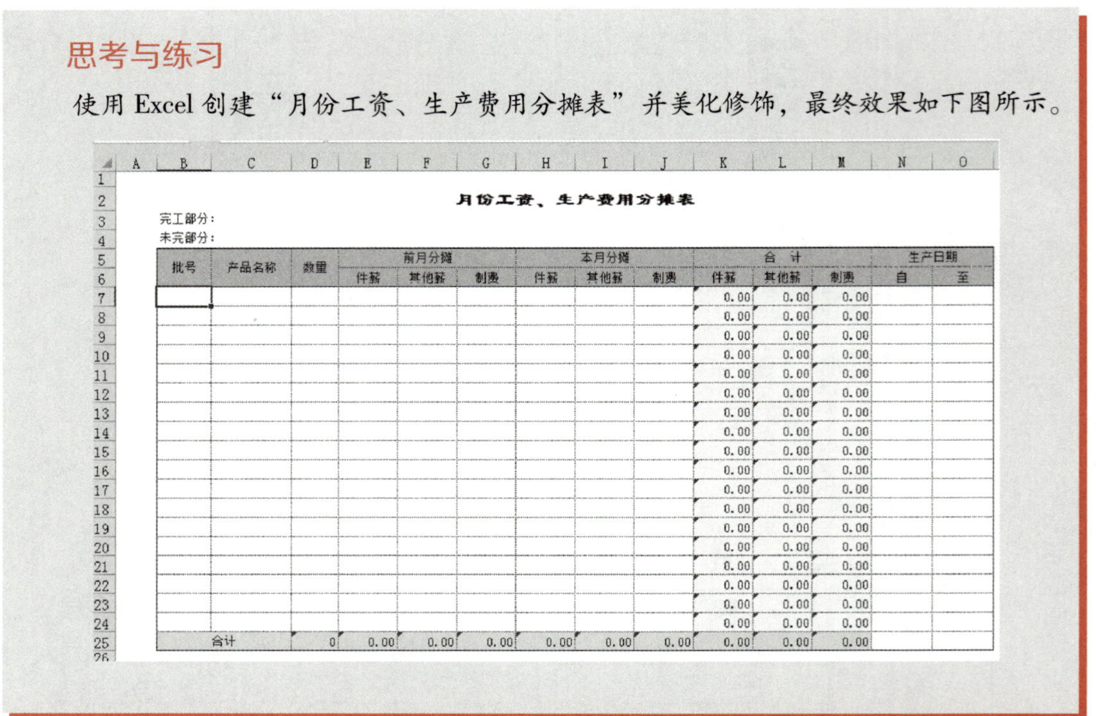

月份工资、生产费用分摊表

完工部分：

未完部分：

批号	产品名称	数量	前月分摊			本月分摊			合 计			生产日期	
			件薪	其他薪	制费	件薪	其他薪	制费	件薪	其他薪	制费	自	至
									0.00	0.00	0.00		
									0.00	0.00	0.00		
									0.00	0.00	0.00		
									0.00	0.00	0.00		
									0.00	0.00	0.00		
									0.00	0.00	0.00		
									0.00	0.00	0.00		
									0.00	0.00	0.00		
									0.00	0.00	0.00		
									0.00	0.00	0.00		
									0.00	0.00	0.00		
									0.00	0.00	0.00		
									0.00	0.00	0.00		
									0.00	0.00	0.00		
									0.00	0.00	0.00		
									0.00	0.00	0.00		
									0.00	0.00	0.00		
									0.00	0.00	0.00		
	合计	0	0.00	0.00	0.00	0.00	0.00	0.00	0.00	0.00	0.00		

项目十三
货币时间价值计算的 Excel 应用

学习目标

知识目标

理解货币时间价值的概念。

能力目标

1. 能够利用终值函数计算终值时间价值指标。
2. 能够利用现值函数计算现值时间价值指标。
3. 能够利用年金函数计算相关年金时间价值指标。

【项目导学】

在计算货币时间价值时，有时需要使用单利，有时需要使用复利。本项目旨在通过明确货币时间价值计算的相关要素，掌握用 Excel 计算货币时间价值指标的方法。

思维导图

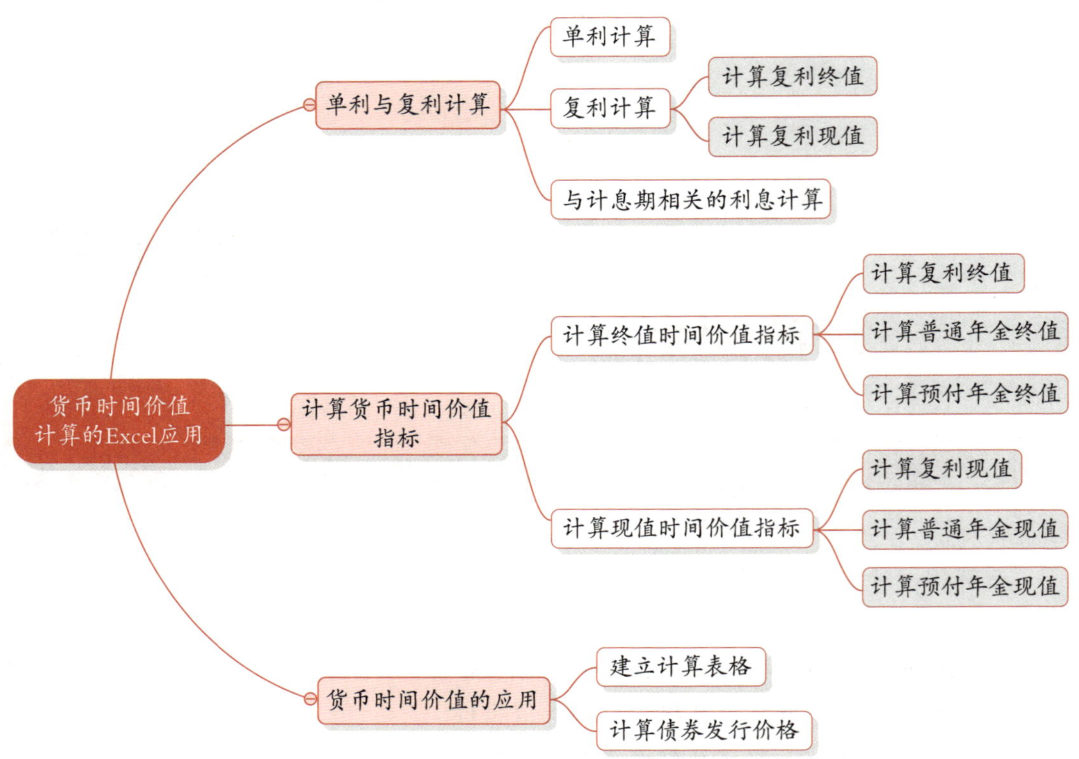

任务一　单利与复利计算

【任务导入】

鸿丰公司近期涉及以下经济业务：

1. 公司有一张带息期票，面额为 1 200 元，票面利率为 4%，出票日期为 2020 年 6 月 15 日，当年 8 月 14 日到期（共 60 天），财务人员需要计算其到期时的利息。

2. 公司将 1 000 万元存入银行，计划 5 年后用于投资某项目，假设银行存款年利率为 8%，复利计息。财务人员需要计算 5 年后可从银行取出多少钱。

3. 公司计划 5 年后投资 1 000 万元于某项目，假设银行存款年利率为 8%，每年复利计息一次。财务人员需要计算，鸿丰公司现在应该存入多少钱才能保证 5 年后取得项目投资所需的 1 000 万元资金。

4. 公司计划投资 1 000 万元于某项目，期限为 3 年，年收益率为 8%。项目经营方提出两种方案，一种是每年复利一次，另一种是每季度复利一次。财务人员需要计算这两种情况下的本利和与复利利息。

【相关知识】

货币的时间价值是指货币经过一定时间的投资和再投资所增加的价值，又称资金的时间价值。计算货币的时间价值时，首先涉及单利和复利两种计算方法。

一、单利

单利是指本金在使用期限中获得利息时，不管时间多长，所生利息均不加入本金重复计算利息的计息方法。

单利利息的计算公式为：

利息=本金×利率×计息期数

用字母表示就是：

$$I=P\cdot i\cdot n$$

式中　I——利息；

P——本金，又称期初额或现值；

i——利率，通常指每年利息与本金之比；

n——时间（计算利息的期数）。

单利终值的计算公式为：

单利终值=本金+利息

用字母表示就是：

$$F=P+I=P+P\cdot i\cdot n=P\ (1+i\cdot n)$$

式中 F——本金与利息之和，又称本利和或终值。

二、复利

复利是指在计算利息时，某一计息期的利息是由本金加上先前计息期所积累利息总额来计算的计息方法，俗称“利滚利”。每经过一个计息期，都要将所生利息加入本金再计利息，逐期滚算。

复利终值是指一定量的货币按照复利计算的若干期后的本利和。复利终值的计算公式为：

$$F=P\cdot(1+i)^n$$

式中的 $(1+i)^n$ 为复利终值系数，也记作 $(F/P,\ i,\ n)$。

复利现值是指未来某期的一定量的货币按复利计算的现在价值。复利现值的计算公式为：

$$P=F\cdot(1+i)^{-n}$$

式中的 $(1+i)^{-n}$ 为复利现值系数，也记作 $(P/F,\ i,\ n)$。

三、名义利率与实际利率

名义利率是未考虑通货膨胀因素的利率，即利息（报酬）货币额与本金货币额的比率。实际利率是指已经剔除通货膨胀因素后的利率。

复利的计息期不一定总是一年，有可能是季度、月、日。当计息期为一年时，名义利率和实际利率相等；当一年内复利计息多次时，实际得到的利息要比按名义利率计算的利息高。名义利率不能完全反映资金的时间价值，实际利率才真实地反映了资金的时间价值。

四、年金

年金是指一定时期内每次等额收付的系列款项。年金具有等额性和连续性特点，但年金每次收付的间隔期不一定是一年。按照收付时点和方式不同，可以将年金分为普通年金、预付年金、递延年金和永续年金。

Excel 提供了计算年金现值、年金终值等资金时间价值的函数，其涉及的计息方法均是复利，利用这些函数可以将复杂的计算变得轻而易举。复利现值、复利终值、永续年金等资金时间价值的计算较为简单，Excel 没有提供相应的函数，但可以直接在单元格中

输入公式计算。

在计算年金的终值和现值时，一般用 A 表示年金，用 i 表示利率，用 FA 表示年金终值，用 PA 表示年金现值，用 n 表示收付款的期数。

年金终值和年金现值的计算公式可分别参照上述复利终值和复利现值的计算公式推导得出。

【任务实施】

一、单利计算

对于任务中的第 1 项业务，根据单利利息计算公式，在 Excel 中输入公式“=1 200 * 4% * 60/360”，即算出到期时利息为 8 元。

接着，在 Excel 中输入公式“=1 200+8”，即算出单利终值为 1 208 元。

知识窗

除非特别指明，在计算利息时，给出的利率是指年利率。对于不足一年的，以一年等于 360 天来折算。

二、复利计算

1. 计算复利终值

对于第 2 项业务，根据复利终值的计算公式，在 Excel 中输入公式“=1 000 * (1+8%)^5”，即算出 5 年后可从银行取出约 1 469. 33 万元。

2. 计算复利现值

对于第 3 项业务，根据复利现值的计算公式，在 Excel 中输入公式“=1 000 * (1+8%)^-5”，即算出鸿丰公司现在应该在银行存入约 680. 58 万元，才能保证 5 年后取得项目投资所需的 1 000 万元资金。

三、与计息期相关的利息计算

对于第 4 项业务，在第 1 种情况下，根据复利终值的计算公式，在 Excel 中输入公式“=1 000 * (1+8%)^3”，即得出 3 年后本利和约为 1 259. 71 万元，再输入公式“=1 259. 71-1 000”，即得出复利利息约为 259. 71 万元。

在第 2 种情况下，即每季度复利一次，则每季度收益率为 2%（即 8%÷4），复利次数

为 12（即 3×4）。因此，在 Excel 中输入公式“=1 000 * (1+2%)^12”，即得出 3 年后本利和约为 1 268.24 万元，再输入公式“=1 268.24-1 000”，即得出复利利息约为 268.24 万元。

任务二 计算货币时间价值指标

【任务导入】

鸿丰公司近期涉及以下经济业务：

1. 公司将 1 000 万元存入银行，计划 5 年后用于投资某项目，假设银行存款利率为 8%，复利计息。财务人员需要用 Excel 函数计算 5 年后鸿丰公司可从银行取出多少钱用于项目投资。

2. 公司计划在 5 年内每年年末从银行贷款 10 万元用于投资某项目，5 年后偿还贷款，贷款利率为 8%。财务人员需要用 Excel 计算第 5 年年末公司应付的本息为多少。

3. 公司计划 5 年内每年年初在银行存入 10 万元用于投资某项目，银行存款利率为 8%。财务人员需要用 Excel 计算第 5 年年末公司能一次取出的本利和为多少。

4. 公司计划 5 年后投资 1 000 万元于某项目，银行存款利率为 8%，每年复利计息一次。财务人员需要计算，公司现在应该存入多少钱才能保证 5 年后取得项目投资所需的 1 000 万元资金。本业务与本项目任务一中的第 3 项业务相同，但要求用 Excel 函数进行计算。

5. 公司计划在银行存入一笔资金，用于租赁一栋大楼。银行存款利率为 8%，资金存期为 5 年，每年年末须保证可取出 10 万元。财务人员需要用 Excel 计算公司现在应存入多少钱才可满足资金支付需求。

6. 公司原计划分期付款投资某项目，每年年初支付 1 万元，连续支付 20 年。现公司打算调整计划，一次性全部付清投资款项，目前银行贷款利率为 5%。财务人员需要计算公司须一次性支付的金额为多少。

【相关知识】

货币时间价值指标在 Excel 中的应用主要涉及终值时间价值指标和现值时间价值指标。终值时间价值指标计算包括复利终值、普通年金终值和预付年金终值的计算。现值时间价值指标计算包括复利现值、普通年金现值和预付年金现值的计算。

Excel 专门设计了一些用来计算货币时间价值指标的函数，利用这些函数可以将复杂的计算变得简单。其中，终值函数 FV 用于计算复利终值或年金终值，以及综合计算复利终值和年金终值。现值函数 PV 用于计算复利现值或年金现值，以及综合计算复利现值和年金现值。

函数语法：FV(rate,nper,pmt,[pv],[type])

说明：rate 表示各期利率；nper 表示总投资期或贷款期，即该项投资或贷款总的付款期数；pmt 表示各期支出金额，在整个投资期内不变；pv 表示从该项投资或贷款开始计算时已经入账的款项即现值或一系列未来付款的当前值的总和，如果省略则假设其值为 0；type 为数值 0 或 1，用以指定付款时间是期初还是期末（0 为期末，1 为期初）。

函数语法：PV(rate,nper,pmt,[fv],[type])

说明：rate 表示各期利率；nper 表示总投资期或贷款期，即该项投资或贷款总的付款期数；pmt 表示各期支出金额，在整个投资期内不变；fv 表示该项投资或贷款的未来值或在最后一次支付后希望得到的现金余额，如果省略则假设其值为 0；type 为数值 0 或 1，用以指定付款时间是期初还是期末（0 为期末，1 为期初）。

【任务实施】

在实施本任务之前，应充分掌握 Excel 终值函数、现值函数等函数的概念、计算公式及公式参数的含义。

一、计算终值时间价值指标

1. 计算复利终值

对于任务中的第 1 项业务，可在空白的 Excel 工作表中单击任意单元格，然后单击主菜单中的“公式”。此时可用两种方法插入函数。一是在“函数库”选项组中单击“财务”按钮，在下拉列表中选择“FV”（FV 表示复利终值），如图 13-2-1 所示。二是在“函数库”选项组中单击“插入函数”按钮，在弹出的对话框中选择“财务”类别中的“FV”，再单击“确定”按钮，如图 13-2-2 所示。

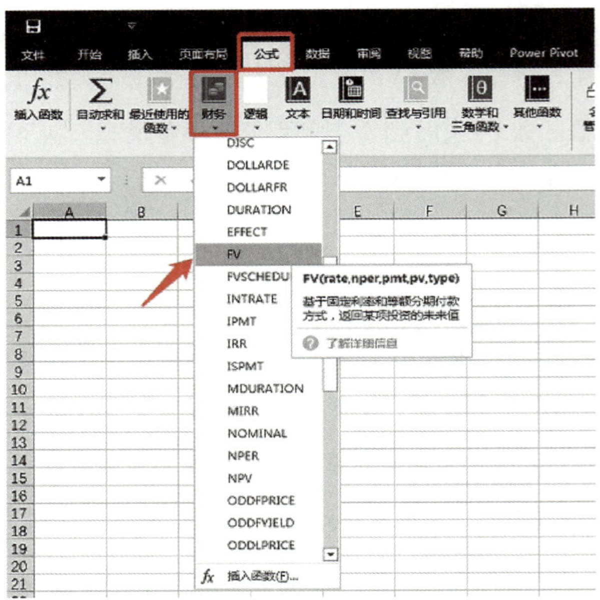

图 13-2-1　插入函数方法 1

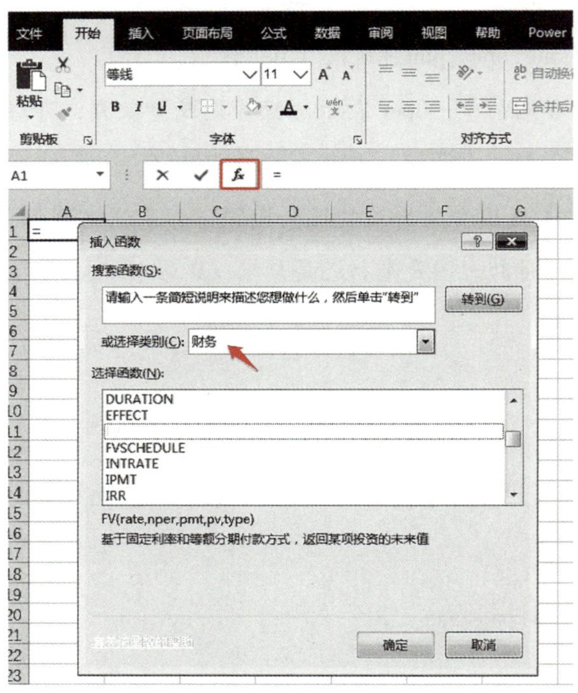

图 13-2-2　插入函数方法 2

在弹出的“函数参数”对话框中，在“Rate”框中输入“0.08”，在“Nper”框中输入“5”，在“Pv”框中输入“-1 000”，如图 13-2-3 所示。其中，Rate 表示各期利率，Nper 表示存款期数，Pv 表示本金（因为钱是支出，不是取得，所以是负数）。

单击“确定”按钮或者直接按回车键，即可得到计算结果，如图 13-2-4 所示。

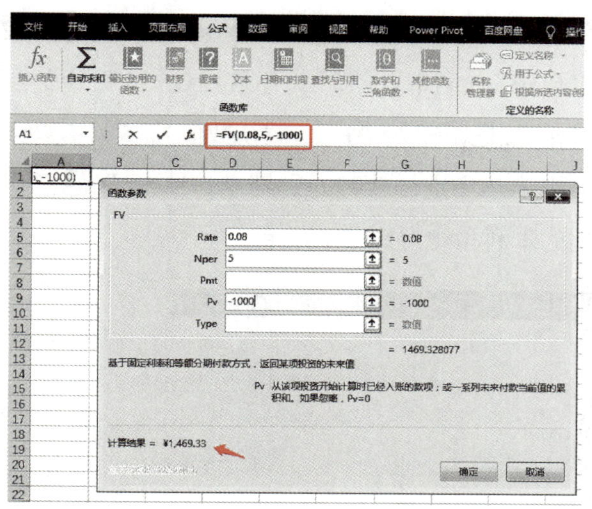

图 13-2-3　输入函数参数

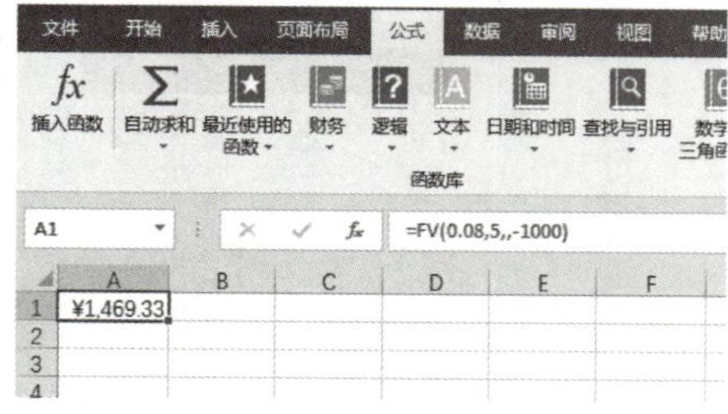

图 13-2-4　计算结果

计算结果表明，鸿丰公司 5 年后可以从银行取出约 1 469.33 万元用于项目投资。

2. 计算普通年金终值

对于第 2 项业务，第 5 年年末鸿丰公司应付的本息数额即普通年金的终值。

在空白的 Excel 工作表中单击任意单元格，参照上述方法插入 FV 函数，弹出“函数参数”对话框，在前 3 个框中分别输入“0.08”（利率）、“5”（贷款期数）和“-10”（各期贷款金额），如图 13-2-5 所示。单击“确定”按钮，即可算出公司第 5 年年末应付的本息约为 58.67 万元。

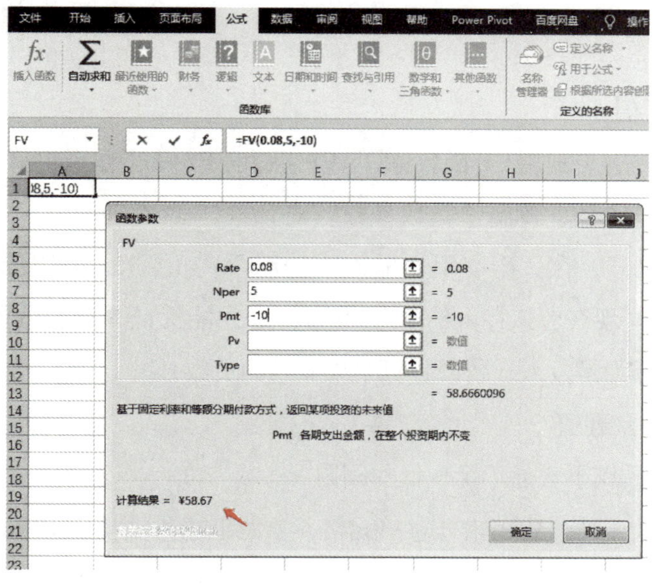

图 13-2-5　输入函数参数

3. 计算预付年金终值

对于第 3 项业务，第 5 年年末鸿丰公司能一次取出的本利和就是预付年金的终值。

在空白的 Excel 工作表中单击任意单元格，参照上述方法插入 FV 函数，弹出“函数参数”对话框，在前 3 个框中分别输入“0.08”（利率）、“5”（存款期数）、“-10”（各期存款金额），如图 13-2-6 所示。在“Type”框中输入“1”（期初数值），“1”表示指定付款时间是期初，如果是“0”或空白则表示指定付款时间是期末。单击“确定”按钮，即可算出公司第 5 年年末能一次取出的本利和约为 63.36 万元。

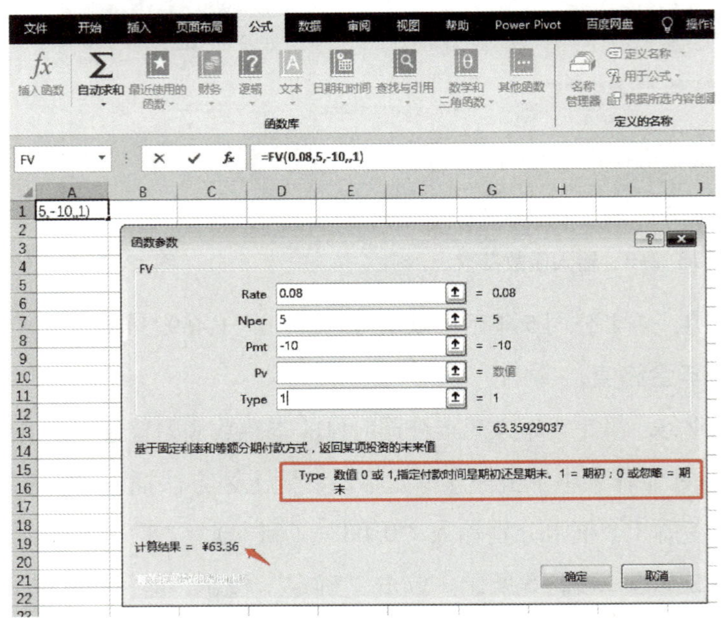

图 13-2-6 输入函数参数

二、计算现值时间价值指标

1. 计算复利现值

对于第 4 项业务，可利用 PV 函数计算。在空白的 Excel 工作表中单击任意单元格，参照上述方法插入 PV 函数，弹出“函数参数”对话框，在“Rate”框中输入“0.08”，在“Nper”框中输入“5”，在“Fv”框中输入“1 000”，如图 13-2-7 所示。单击“确定”按钮，即可算出公司现在应该存入约 680.58 万元，才能保证 5 年后取得项目投资所需的 1 000 万元资金（因为是投入，所以计算结果显示为负数）。

2. 计算普通年金现值

第 5 项业务实质属于普通年金现值的问题。

在空白的 Excel 工作表中单击任意单元格，参照上述方法插入 PV 函数，弹出“函数参数”对话框，在前 3 个框中分别输入“0.08”（利率）、“5”（存款期数）和“10”（各期付款金额），如图 13-2-8 所示。单击“确定”按钮，即可算出公司现在应存入约 39.93 万元才可满足资金支付需求。

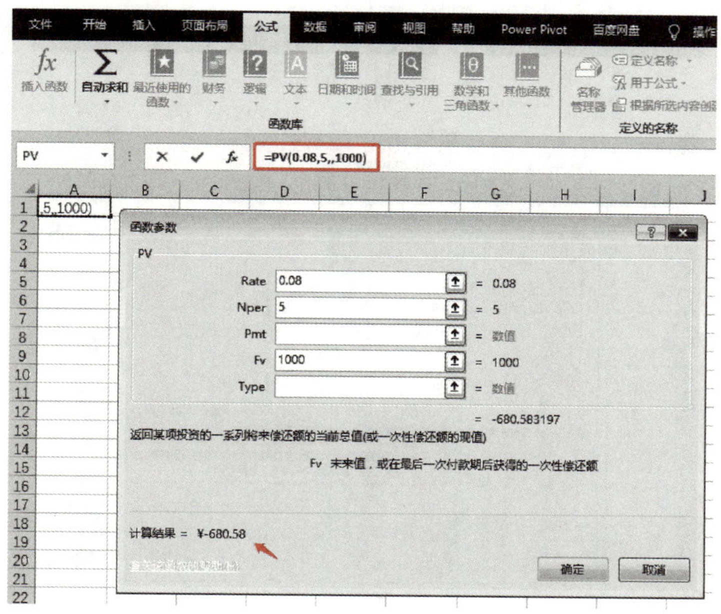

图 13-2-7　输入函数参数

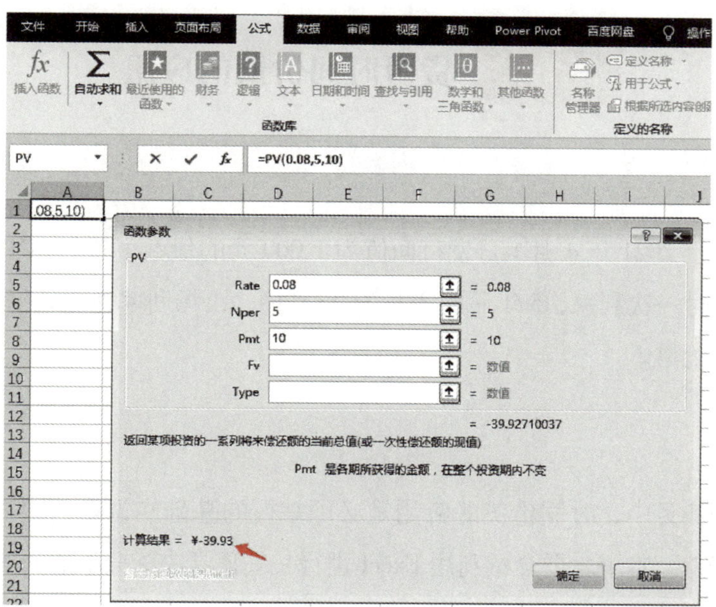

图 13-2-8　输入函数参数

3. 计算预付年金现值

第 6 项业务实质属于预付年金终值的问题。

在空白的 Excel 工作表中单击任意单元格，参照上述方法插入 PV 函数，弹出“函数参数”对话框，在前 3 个框中分别输入“0.05”（利率）、“20”（存款期数）、“10 000”（各期存款金额，此处单位为元），在“Type”框中输入“1”（期初数值），如图 13-2-9 所示。单击“确定”按钮，即可算出公司须一次性支付约 130 853.21 元。

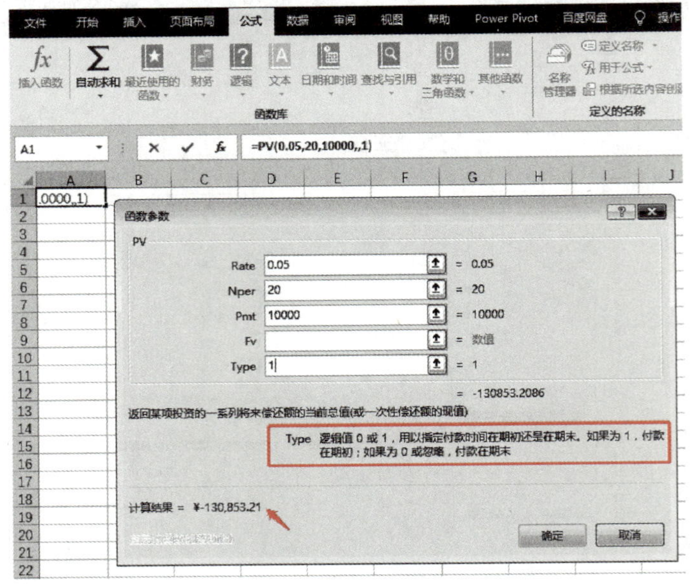

图 13-2-9　输入函数参数

任务三　货币时间价值的应用

【任务导入】

鸿丰公司拟于 2021 年 4 月 1 日发行面值为 1 000 元的债券，票面利率为 5%，每年 4 月 1 日计算并支付一次利息，5 年后的 3 月 31 日到期，市场利率为 6%。财务人员需要计算该债券的发行价格。

【相关知识】

在财务管理实务中，时间价值的应用是必须掌握的基础知识点，它在企业债券决策分析中应用很普遍。本书主要介绍利用 Excel 进行长期债券决策分析的内容。

一、债券发行价格

债券发行价格取决于债券面值、债券利率、市场利率和债券期限 4 项因素。

常见的债券是固定利率，每年计息并支付利息，到期归还本金。根据这种债券的特点，其发行价格的计算公式为：

债券发行价格=未来各期利息的现值+到期本金的现值

二、债券估值模型

债券估值模型如图 13-3-1 所示。

【任务实施】

一、建立计算表格

根据已知数据和债券估值模型，在 Excel 中建立表格，如图 13-3-2 所示。

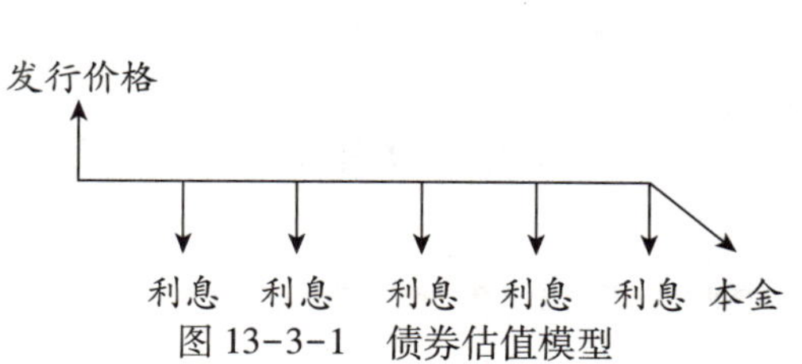

图 13-3-1 债券估值模型

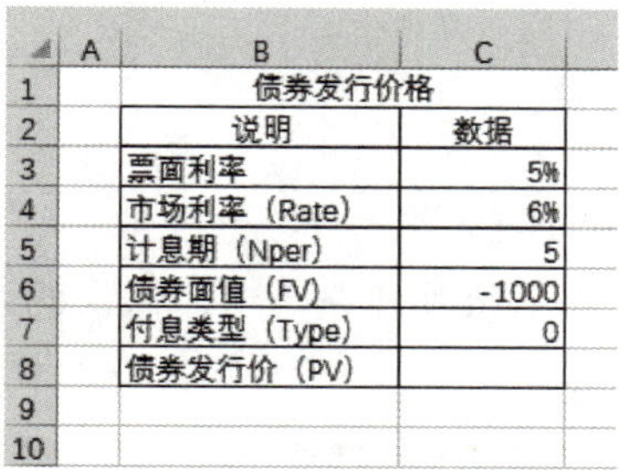

	A	B	C
1		债券发行价格	
2		说明	数据
3		票面利率	5%
4		市场利率（Rate）	6%
5		计息期（Nper）	5
6		债券面值（FV）	-1000
7		付息类型（Type）	0
8		债券发行价（PV）	
9			
10			

图 13-3-2 债券发行价格计算表

二、计算债券发行价格

选中单元格 C8，单击主菜单中的“公式”，在“函数库”选项组中单击“财务”按钮，在下拉列表中选择“PV”，即可弹出“函数参数”对话框。在 5 个框中分别输入“C4”“C5”“C6＊C3”“C6”“C7”（表示引用相关单元格的数值），如图 13-3-3 所示。单击“确定”按钮，即可得出债券发行价格应约为 957.88 元，如图 13-3-4 所示。

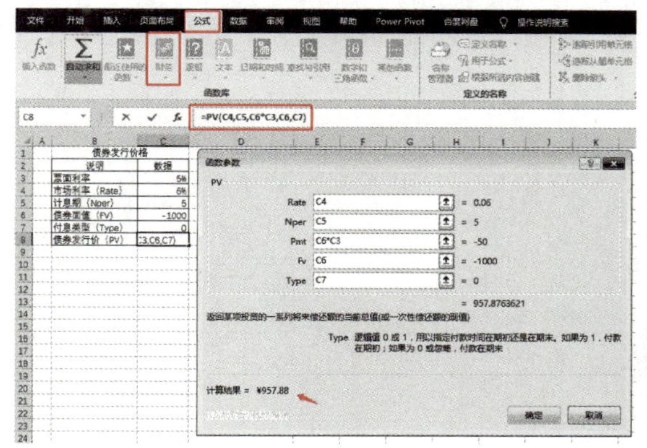

图 13-3-3 设置函数参数

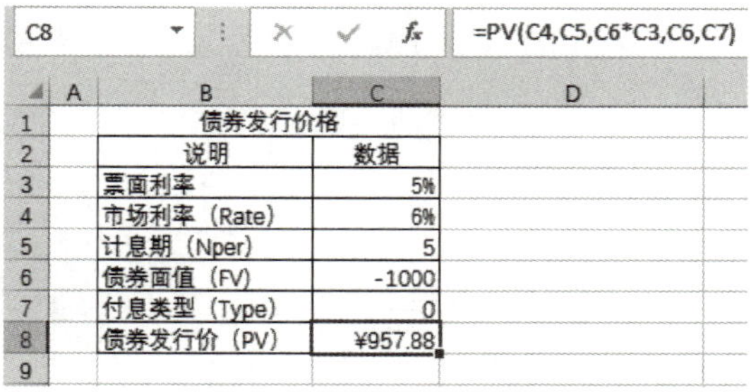

C8 =PV(C4,C5,C6*C3,C6,C7)

	A	B	C	D
1		债券发行价格		
2		说明	数据	
3		票面利率	5%	
4		市场利率（Rate）	6%	
5		计息期（Nper）	5	
6		债券面值（FV）	-1000	
7		付息类型（Type）	0	
8		债券发行价（PV）	¥957.88	
9				

图 13-3-4 债券发行价格计算结果

如果对函数用法较为熟悉，也可在单元格 C8 中直接输入公式“=PV(6%,5,-50,-1 000,0)”，得到相同结果。

知识窗

由于利息和债券面值都属于支出项，所以这两项参数均为负值。

另外，可以根据债券估值模型和有关数据调整相关参数，进行债券价值的动态计算。

项目小结

本项目利用 Excel 计算终值时间价值指标和现值时间价值指标，解决企业财务管理实务中关于货币时间价值计算的工作内容。在企业长期债券决策分析中，运用 Excel 确定债券发行价格非常方便快捷，可以提高工作效率和准确性。

思考与练习

在本项目任务三中，假设鸿丰公司发行债券的付息时间为期初，请计算债券发行价格应为多少元。

项目十四
资本成本计算的 Excel 应用（选学）

学习目标

知识目标

1. 理解资本成本的计算方法。
2. 掌握 SUMPRODUCT 函数的用法。

能力目标

1. 能够利用 Excel 计算长期借款的资本成本。
2. 能够利用 Excel 计算债券的资本成本。
3. 能够利用 Excel 计算优先股和普通股的资本成本。

【项目导学】

本项目根据企业日常经济业务重点介绍如何运用 Excel 计算个别资本成本和综合资本成本，通过对这两种资本成本计算方法的学习，重点掌握不同筹资环境下资本成本的应用，熟练使用 Excel 计算资本成本。

思维导图

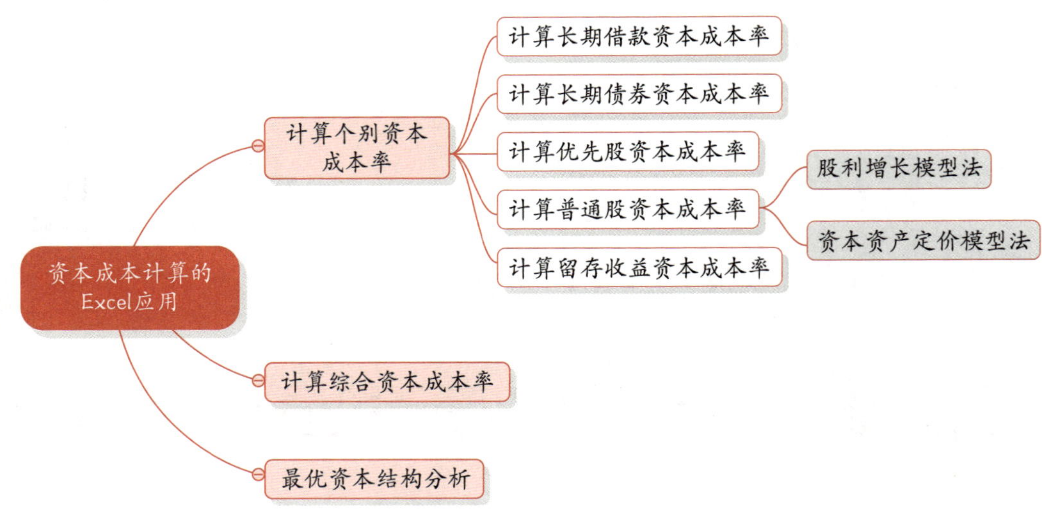

任务一　计算个别资本成本率

【任务导入】

鸿丰公司近期涉及以下几项经济业务：

1. 公司从银行获得一笔 200 万元的 5 年期贷款，利率为 8%，每年付息一次，到期一次性还本，贷款费用率为 0.3%，企业所得税税率为 25%。财务人员需要利用 Excel 计算该笔贷款的资本成本率。

2. 公司准备发行 10 年期长期债券，总面值为 1 000 万元，票面利率为 8%，每年付息一次，筹资费用率为 3%，企业所得税税率为 25%。财务人员需要利用 Excel 计算该长期债券的资本成本率。

3. 公司按面值发行优先股 1 万股，每股面值 100 元，年股息率为 6%，筹资费用率为 4%。财务人员需要利用 Excel 计算该优先股的资本成本率。

4. 公司普通股每股市价为 10 元。近期公司拟发行一批新普通股，预计今年每股股利增长率为 5%，上一年每股发放股利 0.6 元，筹资费用率为股票市价的 4%。财务人员需要利用 Excel 计算该批普通股的资本成本率及公司的留存收益资本成本率。

5. 公司发行这批普通股时，无风险利率为 2.5%，市场平均报酬率为 8.5%，根据同类上市公司的情况可估算出该股票的 β 系数为 1.5。财务人员需要利用 Excel 计算该批普通股的资本成本率。

【相关知识】

企业可以从多种渠道，采用多种方式筹集资金，而各种筹资方式的筹资成本是不一样的。

一、资本成本的概念与构成

资本成本是指企业为筹集和使用资本而付出的代价，通常包括筹资费用和用资费用。筹资费用是指企业在筹集资本过程中为取得资金而发生的各项费用，如向银行贷款的手续费，发行股票、债券等证券的印刷费、评估费、公证费、宣传费及承销费等。用资费用是指在使用所筹资本的过程中向出资者支付的有关报酬，如银行贷款和债券的利息、股票的股利等。

因为企业资本包括债务资本和权益资本（自有资本），所以资本成本由自有资本成本和借入长期资金成本两部分构成。债务资本又包括长期借款和长期债券，权益资本又包

括优先股、普通股和留存收益。

二、资本成本的作用

通过不同渠道和方式筹措的资本将会形成不同的资本结构，由此产生不同的财务风险和资本成本。所以，资本成本也就成了确定最佳资本结构的主要因素之一。资本成本广泛运用于企业财务管理的许多方面。

对于企业筹资来讲，资本成本是选择资金来源、确定筹资方案的重要依据，企业力求选择资本成本最低的筹资方式。对于企业投资来讲，资本成本是评价投资项目、决定投资取舍的重要标准。资本成本还可作为衡量企业经营成果的尺度，即经营利润率应高于资本成本率，否则表明业绩欠佳。

三、资本成本的运用形式

资本成本的运用形式主要有三种，即个别资本成本、综合资本成本、边际资本成本。

在比较各种筹资方式时，通常运用个别资本成本。个别资本成本可分为长期借款成本、长期债券成本、优先股成本、普通股成本、留存收益成本。

在进行企业资本结构决策时，通常运用综合资本成本。

在进行追加资本结构决策时，通常运用边际资本成本。

在实际应用中，通常使用资本成本率，如个别资本成本率和综合资本成本率。

四、个别资本成本率

个别资本成本率是指某种特定筹资方式下的资本成本率，即用资费用与有效筹资额的比率，如股票资本成本率、债券资本成本率、长期借款资本成本率。企业在比较各种筹资方式时，需要使用个别资本成本率。

个别资本成本率的基本计算公式为：

$$K=\frac{D}{P-F} \quad 或 \quad K=\frac{D}{P-(1-f)}$$

式中 K——资本成本率，以百分数表示；

D——用资费用；

P——筹资总额；

F——筹资费用；

f——筹资费用率，即筹资费用占筹资总额的比例。

五、长期借款、长期债券与优先股

长期借款是指企业从银行或其他金融机构借入的期限在一年以上（不含一年）的借款。

长期债券是发行者为筹集长期资金而发行的债券。各国对债券期限划分的标准不同。

一般来说，偿还期限为 1 年以内的为短期债券，偿还期限为 1 年以上、10 年以下的为中长期债券或称中期债券，偿还期限为 10 年以上的为长期债券。

优先股是享有优先权的股票。

六、长期借款资本成本及资本成本率的计算

企业长期借款的资本成本由借款利息和筹资费用构成，将借款利息计入税前成本费用可以起到抵税的作用。

在计算长期借款资本成本时，经常会用到 PMT 函数、PPMT 函数和 IPMT 函数。

1. PMT 函数

PMT 函数的作用是计算固定利率下贷款的等额分期偿还额。

> 函数语法：PMT(rate,nper,pv,[fv],[type])
>
> 说明：rate 表示各期利率；nper 表示总投资期或贷款期；pv 表示现值或一系列未来付款额现在所值的总额，即本金；fv 表示未来值或在最后一次付款后希望获得的现金余额，如果省略则默认为 0；type 为 0 或 1，用以指定各期的付款时间在期初还是期末（1 表示期初，0 或省略表示期末）。

例如，鸿丰公司从银行获得贷款 150 万元，贷款年限 30 年，贷款利率为 5.11%，每年期初还款，要计算每年应偿还的金额。如图 14-1-1 所示，在单元格 D3 中输入公式“=PMT(B2,B3,B4,,1)”，即可得出该笔贷款每年应偿还金额约为 94 000.65 元（因为每年偿还金额是支出项，所以表中显示为负数）。

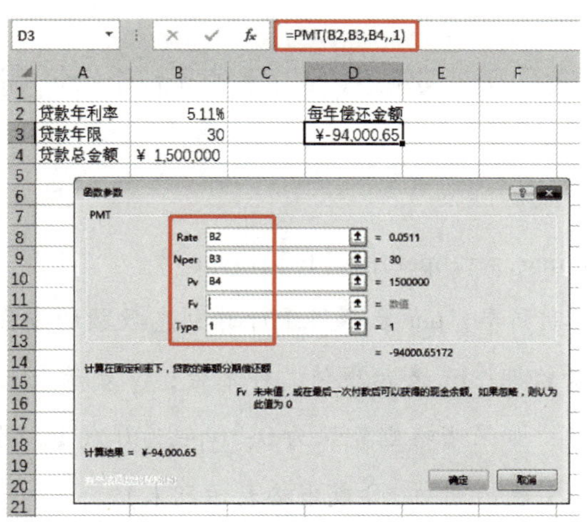

图 14-1-1　PMT 函数应用举例

2. PPMT 函数

PPMT 函数的作用是返回在定期偿还、固定利率条件下给定期次内某项投资回报（或

贷款偿还）的本金部分。

> 函数语法：PPMT(rate,per,nper,pv,[fv],[type])
>
> 说明：rate 表示各期利率；per 表示用于计算本金数额的期数，在 1 至 nper 之间；nper 表示总投资期或贷款期；pv 表示现值，即本金；fv 表示未来值或在最后一次付款后希望获得的现金余额，如果省略则默认为 0；type 为 0 或 1，用以指定各期的付款时间是在期初还是期末（1 表示期初，0 或省略表示期末）。

例如，鸿丰公司要算出上例中贷款第 1 年要偿还的本金金额。如图 14-1-2 所示，在单元格 B6 中输入公式“=PPMT(B2,1,B3,B4,1)”，即可得出第一年要偿还的本金约为 21 154.10 元（偿还本金是支出项，所以表中显示为负数）。

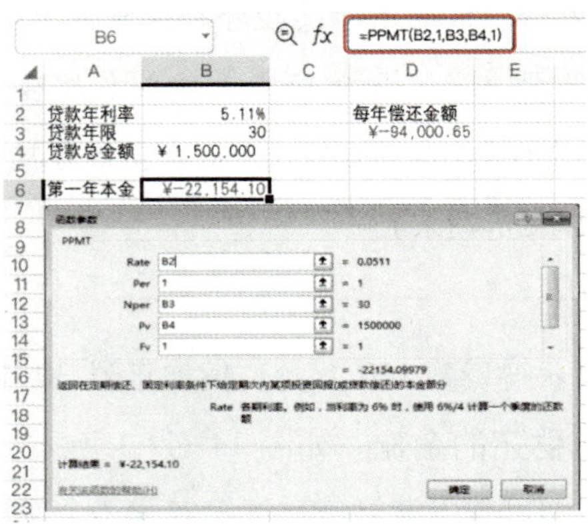

图 14-1-2　PPMT 函数应用举例

3. IPMT 函数

IPMT 函数的作用是返回在定期偿还、固定利率条件下给定期次内某项投资回报（或贷款偿还）的利息部分。

> 函数语法：IPMT(rate,per,nper,pv,[fv],[type])
>
> 说明：rate 表示各期利率；per 表示用于计算利息数额的期数，在 1 至 nper 之间；nper 表示总投资期或贷款期；pv 表示现值，即本金；fv 表示未来值或在最后一次付款后希望获得的现金余额，如果省略则默认为 0；type 为 0 或 1，用以指定各期的付款时间是在期初还是期末（1 表示期初，0 或省略表示期末）。

例如，鸿丰公司要算出前例中每年偿还的款项中有多少是利息。如图 14-1-3 所示，在单元格 B7 中输入公式“=IPMT(B2,A7,B3,B4)”，即可得出第 1 年偿还的利息为

76 650 元（偿还利息是支出项，所以表中显示为负数）。其他各年偿还的利息可采用相同方法，调整函数参数求出。

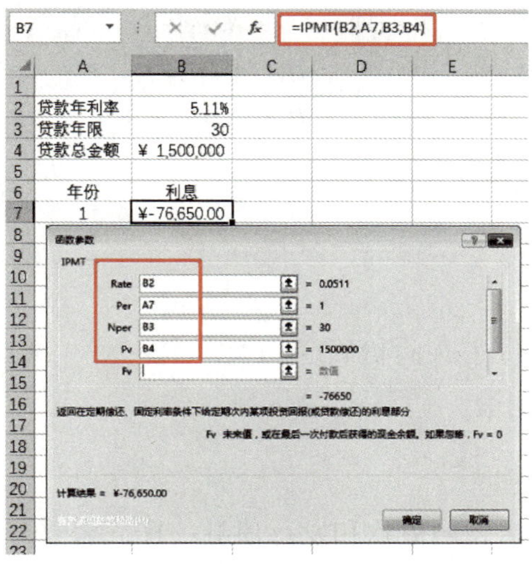

图 14-1-3　IPMT 函数应用举例

4. 长期借款资本成本率计算公式

一次还本、分期付息的长期借款资本成本率计算公式为：

$$KL=\frac{IL\ (1-T)}{L\ (1-fL)} \text{或 } KL=\frac{i\ (1-T)}{1-fL}$$

式中　KL——长期借款资本成本率；

IL——长期借款年利息；

L——长期借款筹资总额；

fL——长期借款筹资费用率；

T——所得税税率；

i——长期借款利率。

知识窗

若长期借款的筹资费用（主要是借款的手续费）很少，也可以忽略不计。

如果银行要求借款企业在银行中经常保持一定的存款余额作为抵押，即合同中附加补偿性余额条款时，计算长期借款资本成本率就应该将存款保留余额从长期借款总额中扣除，因为企业并未真正使用这部分资金。此时，借款的实际利率和资本成本率都会上升。

七、长期债券资本成本率的计算

发行债券的成本主要是债券利息和筹资费用。债券的筹资费用即发行费用，包括发行手续费、印刷费和推销费等。长期债券资本成本率的计算公式为：

$$Kb=\frac{IB\ (1-T)}{B\ (1-fB)}$$

式中　Kb——债券资本成本率；

IB——债券年利息；

T——所得税税率；

B——债券筹资总额，按发行价确定；

fB——债券筹资费用率。

八、优先股资本成本率的计算

企业发行优先股与筹措长期借款和发行债券一样，需要支付筹资费用，如注册费、代销费等，其股息也要定期支付。但由于股息是税后支付的，没有享受所得税优惠，所以其资本成本率的计算与债券和长期借款不同，具体计算公式为：

$$Kp=\frac{D}{P\ (1-fB)}$$

式中　Kp——优先股资本成本率；

D——优先股每股年股利；

P——优先股每股发行价；

fB——优先股筹资费用率。

九、普通股资本成本率的计算

由于普通股的股利是不固定的，需要根据每年的盈利情况而定，这就使得普通股的资本成本率与优先股有所不同。按照资本成本率实质是投资者要求的收益率的思路，计算普通股资本成本率的方法相当于计算普通股要求收益率的方法。计算方法主要有股利增长模型法和资本资产定价模型法。

1. 股利增长模型法

如果公司采用固定增长股利的政策，设股利年固定增长率为 g，则普通股的资本成本率计算公式为：

$$KS=\frac{D_1}{V_0\ (1-fS)}+g$$

式中　KS——普通股资本成本率；

D_1——预期第一年每股股利；

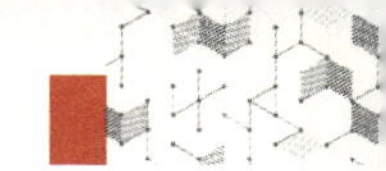

V_0——普通股每股市价；

fS——普通股筹资费用率；

g——股利年固定增长率。

2. 资本资产定价模型法

资本资产定价模型是西方金融学界的威廉·夏普等人在资产组合理论基础上的又一新发展，被广泛应用于发达国家的投资价值评估与基金管理中。资本资产定价模型的内容可以简单描述为，普通股的预期收益率等于无风险利率加上风险补偿（也称风险溢价或市场风险报酬率）。采用此模型计算普通股资本成本率时，其计算公式为：

$$KS=Rf+\beta\ (Rm-Rf)$$

式中　Rf——无风险利率；

β——某种股票的风险对证券市场风险的敏感程度；

Rm——证券市场的平均报酬率。

$\beta\ (Rm-Rf)$ 即为风险补偿。

企业在清算时，普通股股东的索偿权不仅在债券持有人之后，而且也在优先股股东之后，其投资风险最大，因而其股息率比债券利息率、贷款利率和优先股股息率都高。另外，其股息率还将随企业经营状况逐年变化。一般而言，如果企业的收益逐年增加，则企业支付的股利也将逐年增长，所以普通股资本成本率最高。

十、留存收益资本成本率的计算

留存收益资本成本率的计算方法与普通股资本成本率的计算方法基本相同，只是不考虑筹资费用。当股利每年保持一个稳定的增长率时，留存收益的资本成本率计算公式为：

$$Ke=\frac{D_1}{V_0}+g$$

式中　Ke——留存收益资本成本率；

其他参数的含义同上。

由于留存收益不需支付筹资费用，所以其资本成本率略低于普通股资本成本率。

知识窗

企业在选择筹资方式时，要考虑不同筹资方式的资本成本率。一般而言，长期借款、长期债券、优先股、留存收益、普通股这五种筹资方式的资本成本率是从低到高排列的。

【任务实施】

一、计算长期借款资本成本率

对于业务 1，可根据一次还本、分期付息长期借款的资本成本率计算公式计算。

在 Excel 中新建一个工作表，根据任务中的描述，分别在单元格 B2、B3 和 B4 中输入相关数据，在计算长期借款资本成本率的单元格 B5 中输入公式“=B2 * (1-B3)/(1-B4)”，即可得出该笔借款的资本成本率约为 6.02%，如图 14-1-4 所示。

B5 =B2*(1-B3)/(1-B4)

	A	B	C	D
1	长期借款资本成本率			
2	长期借款利率	8%		
3	所得税税率	25%		
4	长期借款筹资费用率	0.30%		
5	长期借款资本成本率	6.02%		

图 14-1-4　计算长期借款资本成本率

二、计算长期债券资本成本率

对于业务 2，可根据长期债券资本成本率的计算公式计算。

在 Excel 中新建一个工作表，根据任务中的描述，分别在单元格 B2、B3、B4 和 B5 中输入相关数据，在计算长期债券资本成本率的单元格 B6 中输入公式“=B2 * B3 * (1-B5)/(B2 * (1-B4))”，即可得出该长期债券的资本成本率约为 6.19%，如图 14-1-5 所示。

B6 =B2*B3*(1-B5)/(B2*(1-B4))

	A	B	C	D
1	长期债券资本成本率			
2	发行总面值（万元）	1,000		
3	票面利率	8%		
4	筹资费用率	3%		
5	所得税税率	25%		
6	长期债券资本成本率	6.19%		

图 14-1-5　计算长期债券资本成本率

三、计算优先股资本成本率

对于业务 3，可按照优先股资本成本率的计算公式计算。

在 Excel 中新建一个工作表，根据任务中的描述，分别在单元格 B2、B3、B4 和 B5 中输入相关数据，在计算优先股资本成本率的单元格 B6 中输入公式“=B4 * B3/(B2 * (1-B5))”，即可得出该优先股的资本成本率约为 6.25%，如图 14-1-6 所示。

B6 =B4*B3/(B2*(1-B5))

	A	B	C
1	优先股资本成本率		
2	优先股每股发行价（元）	100	
3	优先股股息率	6%	
4	优先股每股面值（元）	100	
5	筹资费用率	4%	
6	优先股资本成本率	6.25%	

图 14-1-6　计算优先股资本成本率

知识窗

当企业资不抵债时，优先股股东的索偿权次于长期借款的债权人和长期债券的持有人，所以优先股的投资风险比长期借款和长期债券的投资风险高，而优先股的股息率一般高于借款的利率和债券的利率。同时，优先股筹资费用较高，而且支付优先股股息不会减少企业应缴的所得税，所以优先股的资本成本率明显高于债券的资本成本率。但是，发行优先股筹集的资金是自有资金，可以被企业长期占用，因此，在一定条件下，企业仍乐于采用这种筹资方式。

四、计算普通股资本成本率

对于业务 4 的第 1 个问题，可按照股利增长模型法下普通股资本成本率的计算公式计算。

在 Excel 中新建一个工作表，根据任务中的描述，分别在单元格 B2、B3、B4 和 B5 中输入相关数据，在计算普通股资本成本率的单元格 B6 中输入公式“=B2＊(1+B4)/(B3＊(1-B5))+B4”，即可得出该普通股的资本成本率约为 11.56%，如图 14-1-7 所示。

B6　=B2*(1+B4)/(B3*(1-B5))+B4

	A	B	C	D
1	普通股资本成本率			
2	每股发放的上年股利（元）	0.60		
3	普通股每股市价（元）	10		
4	普通股股利年增长率	5%		
5	筹资费用率	4%		
6	普通股资本成本率	11.56%		

图 14-1-7　计算普通股资本成本率 1

对于业务 5，可按照资本资产定价模型法下普通股资本成本率的计算公式计算。

同样按照上述方法，在表中输入有关数据后，在计算普通股资本成本率的单元格 B5 中输入公式“=B2+B3＊(B4-B2)”，即可得出该普通股资本成本率为 11.50%，如图 14-1-8 所示。

B5　=B2+B3*(B4-B2)

	A	B	C
1	普通股资本成本率		
2	无风险利率	2.50%	
3	普通股 β 系数	1.50	
4	证券市场平均报酬率	8.50%	
5	普通股资本成本率	11.50%	

图 14-1-8　计算普通股资本成本率 2

五、计算留存收益资本成本率

对于业务 4 的第 2 个问题，可按照留存收益资本成本率的计算公式计算。

在 Excel 中新建一个工作表，根据任务中的描述，分别在单元格 B2、B3、B4 中输入相关数据，在计算留存收益资本成本率的单元格 B5 中输入公式“=B2*(1+B4)/B3+B4”，即可得出留存收益资本成本率为 11.30%，如图 14-1-9 所示。

B5　=B2*(1+B4)/B3+B4

	A	B
1	留存收益资本成本率	
2	每股发放的上年股利（元）	0.60
3	普通股每股市价（元）	10.00
4	普通股股利年增长率	5%
5	留存收益资本成本率	11.30%

图 14-1-9　计算留存收益资本成本率

任务二　计算综合资本成本率

【任务导入】

2020 年，鸿丰公司拟筹资 100 万元。其中长期借款 10 万元，按面值发行长期债券 20 万元，普通股 30 万元，留存收益 40 万元，上述资金的个别资本成本率分别为 6%、12%、15%、14%。财务人员需要利用 Excel 计算该公司的综合资本成本率。

2021 年，鸿丰公司全部长期资本总额为 1 000 万元，其中长期借款 200 万元占 20%，长期债券 300 万元占 30%，普通股 300 万元占 30%，留存收益 200 万元占 20%。假设上述资金的个别资本成本率分别是 6%、7%、9%、8%。财务人员需要利用 Excel 计算公司的综合资本成本率。

【相关知识】

综合资本成本率又叫加权平均资本成本率，是指一个公司全部长期资本的成本率，通常是以各种长期资本的占比为权重，对个别资本成本率进行加权平均计算得出的。其计算公式为：

综合资本成本率=∑（个别资本成本率×个别资本金额占比）

【任务实施】

对于第 1 种情况，可根据综合资本成本率的计算公式计算。

在 Excel 中新建一个工作表，根据任务中的描述，分别输入各种筹资方式对应的金额和

资本成本率的数据，如图 14-2-1 所示。然后，在表中的 C 列有关单元格计算出每种方式筹资金额占全部筹资金额的权重，在 E 列有关单元格计算出每种筹资方式的权重和资本成本率的乘积。最后，在单元格 E7 中输入公式“=SUM(E2:E5)”，即可得出该公司综合资本成本率为 13. 10%，其对应的具体算式为 6%×0. 1+12%×0. 2+15%×0. 3+14%×0. 4。

E7　=SUM(E2:E5)

	A	B	C	D	E
1	筹资方式	金额（万元）	权重	资本成本率	权重*资本成本率
2	长期借款	10	0.1	6%	0.60%
3	长期债券	20	0.2	12%	2.40%
4	普通股	30	0.3	15%	4.50%
5	留存收益	40	0.4	14%	5.60%
6	总资金	100			
7	综合资本成本率				13.10%

图 14-2-1　计算综合资本成本率 1

对于第 2 种情况，可按同样方法进行计算，如图 14-2-2 所示。此时，该公司综合资本成本率为 7. 60%，其对应的具体算式为 6%×0. 2+7%×0. 3+9%×0. 3+8%×0. 2。

E7　=SUM(E2:E5)

	A	B	C	D	E
1	筹资方式	金额（万元）	权重	资本成本率	权重*资本成本率
2	长期借款	200	0.2	6%	1.20%
3	长期债券	300	0.3	7%	2.10%
4	普通股	300	0.3	9%	2.70%
5	留存收益	200	0.2	8%	1.60%
6	总资金	1000			
7	综合资本成本率				7.60%

图 14-2-2　计算综合资本成本率 2

任务三　最优资本结构分析

【任务导入】

鸿丰公司拟筹资 1 000 万元，现有 3 种方案可供选择，其筹资组合及个别资本成本率见表 14-3-1。财务人员需要就如何选择最佳筹资方案给出分析和建议。

表 14-3-1　筹资组合方案详情

筹资方式	方案一		方案二		方案三	
	筹资金额（万元）	个别资本成本率	筹资金额（万元）	个别资本成本率	筹资金额（万元）	个别资本成本率
长期借款	100	6%	100	7%	200	7%
长期债券	200	7%	300	8%	400	9%

续表

筹资方式	方案一		方案二		方案三	
	筹资金额（万元）	个别资本成本率	筹资金额（万元）	个别资本成本率	筹资金额（万元）	个别资本成本率
普通股	100	9%	100	12%	100	10%
留存收益	600	8%	500	10%	300	12%
总资金	1 000	—	1 000	—	1 000	—

【相关知识】

资本结构是指企业各种资本的价值构成及其比例关系，它是企业全部资金来源中权益资本与债务资本之间的比例关系。

最优资本结构是指在一定的条件下，使企业的综合资本成本最低，同时使企业价值最大的资本结构。

企业适合采用无差异点分析法、资本成本比较法和公司价值分析法来分析和确定最优资本结构。在企业有两种筹资方案可选时，可采用无差异点分析法分析。当筹资方案有三种或三种以上时，就需要采用资本成本比较法分析。无论哪种方法都不是绝对的，应结合因素分析法综合考虑，以便使资本结构趋于最优。

运用 Excel 相关财务函数可以简单快捷地进行最优资本结构分析。本任务使用的 Excel 函数主要有 SUMPRODUCT 函数等。

【任务实施】

根据本项目任务二中所学习的综合资本成本率计算公式，可利用 Excel 算出：

$$方案一综合资本成本率=\frac{100}{1\ 000}\times 6\%+\frac{200}{1\ 000}\times 7\%+\frac{100}{1\ 000}\times 9\%+\frac{600}{1\ 000}\times 8\%=7.70\%$$

$$方案二综合资本成本率=\frac{100}{1\ 000}\times 7\%+\frac{300}{1\ 000}\times 8\%+\frac{100}{1\ 000}\times 12\%+\frac{500}{1\ 000}\times 10\%=9.30\%$$

$$方案三综合资本成本率=\frac{200}{1\ 000}\times 7\%+\frac{400}{1\ 000}\times 9\%+\frac{100}{1\ 000}\times 10\%+\frac{300}{1\ 000}\times 12\%=9.60\%$$

综合比较计算结果，方案一的综合资本成本率最低，因此在三种方案中应选择方案一。但是这种计算方法比较烦琐，可利用 Excel 函数更加方便地得出结果。具体如下：

第一步，根据已知数据建立标题为“最优资本结构选择”的 Excel 工作表并输入已知数据，如图 14-3-1 所示。

第二步，在单元格 C9 中输入公式“=SUMPRODUCT(B4:B7,C4:C7)/B8”，在单元

	A	B	C	D	E	F	G
1	最优资本结构选择						
2	筹资方式	方案一		方案二		方案三	
3		筹资金额（万元）	个别资本成本率	筹资金额（万元）	个别资本成本率	筹资金额（万元）	个别资本成本率
4	长期借款	100	6%	100	7%	200	7%
5	长期债券	200	7%	300	8%	400	9%
6	普通股	100	9%	100	12%	100	10%
7	留存收益	600	8%	500	10%	300	12%
8	总资金	1000		1000		1000	
9	综合资本成本率						

图 14-3-1　建立工作表并输入已知数据

格 E9 中输入公式“=SUMPRODUCT(D4:D7,E4:E7)/D8”，在单元格 G9 中输入公式“=SUMPRODUCT(F4:F7,G4:G7)/F8”。

此外，也可以采用插入函数的方法输入公式。具体是：选中单元格 C9，单击主菜单中的“公式”，在“函数库”选项组中单击“数学和三角函数”按钮，在下拉列表中选择“SUMPRODUCT”，即可弹出“函数参数”对话框，在“Array1”框中输入“B4:B7”，在“Array2”框中输入“C4:C7”，然后单击“确定”按钮，如图 14-3-2 所示。

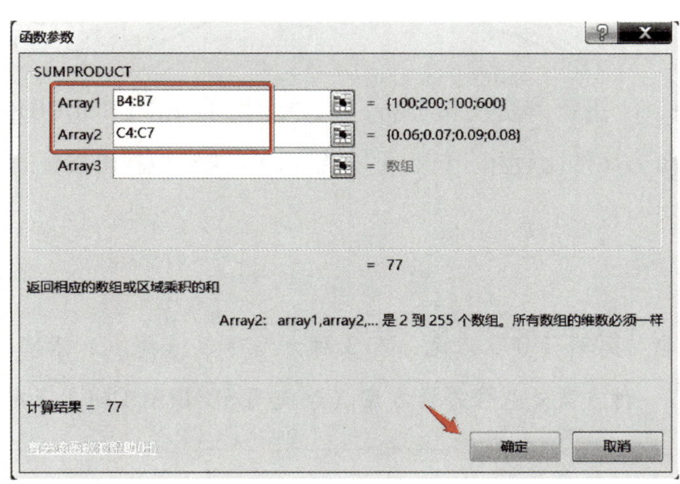

图 14-3-2　设置函数参数

重新选中单元格 C9，把鼠标光标移至函数编辑栏，在公式末尾输入“/B8”，如图 14-3-3 所示。按下回车键，即可得出方案一的综合资本成本率为 7.70%。

选中单元格 C9，将其公式复制粘贴至单元格 E9 和 G9 中，即可得出方案二和方案三的综合资本成本率分别为 9.30%和 9.60%。操作结果如图 14-3-4 所示。

与直接计算相比，运用 Excel 函数进行筹资方案的比较和分析，可以既准确又快捷地找出最优的筹资方案。

SUMPR... =SUMPRODUCT(B4:B7,C4:C7)/B8

	A	B	C	D	E	F	G
1	最优资本结构选择						
2	筹资方式	方案一		方案二		方案三	
3		筹资金额（万元）	个别资本成本	筹资金额（万元）	个别资本成本	筹资金额（万元）	个别资本成本
4	长期借款	100	6%	100	7%	200	7%
5	长期债券	200	7%	300	8%	400	9%
6	普通股	100	9%	100	12%	100	10%
7	留存收益	600	8%	500	10%	300	12%
8	总资金	1000		1000		1000	
9	综合资本成本		4:C7)/B8		9.25%		9.50%
10							

图 14-3-3　设置函数公式

C9 =SUMPRODUCT(B4:B7,C4:C7)/B8

	A	B	C	D	E	F	G
1	最优资本结构选择						
2	筹资方式	方案一		方案二		方案三	
3		筹资金额（万元）	个别资本成本	筹资金额（万元）	个别资本成本	筹资金额（万元）	个别资本成本
4	长期借款	100	6%	100	7%	200	7%
5	长期债券	200	7%	300	8%	400	9%
6	普通股	100	9%	100	12%	100	10%
7	留存收益	600	8%	500	10%	300	12%
8	总资金	1000		1000		1000	
9	综合资本成本		7.70%		9.30%		9.60%

图 14-3-4　各种筹资组合方案综合资本成本率计算结果

项目小结

本项目利用 Excel 进行筹资决策分析，主要运用了 SUMPRODUCT 函数。运用这一 Excel 函数进行筹资方案的比较和分析，可以既准确又快捷地找出最优的筹资方案。

思考与练习

鸿丰公司近期拟筹资 1 000 万元，有 3 种方案可供选择，具体情况见下表。请用 Excel 分析决定哪一种方案是最佳筹资方案（须使用 SUMPRODUCT 函数）。

筹资方式	方案 A		方案 B		方案 C	
	筹资金额（万元）	个别资本成本率	筹资金额（万元）	个别资本成本率	筹资金额（万元）	个别资本成本率
长期借款	300	6%	200	7%	100	7%
长期债券	100	7%	200	8%	100	9%
普通股	100	9%	300	12%	500	10%
留存收益	500	8%	300	10%	300	12%
总资金	1 000	—	1 000	—	1 000	—

项目十五

项目投资评价基本指标计算的 Excel 应用（选学）

学习目标

知识目标

了解动态评价指标的计算方法。

能力目标

1. 能够利用 Excel 计算净现值。
2. 能够利用 Excel 计算现值指数。
3. 能够利用 Excel 计算内含报酬率。

【项目导学】

本项目介绍如何利用 Excel 计算与货币时间价值相关的几种动态指标。

学习本项目之前，可回顾项目十三的相关内容，在充分理解货币时间价值概念的基础上，运用 Excel 函数正确计算项目投资评价的相关指标。

思维导图

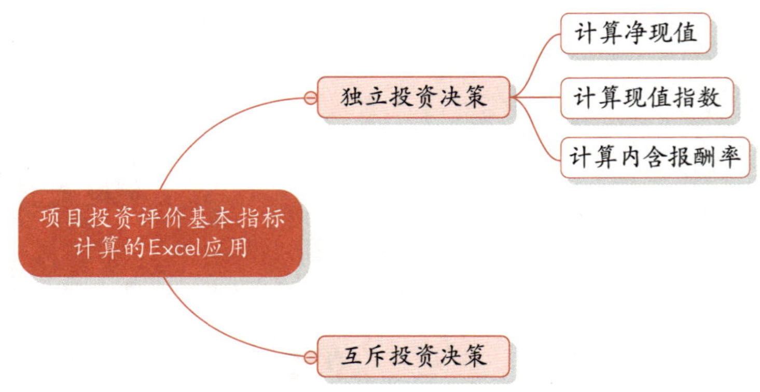

任务一　独立投资决策

【任务导入】

鸿丰公司近期正在研究三个新设备投资项目。项目 A 初始投资额为 40 万元，项目 B 初始投资额为 30 万元。两个项目每年的税后现金流量相同，见表 15-1-1。假设该公司要求的年收益率为 12%，财务部门需要用净现值指标和现值指数指标评价这两个项目的可行性。

表 15-1-1　项目 A 和项目 B 的税后现金流量　　单位：元

第 1 年	第 2 年	第 3 年	第 4 年	第 5 年
100 000	120 000	150 000	100 000	70 000

此外，鸿丰公司有一笔 30 万元的闲置资金，计划用于投资项目 C，预计未来 5 年的净收益（现金净流量）见表 15-1-2，当前银行存款利率为 5%。财务部门需要用内含报酬率指标评价该项目是否值得投资。

表 15-1-2　项目 C 预计未来 5 年的净收益　　单位：元

第 1 年	第 2 年	第 3 年	第 4 年	第 5 年
70 000	75 000	78 000	80 000	81 000

【相关知识】

项目投资是一种以特定项目为对象，直接与新建项目或更新改造项目有关的长期投资行为。

项目投资有多种分类。从决策的角度看，项目投资方案可分为独立投资方案（即采纳与否方案）和互斥投资方案（即互斥选择方案）。相应地，投资决策可分为独立投资决策和互斥投资决策。独立投资决策是指决定是否投资于某一独立项目的决策。互斥投资决策是指在两个或两个以上的项目中，只能选择其中之一的决策。

项目投资的评价指标主要有 6 个，按是否考虑货币时间价值可将其分为两类。一类是不考虑货币时间价值的静态指标（即非折现指标），主要包括静态投资回收期和投资收益率。另一类是考虑货币时间价值的动态指标（即折现指标），主要包括净现值、净现值率、现值指数、内含报酬率。

一、净现值（NPV）

净现值是一项投资所产生的未来现金流的现值与项目原始投资成本之间的差值，就是净的现在价值。

判断一个项目是否可行，可以看它的净现值是不是大于零。净现值大于零，意味着项目可取得的净收益是正的，即项目的收益大于支出，这个项目就是可行的。净现值越大，投资方案越好。净现值法是一种比较科学也比较简便的投资方案评价方法。

Excel 专门设有净现值函数，即 NPV 函数。如果确定了贴现率或者预期报酬率，就可以通过计算投资方案的净现值评价方案的优劣。

二、现值指数（PI）

现值指数是指投资方案中未来现金净流量总现值与原始投资额总现值的比值。现值指数大于 1，说明方案可行。现值指数越大，则方案越优。

Excel 没有专门提供现值指数函数，但可以根据现值指数计算公式，利用 NPV 函数计算投资项目的现值指数。现值指数的计算公式是：

现值指数 = 投产后未来现金净流量总现值/原始投资额总现值

= 现金流入的净现值/原始投资额的净现值

在独立投资决策中，若净现值大于或等于零（或者现值指数大于 1），表明该项目的报酬率大于或等于预期的报酬率（通常指银行存款利率），则方案可取；反之，方案不可取。

在互斥投资决策中，净现值大于零且金额最大的，或者现值指数大于 1 且指数最大的为最优方案。

三、内含报酬率（IRR）

内含报酬率又称内部收益率，是资金流入现值总额与资金流出现值总额相等即净现值等于零时的折现率。内含报酬率法是用内含报酬率来评价项目投资财务效益的方法。

内含报酬率反映了投资项目的真实报酬率。净现值为绝对数指标，在独立投资决策中，人们无法评价不同投资期投资方案的优先级，而内含报酬率是相对数指标，弥补了这个缺陷。

项目是否值得投资，要看其内含报酬率是否大于预期报酬率，只要内含报酬率大于预期报酬率，则方案可行。内含报酬率越大，说明方案越好。

该指标如果不使用 Excel 函数计算，其方法十分复杂且结果不够精确。Excel 提供了精确计算内含报酬率的函数，即 IRR 函数。

【任务实施】

评价项目 A 和项目 B 的可行性，既可以使用净现值指标，也可以使用现值指数指标。

一、计算净现值

以下通过计算净现值评价项目 A 的可行性。在 Excel 中新建一个工作表，根据任务中的描述，输入项目 A 有关数据，如图 15-1-1 所示。其中，初始投资为资金流出，应填写负数。

选中计算净现值的单元格 H3，单击主菜单中的“公式”，在“函数库”选项组中单击“财务”按钮，插入 NPV 函数，弹出“函数参数”对话框。在第 1 个框中输入“A3”，在第 2 个框中输入“B3:G3”，如图 15-1-1 所示。单击“确定”按钮，即可得出项目 A 的净现值约为-4 475.26 元，如图 15-1-2 所示。

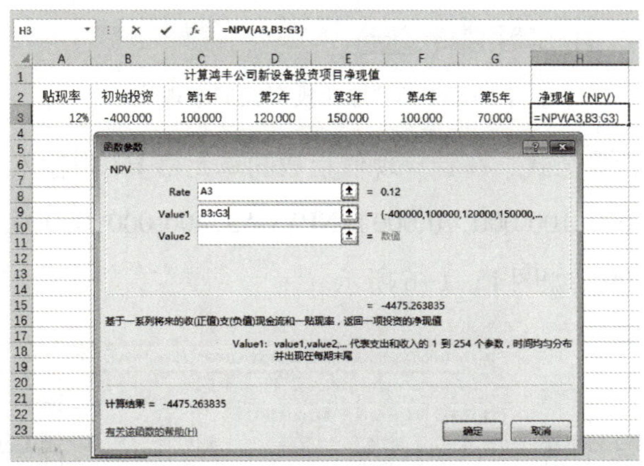

图 15-1-1　输入数据并设置公式

	A	B	C	D	E	F	G	H
1	计算鸿丰公司新设备投资项目净现值							
2	贴现率	初始投资	第1年	第2年	第3年	第4年	第5年	净现值（NPV）
3	12%	-400,000	100,000	120,000	150,000	100,000	70,000	¥-4,475.26

图 15-1-2　项目 A 净现值

再采用同样方法计算项目 B 的净现值，如图 15-1-3 所示，具体过程不再赘述。

	A	B	C	D	E	F	G	H
1	计算鸿丰公司新设备投资项目净现值							
2	贴现率	初始投资	第1年	第2年	第3年	第4年	第5年	净现值（NPV）
3	12%	-300,000	100,000	120,000	150,000	100,000	70,000	¥84,810.45

图 15-1-3　项目 B 净现值

项目 A 净现值小于零，因此该项目不可行。项目 B 净现值大于零，因此该项目可行。

二、计算现值指数

以下再通过计算现值指数评价项目 A 的可行性。在 Excel 中新建一个工作表，根据任务中的描述，输入项目 A 有关数据，然后分别使用 NPV 函数计算该项目现金流入和原始投资额的净现值，如图 15-1-4 和图 15-1-5 所示。

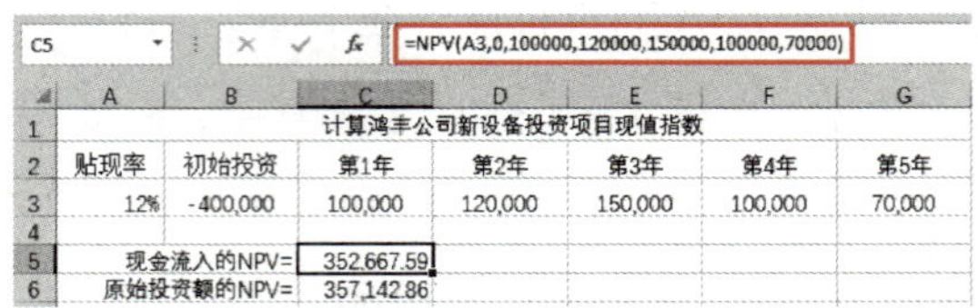
C5 =NPV(A3,0,100000,120000,150000,100000,70000)

	A	B	C	D	E	F	G
1	计算鸿丰公司新设备投资项目现值指数						
2	贴现率	初始投资	第1年	第2年	第3年	第4年	第5年
3	12%	-400,000	100,000	120,000	150,000	100,000	70,000
4							
5		现金流入的NPV=	352,667.59				
6		原始投资额的NPV=	357,142.86				

图 15-1-4　现金流入的净现值

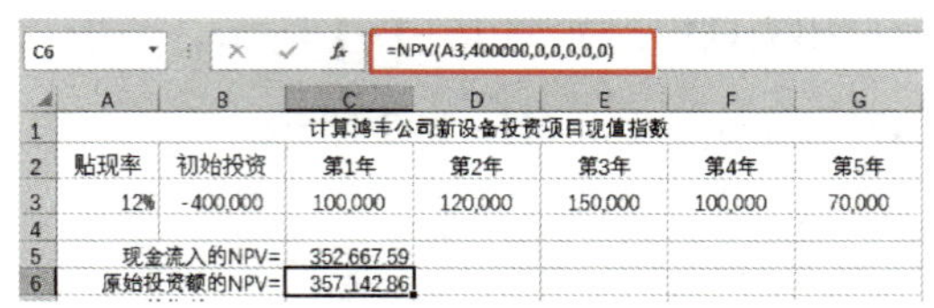
C6 =NPV(A3,400000,0,0,0,0,0)

	A	B	C	D	E	F	G
1	计算鸿丰公司新设备投资项目现值指数						
2	贴现率	初始投资	第1年	第2年	第3年	第4年	第5年
3	12%	-400,000	100,000	120,000	150,000	100,000	70,000
4							
5		现金流入的NPV=	352,667.59				
6		原始投资额的NPV=	357,142.86				

图 15-1-5　原始投资额的净现值

根据现值指数的计算公式，在计算现值指数的单元格 H3 中输入公式“=NPV(A3,0,100 000,120 000,150 000,100 000,70 000)/NPV(A3,400 000,0,0,0,0,0)”，即可得出项目 A 的现值指数为 0.99，如图 15-1-6 所示。

H3 =NPV(A3,0,100000,120000,150000,100000,70000)/NPV(A3,400000,0,0,0,0,0)

	A	B	C	D	E	F	G	H
1	计算鸿丰公司新设备投资项目现值指数							
2	贴现率	初始投资	第1年	第2年	第3年	第4年	第5年	现值指数（PI）
3	12%	-400,000	100,000	120,000	150,000	100,000	70,000	0.99

图 15-1-6　项目 A 的现值指数

再采用同样方法计算项目 B 的净现值，如图 15-1-7 所示，具体过程不再赘述。

H3 =NPV(A3,0,100000,120000,150000,100000,70000)/NPV(A3,300000,0,0,0,0,0)

	A	B	C	D	E	F	G	H
1	计算鸿丰公司新设备投资项目现值指数							
2	贴现率	初始投资	第1年	第2年	第3年	第4年	第5年	现值指数（PI）
3	12%	-300,000	100,000	120,000	150,000	100,000	70,000	1.32
4								
5		现金流入的NPV=	352,667.59					
6		原始投资额的NPV=	267,857.14					

图 15-1-7　项目 B 的现值指数

项目 A 的现值指数小于 1，因此该项目不可行。项目 B 的现值指数大于 1，因此该项目可行。

三、计算内含报酬率

以下通过计算内含报酬率评价项目 C 的可行性。在 Excel 中新建一个工作表，根据任务中的描述，输入项目 C 有关数据，如图 15-1-8 所示。

选中计算内含报酬率的单元格 I4，单击主菜单中的“公式”，在“函数库”选项组中单击“财务”按钮，插入 IRR 函数，弹出“函数参数”对话框。在“Values”框中输入“C4:H4”，如图 15-1-8 所示。

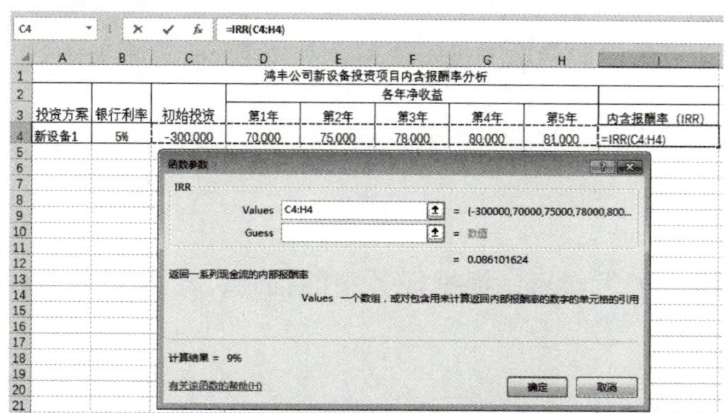

图 15-1-8　输入数据并设置公式

单击“确定”按钮，即可得出项目 C 的内含报酬率为 9%，如图 15-1-9 所示。

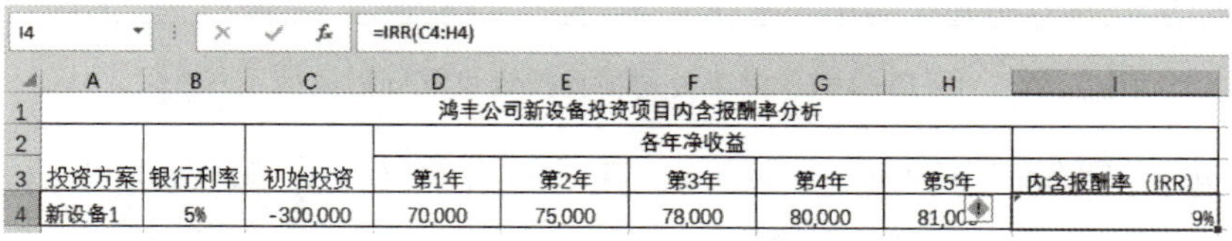

I4　=IRR(C4:H4)

	A	B	C	D	E	F	G	H	I
1	鸿丰公司新设备投资项目内含报酬率分析								
2				各年净收益					
3	投资方案	银行利率	初始投资	第1年	第2年	第3年	第4年	第5年	内含报酬率（IRR）
4	新设备1	5%	-300,000	70,000	75,000	78,000	80,000	81,000	9%

图 15-1-9　项目 C 的内含报酬率

项目 C 的内含报酬率大于预期的报酬率（即银行存款利率），因此该项目可行。

任务二　互斥投资决策

【任务导入】

鸿丰公司有 A、B、C 三个投资项目可供选择，各项目的初始投资额和预计各年净收益（现金净流量）见表 15-2-1，目前银行存款利率为 5%。财务部门需要分别用净现值和内含报酬率指标决定投资哪个项目。

表 15-2-1　各项目初始投资额和预计各年净收益　　单位：元

投资项目	存款利率	初始投资额	预计各年净收益				
			第 1 年	第 2 年	第 3 年	第 4 年	第 5 年
项目 A	5%	300 000	70 000	75 000	78 000	80 000	81 000
项目 B		100 000	18 000	20 000	25 000	25 000	25 000
项目 C		250 000	60 000	60 000	60 000	60 000	60 000

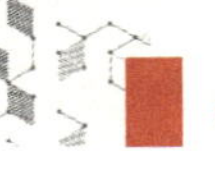

【相关知识】

当企业有多个投资项目可供选择时，企业应考虑如何使利益最大化。通过运用不同投资评价指标，企业可做出最合适的投资决策。利用 Excel 的相关函数可方便快捷地进行计算，为决策提供支持。

【任务实施】

在 Excel 中新建一个工作表，根据任务中的描述，输入三个项目的有关数据，如图 15-2-1 所示。

鸿丰公司项目投资决策分析模型									
投资方案	银行利率	初始投资	各年净收益					净现值	内含报酬率
			第1年	第2年	第3年	第4年	第5年		
项目A	5%	-300,000	70,000	75,000	78,000	80,000	81,000		
项目B	5%	-100,000	18,000	20,000	25,000	25,000	25,000		
项目C	5%	-250,000	60,000	60,000	60,000	60,000	60,000		

图 15-2-1　鸿丰公司项目投资决策分析模型

先计算项目 A 的净现值和内含报酬率。在单元格 I4（计算净现值）中输入公式“=NPV(B4,C4:H4)”，在单元格 J4（计算内含报酬率）中输入公式“=IRR(C4:H4)”。然后，将单元格 I4 的公式复制到 I5、I6，求出项目 B 和项目 C 的净现值。再将单元格 J4 的公式复制到 J5、J6，求出项目 B 和项目 C 的内含报酬率。计算结果如图 15-2-2 所示。

鸿丰公司项目投资决策分析模型									
投资方案	银行利率	初始投资	各年净收益					净现值	内含报酬率
			第1年	第2年	第3年	第4年	第5年		
项目A	5%	-300,000	70,000	75,000	78,000	80,000	81,000	¥29,861.93	9%
项目B	5%	-100,000	18,000	20,000	25,000	25,000	25,000	¥-2,823.71	4%
项目C	5%	-250,000	60,000	60,000	60,000	60,000	60,000	¥9,303.43	6%

图 15-2-2　计算三个项目的净现值和内含报酬率

若采用净现值指标决策，因项目 A 的净现值最大，所以应该选择投资项目 A。若采用内含报酬率指标决策，因项目 A 的内含报酬率最大，所以应该选择项目 A。

从上述结果可以看出，在项目投资决策中净现值指标和内含报酬率指标都可选用。

项目小结

本项目利用 Excel 计算项目投资过程中涉及的净现值、现值指数和内含报酬率三项投资评价指标，并根据计算结果进行投资决策。

思考与练习

鸿丰公司有 A、B、C 三个投资项目可供选择，各项目的初始投资额和预计各年净收益见下表。请用 Excel 计算各项目的净现值和内含报酬率，决定哪个项目值得投资。

投资项目	存款利率	初始投资额（元）	预计各年净收益（元）			
			第 1 年	第 2 年	第 3 年	第 4 年
项目 A	5.10%	20 000	5 000	8 500	8 500	8 500
项目 B	5.10%	10 000	1 800	2 000	5 000	5 000
项目 C	5.10%	20 000	8 500	10 000	10 000	0